TIC - INNOVACIÓN - EDUCACIÓN

TIC - INNOVACIÓN - EDUCACIÓN

Aportes, Estudios y Reflexiones

Daniel Desiderio Borrego Gómez
Noel Ruíz Olivares
Jesús Roberto García Sandoval
Daniel Cantú Cervantes

Coordinadores

Número de Control de la Biblioteca del Congreso de EE. UU.:   2018912315
ISBN: Tapa Dura   978-1-5065-2713-0
             Tapa Blanda   978-1-5065-2712-3
             Libro Electrónico   978-1-5065-2711-6

Información de la imprenta disponible en la última página.

Fecha de revisión: 22/10/2018

Para realizar pedidos de este libro, contacte con:
Palibrio
1663 Liberty Drive
Suite 200
Bloomington, IN 47403
Gratis desde EE. UU. al 877.407.5847
Gratis desde México al 01.800.288.2243
Gratis desde España al 900.866.949
Desde otro país al +1.812.671.9757
Fax: 01.812.355.1576
ventas@palibrio.com
783963

ÍNDICE

Prólogo ix
> Los Autores

La Modalidad Virtual en la Educación Superior de México 1
> Anabell Echavarría Sánchez
> Guadalupe Agustín González García
> Abigail Hernández Rodríguez
> José Rafael Baca Pumarejo
> José Guadalupe de la Cruz Borrego

La Columna Vertebral de la Calidad Educativa: El
Trabajo Colegiado 18
> Jesús Roberto García Sandoval
> Claudia Rita Estrada Esquivel

El Saber Ser: Un Factor Importante Dentro del Nivel
Medio Superior... 28
> Jorge Luis Nieto Claudio

La Motivación del Estudiante Como Factor Determinante
para el Aprendizaje Significativo en el Nivel Medio
Superior: Una Reflexión Docente 36
> Jesús Roberto García Sandoval
> Daniel Alberto Banda Cruz
> Francisco Alonso Esquivel

Desarrollo de Estrategias y Enseñanza Lectora con
Apoyo de las TIC Móviles en Futuros Docentes 48
> Daniel Cantú Cervantes

Los Dispositivos Móviles como Herramienta Didáctica
en la Asignatura de Álgebra de Educación Media Superior 77
> Martha Reyna Martínez

Texto Libre de Freinet en Actividad Lectora de Alumnos de Telebachillerato 109

Epifanio Erik Molina Velázquez
Nali Borrego Ramírez
Ma. del Rosario Contreras Villarreal
Marcia Leticia Ruiz Cansino

La Importancia de las Neurociencias en la Educación 122

Daniel Cantú Cervantes
Guadalupe Castillo Camacho
Rogelio Castillo Walle
Eleuterio Zúñiga Reyes
Luis Alberto Portales Zúñiga

Evaluación del RAL, Desde la Perspectiva de los Estudiantes: "Caso Único en la Universidad Autónoma de Tamaulipas" 135

Víctor Manuel Ramírez Hernández
Hugo Isaías Molina Montalvo.
Humberto Rodríguez Hernández
Alejandra Alicia Cepeda Hernández

Acreditación de Programas Educativos de Licenciatura en México: El Caso de la Universidad Autónoma de Tamaulipas 159

Noel Ruíz Olivares
María de Jesús Hernández Rangel
Daniel Desiderio Borrego Gómez
Melissa Lizbeth Martínez Hernández

Herramientas Digitales, Instrumentos Innovadores y Facilitadores en el Proceso de Enseñanza de Cátedra De Paz . 183

Sandra Milena Yagama Espitia
Rocío Tatiana Sierra Castro

¿Cómo se Puede Aportar Desde los Derechos Humanos y las TIC a la Construcción de Aprendizajes de Paz? 204

Rosmira Yasmin Martínez Parra

Software "CUBO" Como Herramienta de Apoyo
Didáctico a los Procesos de Enseñanza y Aprendizaje 223

José Guillermo Marreros Vázquez

Nallely Contreras Limón

Diseño, Desarrollo e Implementación de Recorrido
Virtual en 3D Como Fortalecimiento Académico y
Tecnológico en Campus Universitario... 242

Diana Laura Martínez Fernández

Apolinar Mariano Francisco

Los MOOC Como Alternativa de Formación Docente en
las Instituciones de Educación Superior 260

Emilio Zúñiga Mireles

Alfredo Mariano Francisco

Aprendizaje Centrado en el Estudiante y las Tecnologías
del Aprendizaje y el Conocimiento... 277

Carmen Lilia de Alejandro García

Elsa Guadalupe Pérez Amaro

Daniel Desiderio Borrego Gómez

Las Herramientas Web 2.0 en la Enseñanza del Inglés............. 295

Elsa Guadalupe Pérez Amaro

Daniel Desiderio Borrego Gómez

Carmen Lilia de Alejandro García

Acerca de los Autores 311

Comité Científico Dictaminador y Evaluador del Libro 331

Referencias 337

Prólogo

Los Autores

El presente libro titulado **TIC - INNOVACIÓN - EDUCACIÓN** contiene diferentes aportes, estudios y reflexiones de profesores, estudiantes y especialistas en los temas que escriben, los cuales presentan diferentes temáticas que aportan desde su perspectiva e investigaciones y proyectos realizados, los autores presenta en esta obra el tema **de La Modalidad Virtual en la Educación Superior de México** en su aporte los autores están interesados en revisar, por una parte, la oferta de educación virtual en México, centrándose en el nivel de la educación superior el objetivo de los autores es mostrar la creciente importancia y desarrollo de la educación virtual. Para el lado de la oferta, concentran el estudio en la experiencia en educación virtual de cinco universidades mexicanas mencionan la demanda de la educación virtual, tomando como referencia los resultados de la Encuesta de Opinión de la Asociación de Internet. MX por otra parte presenta el tema **La Columna Vertebral de la Calidad Educativa: El Trabajo Colegiado** mencionan que el trabajo colegiado, es una herramienta que tiene como principal estrategia el que hacer colaborativo, es un medio en el cual se forma un equipo capaz de dialogar, compartir experiencias, concretar acuerdos y definir metas específicas para el logro de la calidad educativa, se llevaba a cabo la consulta, reflexión, análisis, concertación y vinculación entre las comunidades académicas de la institución. Se analiza las funciones sustantivas de trabajo colegiado como el diagnóstico de los campos de conocimiento, la mejora continua, la participación de los directivos y la creación de comunidades de aprendizaje otro tema que se aborda es **El Saber Ser: Un Factor Importante Dentro Del Nivel Medio Superior** en su aportación los autores analizan la importancia del saber ser dentro de la educación, específicamente en el entorno del nivel medio superior, considerándolo como un parteaguas en la vida del estudiante, se presentan algunas reflexiones sobre la importancia que tiene la educación como gran influencia en el desarrollo humano de manera científica e integral, sus aportaciones en la formación significativa en personalidad de los estudiantes y todo lo que ofrece la educación para preparar al individuo para ingresar al nivel superior o en su momento al mercado laboral. En otro tema que no de faltar es el tema de la motivación en la educación en el tema **La Motivación del Estudiante Como Factor Determinante para el Aprendizaje Significativo en el Nivel Medio Superior: Una Reflexión Docente** los autores mencionan que pocas nociones psicológicas como el de la motivación ha propiciado tantas charlas y debates entre investigadores, docentes, padres de familia, grupos colegiados, en lugares como pasillos de las escuelas, aulas, foros o eventos académicos de difusión y divulgación de conocimiento. Este artículo tiene como objetivo reflexionar sobre la importancia de este constructo teórico significativo en el rendimiento académico de los estudiantes; los autores analizan la importancia de la motivación desde la perspectiva de los docentes y de los estudiantes con el objetivo de reflexionar sobre cómo perciben el acto educativo al interior de las aulas cada uno de estos actores. Así mismo se realizan una reflexión sobre cómo afecta la motivación en el estudiante para continuar o abandonar sus estudios. Por otra parte, el tema de **Desarrollo de Estrategias y Enseñanza Lectora con Apoyo de las TIC Móviles en Futuros Docentes** tiene la finalidad de brindar un acercamiento al contexto de la comprensión textual desde una perspectiva neurocognitiva del proceso lector. Se expone una propuesta de modelo de comprensión lectora, que fue sometida a un estudio experimental con el apoyo de dispositivos móviles -Smartphones- en docentes en formación inicial de la Universidad Autónoma de Tamaulipas. La intervención tuvo como propósito mejorar la comprensión textual de los participantes y el conocimiento y dominio de las estrategias de comprensión de escritos para la enseñanza. Los resultados mostraron mejoras significativas del grupo experimental respecto al grupo control después del tratamiento. En otro tema similar titulado **Los Dispositivos Móviles como Herramienta Didáctica en la Asignatura de Álgebra de Educación Media Superior** los autores muestran y analiza los resultados obtenidos de una investigación cualitativa para determinar la influencia del uso de los dispositivos móviles como herramienta didáctica en la enseñanza y aprendizaje de matemáticas en los estudiantes de primer semestre del Centro de Estudios Tecnológico Industrial y de Servicios No. 71. Los instrumentos utilizados en la investigación fueron: la entrevista y la observación. El planteamiento del problema se presenta con la pregunta ¿Cómo lograr que los estudiantes del grupo de 1° D de Educación Media Superior adquieran un aprendizaje significativo en la asignatura de Álgebra? En el marco referencial se describen los temas relacionados con el aprendizaje móvil en la enseñanza de las matemáticas, algunas teorías del aprendizaje e investigaciones relacionadas. De igual manera se presenta un trabajo titulado **Texto Libre de Freinet en Actividad Lectora de Alumnos de Telebachillerato** aquí los autores presentan un avance del trabajo realizado en donde se muestra el propósito de motivar la lectura en alumnos de 2do. Semestre del Telebachillerato Comunitario 021, ubicado en Ampliación Río Bravo, Tamaulipas México, actividad que se lleva a cabo en el aula, parten del supuesto de que el alcance de lectura consiste solo en aprobar materias, sin embargo la idea es generar el gusto, iniciando por algo de su interés como textos propios. Para lograrlo se utilizó la técnica "Texto libre de Freinet" en Bloque IX Lectura y Redacción I, se escribieron textos con tema libre, los títulos propuestos son: "El conejito que quería un trozo de pizza" "La Hormiguita Solitaria" "El chile chico" "El Gato de Mil Colores" "El Taco Vaquero" "El pandicornio bebé fruto del amor" entre otros. Los autores mencionan que el escribir les causo interés y más leer en voz alta lo que cada uno imaginó, no obstante, mencionan que en los escritos presentan faltas de ortografía y un estándar de lectura de palabras por minuto que requiere apoyo. Otro aporte que se presenta en este libro es el tema de **La Importancia de las Neurociencias en la Educación** en este tema, se abordan algunos aspectos esenciales de la investigación en el campo de la neurociencia sobre el contexto educativo. Se presentan algunos temas de estudio relacionados con los retos de la neurociencia en la educación, por ejemplo, la tarea de los educadores e investigadores interesados en la rama, algunos principios neuroanatómicos interesantes, una reflexión sobre mitos llamativos relacionados con el funcionamiento cerebral y el aprendizaje, por ejemplo, los periodos críticos del desarrollo, los estilos de aprendizaje, los entornos enriquecidos y algunos mitos sobre el bilingüismo. Además, se realiza un breve análisis sobre las anomalías de la teoría de las inteligencias múltiples y sobre un tema, que de manera contemporánea ha llamado la atención: la música y la cognición. La investigación revela que existen muchas preguntas por contestar, pero para resolverlas se precisa de la participación y unión de esfuerzos entre educadores e investigadores en el área del estudio del cerebro, como órgano único de la concepción del pensamiento y el aprendizaje. La neurociencia cognitiva es un terreno vasto e innovador que no debe pasar desapercibido por los interesados en el escenario educativo. Otro aporte es un caso que los autores titularon **Evaluación del RAL, Desde la Perspectiva de los Estudiantes: "Caso Único en la Universidad Autónoma de Tamaulipas"** en este tema se realiza una propuesta de análisis sobre un caso único en la Universidad Autónoma de Tamaulipas, se trata del régimen de asistencia libre (RAL), el cual es un programa que se implementa en la Unidad Académica Multidisciplinaria de Ciencias, Educación y Humanidades (UAMCEH). Los autores realizan un estudio estadístico realizado a la población estudiantil que cursó materias bajo este régimen, obtuvieron resultados que sesgan las preferencias hacia la implementación y el uso de la tecnología en materias cursadas bajo este régimen. De igual forma, se obtuvieron resultados sobre las preferencias de los estudiantes, al elegir cursar una materia en esta modalidad. En otro aporte se trata el tema de la **Acreditación de Programas Educativos de Licenciatura en México: El Caso de la Universidad Autónoma de Tamaulipas** aquí los autores realizan un listado de los programas acreditados y organismos acreditadores que han participado en los procesos en la UAT; señalan que la educación a distancia se constituye en una estrategia clave en la búsqueda de nuevos modos de aprendizaje y que los procesos de acreditación se apoyan en las nuevas tecnologías de información y comunicación. En este sentido, los autores caracterizan la Calidad de la educación a distancia en México, específicamente a los procesos de acreditación. Se concluye sobre la existencia de esfuerzos tanto institucionales como sociales en torno una educación de calidad en el que los procesos de acreditación tienen potencial en la búsqueda de nuevas formas de profundizar los aprendizajes. Por otra parte sobre el tema **Herramientas**

Digitales, Instrumentos Innovadores y Facilitadores en el Proceso de Enseñanza de Cátedra De Paz en este trabajo muestra los avances de la Investigación que se lleva a cabo en el grupo de investigación Ambientes Virtuales Educativos (AVE), de la Universidad pedagógica y Tecnológica de Colombia, titulada Derechos Humanos y TIC: herramientas para la construcción de aprendizajes de paz, dicho proyecto surge del actual proceso de paz adelantado por el Gobierno Nacional, quien estableció impartir en la instituciones educativas oficiales y privadas la cátedra de paz, temáticas relacionadas con la educación para la paz; en este trabajo se profundizará en el tema: "Herramientas digitales, instrumentos innovadores y facilitadores en el proceso de enseñanza de la cátedra de paz", trabajo que complementa el proyecto ya mencionado y presenta diferentes herramientas digitales, como propuestas para ser usadas en la Institución Educativa Gustavo Rojas Pinilla, sede "Club de Leones", de la ciudad de Tunja- Boyacá- Colombia, con el fin de que profesores y estudiantes puedan usarlas como instrumentos El trabajo se realiza con la metodología de investigación básica, teórica o dogmática, logrando como resultado recopilar las mejores herramientas digitales que facilitan el proceso de enseñanza de la cátedra de paz, este trabajo es significativo, ya que facilita la construcción de escenarios de paz, promueve la motivación, creatividad y desarrolla el pensamiento crítico de los estudiantes mediante la interacción que estos recursos les brindan, permitiendo a la vez que el proceso de enseñanza aprendizaje sea innovador dentro de las aulas de clase y fuera de ellas. En este libro se presenta una temática similar titulado ¿Cómo se Puede Aportar Desde los Derechos Humanos y las TIC a la Construcción de Aprendizajes de Paz? en este aporte se pretende mostrar las estrategias que se utilizan para aportar desde los derechos humanos y Tecnologías de la Información y la Comunicación a la construcción de aprendizajes de paz, se pretende mostrar un avance del estudio que se realiza en las instituciones educativas acerca de la importancia de los derechos humanos y de cómo son las relaciones personales y sociales que manejan los estudiantes, el objetivo es que desde su entorno cotidiano los estudiantes aprendan a solucionar problemas pacíficamente y a hacer respetar sus derechos, la metodología que se utiliza es de tipo cualitativa, que a partir de ahí se busca información y se ejecutan las acciones, dentro de los resultados, se pretende realizar un material digital educativo para el aporte de los derechos humanos al aprendizaje de paz. Por otra parte, Las herramientas que apoyan el proceso de enseñanza y aprendizaje son muy valiosas y es por ello que se el trabajo titulado **Software "CUBO" Como Herramienta de Apoyo Didáctico a los Procesos de Enseñanza y Aprendizaje** en este aporte se describe el modelo pedagógico de las escuelas telesecundarias en Tamaulipas, México y los recursos que utilizan los maestros para llevar a cabo los procesos de enseñanza y aprendizaje mediante el uso de las Tecnologías de la Información y la Comunicación (TIC). De igual manera, se hace un recorrido histórico por los principales programas de modernización educativa en México que han incorporado las TIC como estrategia clave para mejorar el aprendizaje de los estudiantes en educación básica; donde parte del material didáctico de dichos programas antecedentes fue seleccionado, revisado y ubicado conforme al nuevo plan de estudios de telesecundarias por el personal del Centro Estatal de Tecnología Educativa (CETE), área dependiente de la Secretaria de Educación en Tamaulipas (SET) para el diseño y desarrollo del software denominado Cubo Didáctico. Finalmente, se concluye con una serie de recomendaciones para su uso y las posibilidades que ofrece para maestros y alumnos de este nivel educativo. Continuando con estas herramientas importantes en el tema **Diseño, Desarrollo e Implementación de Recorrido Virtual en 3D Como Fortalecimiento Académico y Tecnológico en Campus Universitario** los autores mencionan que el uso de las visitas virtuales en 3D es un tema que se ha aplicado en el área de la medicina, la educación, arquitectura, el ocio y el entretenimiento, para modernizar las actividades y facilitar el conocimiento de lugares de interés, siendo así, que hoy en día existen diversas herramientas que nos permiten simular los elementos de un entorno real a un entorno gráfico computacional. Los autores se enfocan en resolver una problemática de la Facultad de Ingeniería en Electrónica y Comunicaciones (FIEC) Campus Poza Rica - Tuxpan de la Universidad Veracruzana (UV) en México; la necesidad de fortalecer los mecanismos de difusión de los Programas Educativos (PE) que ofrece, para aumentar la demanda de estudiantes. En consecuencia, este proyecto se centra en realizar el diseño, desarrollo e implementación de un Recorrido Virtual (RV) del campus mencionado, haciendo un énfasis en la promoción de los programas educativos de la FIEC. Un tema que surge como tecnología emergente para ser utilizada en la educación es el tema que se presenta titulado **Los MOOC Como Alternativa de Formación Docente en las Instituciones de Educación Superior** en donde los autores mencionan que en la actualidad las Tecnologías de la Información y la comunicación ´(TIC) se han convertido en herramientas esenciales de la vida diaria de los docentes en la Universidad esto ha transformado la forma de relación y de acceder al conocimiento y a la información, llegando a la sociedad de la Información y dando paso a la Sociedad del conocimiento estableciendo un paralelismo entre las mismas esto nos lleva a hablar de tecnologías del aprendizaje y el conocimiento (TAC) que nos afirma que todo docente debe de aplicar nuevas Metodologías didácticas en los procesos de enseñanza aprendizaje para beneficio de las Universidades que tienen como parte central sus alumnos. Los autores de esta aportación señalan que en las Universidades los MOOC serán de interés debido a su gran potencial para ofrecer una formación gratuita, de calidad y accesible a cualquier persona independientemente de su lugar de origen, sin formación previa. En el libro encontraremos también el tema de **Aprendizaje Centrado en el Estudiante y las Tecnologías del Aprendizaje y el Conocimiento**, aquí se mencionan algunas herramientas que pueden ayudar a llevar el proceso de enseñanza y aprendizaje con base en el uso Tecnologías del Aprendizaje y el Conocimiento, en donde a su vez se señalan algunas técnicas que se utilizan para llevar a cabo el aprendizaje centrado en el estudiante y con ello diversificar las opciones en la enseñanza tanto presencial como en las diferentes modalidades de educación a distancia, los autores abordan aspectos generales de algunos medios de instrucción constructivistas, en donde el aprendizaje está centrado en el estudiante, como lo son, el estudio de caso, aprendizaje cooperativo, aprendizaje basado en problemas y portafolio electrónico, los mapas mentales y algunas herramientas de TAC que pueden apoyar en la implementación del enfoque centrado en el estudiante. Finalmente, y no menos importante se aborda el tema de **Las Herramientas Web 2.0 en la Enseñanza del Inglés** El objetivo de este trabajo es el describir a través de un estudio de caso, las diferentes aportaciones de las herramientas Web 2.0 en un contexto universitario durante el proceso de escritura de segundas lenguas. En el estudio participaron 21 estudiantes de la carrera en Lingüística Aplicada con diferentes tareas de escritura. Los resultados demostraron la adopción positiva de estas herramientas en el contexto académico, los entornos virtuales que favorecen la colaboración y participación también fueron indicadores altos de eficiencia.

Todas estas aportaciones que se presentan los diferentes profesores y estudiantes que participan en el presente libro, son de suma importancia, en el ámbito académico de cualquier nivel educativo, ya que la innovación que se realiza en las instituciones de educación y el uso de las tecnologías en el aula, ayudan a realizar los procesos de enseñanza y aprendizaje de una manera más eficiente e innovadora.

La Modalidad Virtual en la Educación Superior de México

Anabell Echavarría Sánchez
Guadalupe Agustín González García
Abigail Hernández Rodríguez
José Rafael Baca Pumarejo
José Guadalupe de la Cruz Borrego

Introducción

Antes de la sociedad de la información, la educación a distancia se perfilaba sólo a nivel nacional, con la sociedad del conocimiento, las fronteras de la educación a distancia se han ampliado a nivel internacional. Los aspectos que han estado ligados a la sociedad del conocimiento son la globalización y el avance tecnológico, los cuales se suman al impacto mundial que puede tener en la actualidad la educación a distancia. Los recursos utilizados por la educación a distancia son: Internet, clase interactiva, e-mail, foros de discusión, aprendizaje autónomo, clase virtual, video conferencia, audio conferencia, medios audiovisuales y comunidades virtuales, entre otros.

En esta investigación estamos interesados en revisar, por una parte, la oferta de educación virtual en México, centrándonos en el nivel de la educación superior, y; del mismo modo, en destacar ciertos aspectos de la demanda. Nuestro objetivo es mostrar la creciente importancia y desarrollo de la educación virtual. Para el lado de la oferta, concentramos nuestro estudio en la experiencia en educación virtual de cinco universidades mexicanas. Cuando hablamos del lado de la demanda de la educación virtual, tomamos los resultados de la Encuesta de Opinión de la Asociación de Internet. MX, la cual considera la percepción sobre la educación en línea de 1,174 participantes en el periodo enero-febrero de 2018.

1. Marco Teórico

Dado el número de definiciones, muy similares, para educación a distancia, educación virtual y educación *online*, a continuación, hacemos una revisión de los términos relacionados con dichas definiciones.

1.1 Educación a distancia

Dentro de los fundamentos teóricos de la educación a distancia, se habla de la teoría única, de la teoría de las comunicaciones, y de la teoría del aprendizaje de los adultos. La primera, tiene que ver con el estudio independiente, el cual apareció después del concepto de educación a distancia. La segunda, toma en cuenta las variables significativas en el momento en el que los estudiantes deben estar en comunicación con el instructor. La tercera, toma en cuenta la idea del autoaprendizaje del adulto. Las ideas del aprendizaje de los adultos fueron promovidas por Malcolm Knowles (1984).

Keegan (1986) publicó las definiciones generalmente aceptadas de la educación a distancia. Keegan (1980, 1996, 2002) sintetiza las definiciones existentes de la educación a distancia e identifica los elementos que la distinguen:

a) Separación del profesor y del estudiante a lo largo del proceso de aprendizaje
b) Influencia de la organización educativa en la planeación y preparación de materiales de aprendizaje y en la provisión de servicios de soporte para los estudiantes.
c) El uso de medios técnicos - impresión, audio, video o computadora - para unir al docente y al estudiante y llevar a cabo el contenido del curso.
d) La provisión de dos formas de comunicación, así que el estudiante se podría beneficiar de e incluso iniciar el diálogo.
e) La ausencia cuasi permanente del grupo de aprendizaje a lo largo del proceso de aprendizaje. La gente está pensada como individuos en lugar de grupos, con excepción de las

reuniones ocasionales. Las reuniones podrían ser cara a cara o por medios electrónicos y son para procesos didácticos y para socialización.

Del mismo modo, Keegan (1980, 1996, 2002) comenta que la educación a distancia cuenta con dos elementos importantes: la enseñanza a distancia y el aprendizaje a distancia. Mantiene que la enseñanza a distancia se enfoca en la entrega de instrucción para el aprendizaje, mientras que el aprendizaje a distancia se enfoca sobre la maximización del conocimiento de quien aprende. También distingue entre capacitación en la web, cursos en línea y distribución de la educación, pues comenta que estos últimos se enfocan en los medios por los cuales se entrega la instrucción, en lugar de centrarse en el aprendizaje.

El concepto de educación a distancia es simple: los estudiantes y los maestros están separados por la distancia y algunas veces por el tiempo. El uso de la tecnología como la forma primaria de comunicación es la primera y más obvia característica que distingue la educación a distancia de otras formas de educación.

Muchas personas usan el término "aprendizaje a distancia" como un sinónimo de educación a distancia. Educación a distancia es mucho más que simplemente el uso de la tecnología en el aula convencional.

Los tipos de programas que ofrecen las escuelas de educación a distancia pueden ser dos, de acuerdo con Kaveie (2011), sincrónico o asincrónico. Bajo el primero, los estudiantes deben entrar al sitio web de la escuela en un determinado horario. Bajo el segundo, los estudiantes de educación a distancia deben completar su trabajo del curso en su horario disponible, que puede ser diferente al de la escuela o al de su instructor. Educación a distancia significa que los estudiantes pueden tener acceso a más y mejores recursos de aprendizaje que en el pasado. Los roles de los instructores y administradores son diferentes en un enfoque de educación a distancia comparados con la instrucción del aula tradicional. Asimismo, la educación que se le ofrece al capacitado ya no es presencial; se aprovechan los avances tecnológicos que se ha tenido en lo que se refiere a hardware y software, y; se ahorran recursos humanos, materiales y financieros. Una institución de educación a distancia, unidad, programa, consorcio, o un curso individual pueden ser analizados o descritos como un sistema.

De acuerdo con Universia (2018), este tipo de proceso formativo se afianza principalmente en materiales físicos que la institución educativa entrega al alumno para realizar el curso, pueden ser separatas, libros, o material multimedia a través de CD u otros. Estos materiales se entregan directamente al alumno o le pueden ser enviados vía correo postal. En este tipo de formación, la comunicación con el profesor o tutor suele ser por correo electrónico, carta o incluso por la vía telefónica.

Una de los principales beneficios que este sistema ofrece a los alumnos, es que le permite estudiar en cualquier momento sin la necesidad de tener conocimientos tecnológicos o conexión de Internet. Sin embargo, este tipo de formación ofrece escaso o nulo contacto entre compañeros de estudio, con lo que el trabajo en red se reduce al mínimo.

La educación a distancia, es una relación de enseñanza/aprendizaje; esto define a la educación a distancia en términos de las variables del curso, las variables del aprendiz y las variables instruccionales.

Aprendizaje a distancia

Kember (1995) usa el término "aprendizaje abierto" al cual considera como una conceptualización más general que incluye el aprendizaje a distancia como una de sus formas.

De acuerdo con Abarashi (2011), el aprendizaje a distancia es sinónimo del aprendizaje en línea y del llamando e-learning y su principio básico es que el aprendizaje a distancia permite a los estudiantes permanecer en casa o en cualquier lugar, en donde ellos se sientan capaces de estudiar, vía computadora e Internet.

1.2 Educación Virtual

La virtualización es un proceso y resultado del tratamiento de los datos, de la información y del conocimiento en la comunicación mediante computadora Quéau (1993). Consiste en representar electrónicamente y en forma numérica digital, objetos y procesos que encontramos en el mundo real.

Unigarro (2004), menciona que las personas que estudian a través de algún sistema de educación virtual para acceder al conocimiento, han tenido que adquirir, dominar y utilizar el lenguaje propio de los medios que hacen posible la comunicación. Lo que algunos denominan alfabetización informática es la posibilidad de adentrarse en el mundo del saber.

De acuerdo con Universia (2018), esta modalidad se afianza principalmente en las herramientas de Internet. Supone el uso e intercambio de información entre docente y alumnos de manera virtual, ya sea por correo electrónico o plataformas especialmente creadas para tal fin. A través de dichas plataformas, los alumnos pueden revisar y descargar los materiales de clase, subir trabajos o asignaciones e incluso trabajar de manera colaborativa con sus compañeros de clase. La característica principal de este tipo de formación es que se trabaja de manera asincrónica; es decir, el alumno no debe coincidir en tiempo ni espacio virtual con el docente o compañeros para el desarrollo de sus actividades.

1.3. Educación *online*

De acuerdo con Universia (2018), la educación *online* toma como base la educación virtual, pero le añade un ingrediente: el tiempo real. A través de este elemento, el alumno es capaz de asistir a clases en vivo o reuniones de estudio donde coincide con sus compañeros de clase. Para lograr esto, la institución educativa debe contar con alguna plataforma tecnológica que le permita a sus docentes y alumnos realizar todas estas tareas.

Aprendizaje en línea

De acuerdo con Kaveie (2011), el aprendizaje en línea se caracteriza porque no se envían materiales y todo el aprendizaje es en línea. La limitación es que el estudiante debe trabajar en una computadora (ser capaz de buscar sus propios materiales e imprimirlos).

Entre los beneficios y oportunidades que ofrece el aprendizaje en línea, de acuerdo con Abarashi (2011), se cuentan: el entrenamiento de un amplio rango de audiencia, las creencias y experiencias de los estudiantes son diferentes, se conecta con estudiantes de diferentes culturas, entre otros.

e-learning

De acuerdo con Kaveie (2011), bajo esta forma de educación a distancia, los materiales del curso se proporcionan en formato multimedia; esto es, en CD/DVD. Bajo esta forma de estudio, el estudiante puede escoger sus materiales de estudio, los puede llevar con él y aprender en cualquier lugar, si cuenta con una laptop.

El Concord Consortium (2002), una organización educativa sin ánimo de lucro, se enfoca en la aplicación de tecnología de desarrollo del aprendizaje basado en el modelo e-learning. El modelo incluye colaboración asincrónica - en diferentes momentos en el tiempo -, horarios explícitos, expertos facilitadores, pedagogía de investigación, construcción de la comunidad, matrícula limitada, materiales de alta calidad, espacios virtuales útiles. La mayor parte de la investigación realizada por el Concord Consortium es dirigida como enfoques de diseño instruccional que promueven la investigación y la reflexión, donde los aspectos teóricos y prácticos del proceso de aprendizaje convergen (Concord Consortium, 2002). Esto es consistente con muchas de las prácticas de diseño instruccional en la educación a distancia, las cuales se enfocan específicamente sobre la calidad de los elementos de diseño que promueven las habilidades de pensamiento en un alto orden (Smith, 2006).

1.4 La educación superior a distancia

Habiendo definido la educación a distancia, en la sección anterior, definamos ahora a la educación superior a distancia. Entenderemos por educación superior a distancia, el ciclo de educación formal que tiene su antecedente académico en el bachillerato -o su equivalente- que para el caso del nivel licenciatura, se dirige a formar profesionales con conocimientos, actitudes y destrezas altamente calificados para la práctica profesional de un campo de conocimientos específico (educación, filosofía, derecho, entre otros). En el caso del postgrado, persigue formar cuadros científico- disciplinarios altamente especializados y actualizados. En ambos niveles, los procesos de enseñanza-aprendizaje y organizacionales no se realizan totalmente en una modalidad físicamente presencial, sino en la utilización de medios tecnológicos de difusión de la información, que permiten la comunicación diferida o simultánea entre los alumnos, por un lado, y los profesores y administradores del programa o sistema respectivo, por otro. Si nos remontamos hacia atrás en el tiempo, descubrimos que primero se ofrecieron cursos a través de mensajería, esto es, por correspondencia, cuyo principal medio de comunicación fueron los materiales impresos, con guías de estudio y escritura de ensayos, así como exámenes. La segunda generación de educación a distancia empezó con la aparición de las primeras universidades abiertas a inicios de los 70´s, con programas distribuidos por radio y televisión, los llamados de una sola vía. La tercera generación de la educación a distancia incluyó interacción telefónica, satélite, cable o líneas de servicios digitales integrales de red (ISDN, por sus siglas en inglés). En los 90´s emerge una nueva generación de educación a distancia basada en conferencia vía redes por computadora y estaciones de trabajo vía multimedia por computadora esto es, apareció la videoconferencia, y los cursos de dos vías, o interactivos.

1.5 La virtualización en la educación superior

Dependiendo del contexto, los conceptos de educación abierta y a distancia algunas veces se toman como sinónimos y otras veces se confunden. En el contexto de la educación superior, la virtualización puede comprender la representación de procesos y objetos asociados a actividades de enseñanza y aprendizaje, de investigación y gestión, así como objetos cuya manipulación permite al usuario realizar diversas operaciones a través de Internet, tales como aprender mediante la interacción con cursos electrónicos, inscribirse en un curso, consultar documentos en una biblioteca electrónica, comunicarse con estudiantes y profesores y otras actividades.

Educación abierta

En ciertos lugares "abierto" se refiere al acceso no restringido a las instituciones educativas, en donde no se requiere demostrar estudios previos, en México el concepto se refiere al hecho de que los procesos escolares tradicionales se hacen más flexibles; por ejemplo, la atención a clases, el calendario escolar, los periodos de exámenes para certificar el aprendizaje. La documentación de estudios previos, sin embargo, es aún un prerrequisito.

Educación a distancia

Se refiere más a menudo a las estrategias metodológicas y tecnológicas que hacen posible entregar el contenido educativo y proveer la comunicación entre los participantes en un proceso educativo, aunque ellos no coincidan en el espacio y en el tiempo. Desde el punto de vista social, la educación a distancia debería ser concebida como una forma de superar la distancia en el espacio y en el tiempo, para lo cual se dispone de recursos metodológicos y tecnológicos. El mayor cambio deberá ser el de superar las distancias sociales, culturales y económicas que se reflejan en un acceso desigual a los servicios educativos. Los supuestos que acompañan a la educación a distancia son: una cobertura mayor y más equitativa, autoconfianza y aprendizaje independiente, flexibilidad para adaptar al participante a las condiciones de vida.

Desde esta perspectiva, hay muchos enfoques para revisar los cambios que se han dado a través del tiempo en la educación a distancia, tales como las políticas educativas, la orientación social, los modelos de educación a distancia que han sido implementados y los enfoques más típicos, el soporte tecnológico en el que se ha basado. Entre los factores que han tenido impacto en el origen y desarrollo de la educación a distancia se cuentan: a) el desarrollo de la educación tradicional en el salón de clases, el cual se limita por el tiempo, el lugar y los modos de aprendizaje, y así conduce inexorablemente a nuevos modos para aquellos que podrían no ir a la escuela; b) el desarrollo de diferentes modos y medios de comunicación para el contacto entre la gente de diferentes locales quienes participan en el mismo proceso educativo; c) las políticas educativas que se implementaron en cada etapa de la historia y el papel jugado por la educación a distancia.

El proceso de educación a distancia de acuerdo con Kaveie (2011), incluye los siguientes factores clave: los estudiantes, los profesores, la comunicación, el personal de soporte y la administración. Independientemente del contenido educativo, los estudiantes son el elemento principal del proceso de aprendizaje. El éxito de la educación a distancia depende de diferentes actividades educativas, así como de las habilidades y conocimientos de los profesores. Las comunicaciones son el puente que facilita el intercambio entre los estudiantes y los profesores, se requiere de las comunicaciones para crear. El personal de soporte operativo es esencial, por ejemplo, en el registro de los estudiantes, en la distribución de recursos y además son los responsables de los reportes. Los administradores son los constructores y los jueces, que establecen la correcta relación en la formación.

2. Oferta y demanda de la modalidad virtual

De acuerdo con Moreno (2005), en México, la educación a distancia surgió desde el momento en el que el acceso a la educación presencial se volvió más restrictivo y selectivo. La educación a distancia ha llegado a ser una modalidad válida para la entrega de instrucción en las instituciones de educación superior mexicanas, en donde una buena parte de la población se caracteriza por ser joven.

2.1. Oferta de educación virtual

En México, existen proyectos que han contribuido a darle impulso a la educación a distancia: el Sistema Nacional de Educación a Distancia (SINED), encabezado por la Asociación Nacional de Universidades e Instituciones de Educación Superior (ANUIES) y por la Secretaría de Educación Pública (SEP); el Programa de Educación Superior Abierta y a Distancia (ESAD) de la SEP, el cual evolucionó y actualmente es la Universidad Abierta y a Distancia de México (UnADM). Hoy en día, dentro de las mejores universidades presenciales que además ofrecen educación en línea en México encontramos las siguientes:

1. Instituto Tecnológico y de Estudios Superiores de Monterrey (ITESM)
2. Universidad Nacional Autónoma de México (UNAM)
3. Instituto Politécnico Nacional (IPN)
4. Universidad de Guadalajara (U. de G.)
5. Instituto Tecnológico Autónomo de México (ITAM)
6. Universidad Anáhuac

Del mismo modo, las siguientes instituciones se cuentan entre las mejores con una oferta 100% virtual.

a) Privadas

7. Universidad Tecmilenio
8. Universidad Mexicana de Educación a Distancia
9. Universidad Virtual de América (Univia)
10. Universidad Mexicana en Línea (UMEL)
11. Universidad Fray Luca Paccioli (UFLP)

b) Públicas

12. Universidad Abierta y a Distancia de México (UnADM)
13. Centro Universitario de Educación a Distancia
14. Universidad Virtual Educamet de México

15. Universidad Digital del Estado de México
16. Universidad Virtual del Estado de Guanajuato
17. Universidad Virtual del Estado de Michoacán
18. Consorcio Clavijero del Estado de Veracruz

De acuerdo con Micheli y Garrido (2010), en el año de 2004 en México se podían identificar 21 universidades que habían incorporado la tecnología de la educación virtual, en distintos grados, a su quehacer educativo. Ellos las dividen en un conjunto de cuatro grupos distintos, basándose en características comunes de estrategia y capacidades. En el primer grupo, encontramos al Instituto Tecnológico y de Estudios Superiores de Monterrey (ITESM) y a la Universidad Tecmilenio, a la Universidad Nacional Autónoma de México (UNAM), al Instituto Politécnico Nacional (IPN), y a la Universidad de Guadalajara (U. de G.), este grupo de universidades, manifiesta capacidades generales de desarrollo de la tecnología y su asimilación en la estrategia de la organización. A continuación, se presenta la oferta actual de educación virtual de las instituciones educativas señaladas en ese primer grupo.

ITESM

Fue fundado en 1943, en 1989 inicia con la modalidad de educación a distancia, con el Sistema de Educación Interactiva por Satélite (SEIS). El Tecnológico de Monterrey es una de las instituciones educativas privadas que atiende a más de 98,000 mil estudiantes de preparatoria, licenciatura y posgrado. La universidad virtual del Tecnológico de Monterrey ofrece una gama interesante de maestrías y doctorados en línea en las áreas de: Administración y Negocios, Administración Pública y Política Pública, Tecnología, Ingeniería, Innovación, Educación y Humanidades y Ciencias sociales.

Universidad Tecmilenio

Fue creado por el ITESM en el año de 2002. Las carreras profesionales que actualmente ofrece en línea, se muestran a continuación.

Humanidades y Ciencias Sociales

- Licenciatura en Derecho
- Licenciatura en Educación y Desarrollo
- Licenciatura en Psicología Empresarial

Negocios

- Licenciatura en Administración
- Licenciatura en Comercio y negocios Internacionales
- Licenciatura en Mercadotecnia y Publicidad

Ingeniería

- Ingeniería Industrial y de Sistemas

Tecnologías de la Información

- Ingeniería en computación administrativa.

UNAM en Línea

La UNAM fue fundada en 1910, en 1972 nace su sistema de universidad abierta y en 1997, la educación a distancia.

Hoy en día, cuenta con suficiente experiencia en el campo de la educación virtual, ofrece la Licenciatura en Diseño, la licenciatura en Comunicación visual, la Licenciatura en Pedagogía, entre otras.

Entre las licenciaturas de mayor popularidad se encuentran las siguientes:

- Licenciatura en Diseño
- Trabajo Social
- Licenciatura en Psicología

IPN en Línea

Fue fundado en 1936, en 1974 nace su sistema abierto y desde 1995 ofrece programas de educación a distancia.

Es una institución ampliamente recomendada en el sector de la educación, cuenta con opciones de instrucción gratuita, aunque existen modalidades mixtas, es decir que podrían requerir de pago para obtener el servicio.

Cuenta con un programa de becas para los alumnos que más esfuerzo y eficiencia demuestren.

Entre las licenciaturas de mayor incidencia se cuentan:

- Licenciatura en Turismo
- Licenciatura en Comercio Internacional
- Contaduría Pública

Universidad de Guadalajara (Sistema Virtual)

Fue fundada en 1925 e Inicia con la educación a distancia en 1989, unida a los conceptos de universidad abierta y de educación continua.

Las licenciaturas que ofrece la U de G Virtual actualmente son:

- Licenciatura en Administración de las Organizaciones
- Licenciatura en Bibliotecología y Gestión del Conocimiento
- Licenciatura en Desarrollo Educativo
- Licenciatura en Gestión Cultural
- Licenciatura en Periodismo Digital
- Licenciatura en Seguridad Ciudadana
- Licenciatura en Tecnologías e Información

2.2 Demanda por educación virtual

Primeramente, hablemos del mercado potencial para la educación virtual. La SEP (2018) reportó que el número de alumnos en la educación superior pasó de 2.5 millones en el ciclo escolar 2006-07, a 3.7 millones en el ciclo escolar 2016-17, lo que representa una tasa media de crecimiento anual del 4.4% en la última década. Por su parte, el número de escuelas en la educación superior pasó de 5,239 en el ciclo escolar 2006-07, a 7,031 en el ciclo escolar 2016-2017, lo que representa una tasa media de crecimiento anual de 3.3 por ciento. Por su parte, los docentes aumentaron de 274,618 hace una década, a 388,112 en el último ciclo escolar, esto es, su tasa media de crecimiento anual fue de 3.9 por ciento. Cabe señalar que a pesar de que las cifras para el ciclo escolar 2016-17 aún se muestran como preliminares, este sería el mercado potencial local para la educación en la modalidad virtual.

Se puede comentar como de gran interés para esta sección, un estudio realizado por la Asociación de Internet MX. Dicha asociación llevó a cabo una Encuesta de Opinión, cuyos resultados se muestran en el documento "Educación en Línea en México". La encuesta tiene como propósito indagar las percepciones que tienen los mexicanos sobre la educación en línea.

De los 1,174 participantes de la encuesta, el 37% contaba con una edad de entre 25 y 29 años. Del total de participantes en la Encuesta, el 40% contaba con una licenciatura o ingeniería y estaba titulado. El 44% de los entrevistados, contaba con un trabajo de tiempo completo.

Tanto los participantes de la encuesta que estudiaban al momento de la realización de la misma, como aquéllos que no lo hacían, consideraron que la educación en línea les permite tener flexibilidad en sus planes de estudios y en sus horarios. Lo anterior se considera como uno de los beneficios o ventajas de la educación en línea.

La figura 1 muestra los aspectos que consideraron quienes actualmente estudian en línea, quedando la flexibilidad de horario como el aspecto principal. Para quienes no están estudiando en línea actualmente, la flexibilidad de horario también es una de las principales variables a considerar.

Figura 1

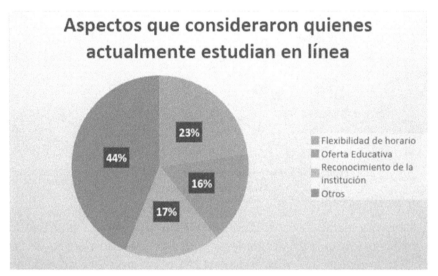

Fuente: Elaboración propia derivada de la información de la Asociación de Internet.MX

Entre los que se encuentran estudiando, el 53% dijo haber enfrentado un obstáculo para poder continuar con sus estudios. La principal dificultad, para continuar con sus estudios, fue la falta de dinero (36%).

La Figura 2 muestra los motivos para estudiar en línea para quienes lo estaban haciendo en el momento de la encuesta. El tiempo fue el principal motivo para estudiar en línea.

Figura 2

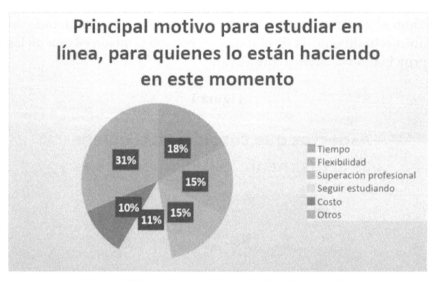

*Fuente: Elaboración propia derivada de la información
de la Asociación de Internet.MX*

De los que estaban estudiando en línea, 40% estaba estudiando una licenciatura o una ingeniería en línea, seguido por maestrías (27%) y certificados o diplomados (12%), el restante 21% no estaban estudiando ni licenciaturas ni maestrías en línea.

Por áreas de estudio, 49% de los estudiantes en línea se encontraba cursando un plan dentro de la categoría de administración, negocios y derecho. No es de sorprender que las preferencias de los estudiantes en línea no se dirijan principalmente a las carreras del área de las ciencias biológicas.

Entre quienes se encontraban estudiando actualmente en línea, el 36% le dedicaba entre 5 a 10 horas semanales al estudio. De entre quienes planeaban estudiar en línea los próximos 12 meses, el 39% estaba pensando estudiar en línea entre 2 a 5 horas.

La educación virtual es una respuesta a la actual demanda educativa, siendo de mayor accesibilidad, flexibilidad, personalizada e interactiva.

3. Consideraciones finales

Conforme se fue gestando la globalización a nivel internacional y conforme fuimos avanzando en la sociedad del conocimiento y la información, que dieron origen al fuerte avance de la tecnología de la información, nuestro país observó grandes cambios al tratar de introducir la tecnología en su sistema de educación superior. Las instituciones se empezaron a preocupar por la infraestructura tecnológica, por la instrucción de los docentes y sobre todo, por la de los alumnos. Surgieron nuevas ofertas educativas, así como diferentes necesidades educativas. Todas las modalidades de educación a distancia, incluyendo la modalidad virtual, han venido a cubrir las fuertes necesidades de educación superior con que cuenta la población mexicana. Dentro de las ventajas que ofrecen las universidades virtuales encontramos las siguientes: los alumnos no necesitan desplazarse físicamente, la distancia no es importante; se pueden estudiar carreras cortas o cursos y certificaciones de poca duración; se pueden cursar o realizar estudios de post grado y diplomados, así como también se dispone de flexibilidad en planes de estudio y en horarios. Este tipo de modalidad educativa es muy importante, porque le brinda la oportunidad de seguir estudiando a las personas interesadas, muchas veces sin desplazarse de su lugar de origen a un centro educativo, y esto trae como consecuencia, un ahorro monetario para la persona. La modalidad virtual permite a las instituciones cruzar las fronteras nacionales, dándoles la posibilidad de entrar a los mercados internacionales. Esto es, las posibilidades de la educación virtual se extienden a los alumnos del mercado nacional y a los del mercado internacional. Los avances en las tecnologías de información y comunicación también son aprovechados en la modalidad virtual y esta modalidad es una estrategia relevante para ofrecer una mayor gama de servicios educativos a docentes y estudiantes con rezagos en el acceso, uso y beneficios de las tecnologías de información y comunicaciones.

La Columna Vertebral de la Calidad Educativa: El Trabajo Colegiado

Jesús Roberto García Sandoval
Claudia Rita Estrada Esquivel

Reflexión Teórica

Con la muerte de Sócrates en la antigua Atenas, el filósofo Platón quedo devastado, dando inicio a un recorrido por la Grecia Antigua en búsqueda de respuestas que aquejaban a esa civilización; ordeno sus pensamientos y regreso a la antigua Atenas donde estableció la Academia; institución que estaba integrada principalmente por filósofos que añoraban cambios en su sociedad. El principal objetivo de la Academia radicaba en promover la búsqueda de la verdad a través de discusiones por sus integrantes, resultando en respuestas o propuestas a las diversas circunstancias, situaciones y/o condiciones del contexto.

Lo citado en el párrafo anterior tiene el objetivo en primer lugar señalar que el trabajo colegiado tienen antecedentes históricos bien fundamentados en cuanto su quehacer; en segundo lugar, generar en los docentes la certeza que el trabajo que se realiza de forma colegiada en los planteles educativos es por mucho la actividad que genera cambios sustantivos en las prácticas docentes, favoreciendo el proceso educativo independientemente del modelo que adopte o de las carencias que puedan conservar en cuanto a infraestructura. El trabajo colegiado permite al igual que en la Grecia Antigua que se busquen soluciones o se proporcionen respuestas a las circunstancias educativas del contexto (Torres, 2018).

Los esfuerzos por proporcionar identidad y homologar ciertas condiciones referentes a la estructura curricular en la última década en el nivel medio superior en México es un referente que se tiene que considerar como positivo; sin embargo, las necesidades en el país son muy diversas, cada región y plantel tiene sus propias carencias, cada plantel posee su propia historia e identidad, lo cual los hace únicos en el país. Los planteles escolares establecen su forma de ser, desarrollan identidad y prácticas propias entre la comunidad docente, estudiantil y de padres de familia. Esta diversidad favorece que los docentes implementen diversas metodologías que les son eficientes para lograr cumplir criterios educativos que proporcionen calidad en sus procesos, participando y compartiendo sus quehaceres con otros docentes en espacios como academias por asignatura, academias locales y regionales, así como coloquios, congresos o encuentros académicos; generando comunidades de aprendizaje fortaleciendo la educación en nuestro país.

El trabajo colegiado es una estrategia que se ha planteado desde principios de los noventa pero que se ha estado impulsando con mayor auge en los últimos años en las reformas educativas, se pretende que las instituciones educativas transiten de la cultura individual a una colaborativa. El trabajo colegiado es un proceso participativo de toma de decisiones que fortalece la práctica docente y los procesos de gestión escolar. Su principal objetivo es la mejora de la calidad educativa, que requiere de condiciones institucionales y de la disposición de los docentes, además de visualizar el trabajo cotidiano desde la óptica de la colaboración. Czarny (2003) afirma que el trabajo colegiado se está constituyendo en un espacio para la discusión académica y la actualización de los profesores.

El trabajo colegiado permite el desarrollo de actividades pedagógicamente enriquecedoras y favorece las actitudes de colaboración para el cumplimiento de las responsabilidades individuales y colectivas. Es un espacio de discusión académica, así como de actualización docente, donde se da la oportunidad de presentar materiales de estudio, lecturas nuevas, estrategias de aprendizajes innovadoras, así como nuevas propuestas académicas.

Para que se cumpla lo anteriormente citado se requiere en primer lugar del desarrollo o puesta en práctica diversas competencias docentes como: desprenderse del individualismo, escuchar a los colegas, realizar propuestas por el bien de la comunidad educativa, actitud proactiva. Relacionado a lo preliminar la importancia de la unidad y equidad en el proceso de acción, compromiso y responsabilidad para el logro de los objetivos compartidos, se asignan responsabilidades, se comparten experiencia y conocimientos, casos de éxito en el aula de clase, se manifiestan iniciativas de planeación y proyecto educativos con la única finalidad de fortalecer la calidad educativa, en esta actividad es de suma importancia que quede de manifiesto que todos los actores están en el mismo proceso: Aprendizaje (Flecha, R., & Puigvert, L.; 2004).

De acuerdo al Modelo Educativo para la Educación Obligatoria (SEP.2017), el trabajo colegiado debe ser "planeado, sistemático y consolidarse como un componente clave para fortalecer y actualizar el conocimiento pedagógico de los contenidos; mejorar el desarrollo de interacciones significativa; favorecer la consulta, la reflexión, el análisis, la concertación y la vinculación con la comunidad académica y directiva de los planteles. El trabajo debe resultar en equipos sólidos, capaces de dialogar, concretar acuerdos, definir, y dar seguimiento a metas específicas sobre el aprendizaje y la trayectoria educativa de los estudiantes".

El trabajo colegiado es una herramienta de trabajo que tiene como principal estrategia el que hacer colaborativo; es un medio en el cual se forma un equipo capaz de dialogar, compartir experiencias, concretar acuerdos y definir metas específicas. Se llevaba a cabo la consulta, reflexión, análisis, concertación y vinculación entre las comunidades académicas de la institución. Asimismo impulsa la mejora del desempeño docente mediante la planeación, desarrollo y evaluación de las actividades académicas, es decir el trabajo colegiado docente, a través de la colaboración intencionalmente organizada, se convierte en un pilar importante para la mejora continua de la planta de académicos, es un mecanismo práctico para el logro de los propósitos educativos en pocas palabras se puede considerar como la columna vertebral del proceso educativo y principalmente del trabajo que se realiza con el estudiante. Por esta razón el trabajo colegiado en el nivel medio superior es de suma relevancia para ofertar educación de calidad y con propósitos propedéuticos y de inserción laboral.

El objetivo principal de los cuerpos colegiados en las instituciones educativas es el fortalecimiento de los aprendizajes de los docentes estableciendo metas y objetivos llevando a cabo la colaboración centrada en los aprendizajes donde se plantea una propuesta educativa comunitaria que encamina a la construcción de un conocimiento colectivo y apoyo a los procesos individuales de aprendizajes en los estudiantes.

Otros aspectos relevantes para la formación de los cuerpos colegiados es necesario contextualizar y organizar el aprendizaje colaborativo, determinar los ambientes de aprendizaje, facilitar la participación abierta del docente e integrar las tecnologías de la información que favorecen los entornos modernos y flexibles, así como establecer estrategias pertinentes para efectivos funcionamientos. (Gómez, Mello, Santa Cruz y Sordé,2010)

En todo lo analizado previamente hemos descrito de manera muy general las funciones sustantivas que todo trabajo colegiado debe de cumplir para lograr alcanzar los objetivos en un plantel o planteles educativos sin embargo se hace necesario establecer ciertos lineamientos que permitirán un mejor desarrollo e impacto en el quehacer educativo y lograr una educación de calidad como lo son: el diagnóstico de los campos de conocimiento, la mejora continua, la participación de los directivos, las creación de comunidades de aprendizaje.

El diagnostico en educación es de relevancia significativa, existen diversas áreas que se tienen que valorar y todas ellas de gran repercusión en la calidad educativa; este proceso facilita un análisis profundo de los principales aspectos que son el engrane para la funcionalidad del plantel. Sin embargo, en este apartado se hace necesario abordar la importancia de realizar un diagnóstico de los campos de conocimiento disciplinar del plan de estudio y en los cuales tienen participación los cuerpos colegiados para fortalecer los aprendizajes. Se precisa que todo cuerpo colegiado tenga de manifiesto cuales son los aspectos más relevantes en su quehacer; cuáles son las fortalezas y debilidades de formación de cada uno de sus integrantes, y como determinar sus funciones y sus limitaciones.

Se es necesario valorar que está aportando el cuerpo colegiado al perfil de egreso del plan de estudio, la situación real de cada asignatura que integra el campo de conocimiento en cuanto a la aprobación, reprobación, metodologías, evaluación interna y externa etc., así como que compromisos están adquiriendo para el desarrollo del plantel y si las actividades establecidas se están cumpliendo en tiempo y forma. Estos entre otros tantos aspectos son necesarios considerar en el diagnóstico de los campos de conocimiento disciplinar para tener una visión clara del quehacer del cuerpo colegiado y poder comprender que compromisos y acciones se necesitan realizar a corto, mediano y largo plazo.

El diagnóstico en los cuerpos colegiados permitirá una radiografía que ayudará a la toma de decisiones y por tanto a la mejora continua de sus procesos, favoreciendo la calidad en la educación.

La mejora continua es un proceso cíclico que toda empresa e institución implementa para tener un control de sus servicios, eficiencia y calidad; por ello se hace necesario que los cuerpos colegiados adopten esta práctica para poder paso a paso lograr metas que favorecerán al proceso educativo, ya que habiendo logrado un progreso es necesario avanzar y en ningún momento retroceder en lo ya conseguido. Para llevar a cabo una mejora continua se hace necesario que los miembros del colegiado asuman quehaceres que les permitan reflexionar sobre el progreso y/o desarrollo de sus actividades, que comuniquen entre la comunidad del cuerpo colegiado los objetivos logrados para que los miembros se adapten a los cambios y se motiven logrando de esta manera tener un mayor compromiso.

Para lograr cambios es necesario que los problemas sean vistos con los mismos anteojos; con lo anterior se hace referencia que en educación es muy común que las decisiones se tomen atrás de un escritorio y/o desde una oficina que se encuentra a cientos de kilómetros de distancia en el cual se lleva la práctica docente; estas prácticas se han pretendido erradicar al menos en universidades públicas y algunas privadas involucrando a los diversos actores -directivos, docentes y alumnos- al momento de tomar una decisión respecto al proceso de enseñanza-aprendizaje en un contexto determinado.

Con lo previamente mencionado referimos a la importancia de la participación de los directivos de los planteles al momento de la intervención de los cuerpos colegiados, es importante que, en los procesos de diagnóstico, análisis, toma de decisiones, planeación de actividades, creación de compromisos y acciones, ambas partes se encuentren en la misma frecuencia y proyecten los mismos objetivos.

Los directivos tienen que permitir que los cuerpos colegiados tengan la capacidad de tomar decisiones, deben otorgar cierta autonomía que consienta que las acciones efectuadas serán puestas en marcha. Para ello una primera tarea de los directivos es comunicar a los colegiados la visión del plantel y de la administración escolar logrando de esta manera transitar en el mismo sentido y por el mismo camino.

Otro aspecto por el cual los directivos tienen el compromiso de involucrarse es el propósito de generar un ambiente laboral óptimo para el desarrollo de las actividades académicas. Ambiente laboral se hace referencia a diversos aspectos que favorecen un mejor desempeño de los cuerpos colegiados; un clima motivacional que permita una convivencia profesional basada en el respeto y sana convivencia, que beneficie al crecimiento profesional de los miembros del colegiado; espacios de trabajo apropiados proporcionados por la administración para realizar actividades entre docentes y estudiantes.

Como último punto en cuanto a la participación de los directivos y con conocimiento que las funciones son distintas a las de un docente, es necesario nunca perder la esencia de las problemáticas o quehacer al interior del aula; por ello se debe considerar impartir cátedra al menos a un grupo, con el objetivo de tener presente las necesidades de las aulas, laboratorios, salas de computo, material didáctico, conexión a internet etc. Lo preliminarmente citado es relacionado a infraestructura, sin embargo, existen otros elementos a considerar como las características del tipo de estudiante que está ingresando, la metodología implementas, los tipos de examen, los instrumentos de evaluación, los formatos de y procesos de reportes a departamento de orientación y psicología, tutorías, las actividades extraescolares etc. Con lo previamente mencionado los directores no estarán en encerrados en su ideal, no perderán la visión de la docencia y tendrán presentes al momento de su gestión las necesidades y procesos que los cuerpos colegiados aportan para lograr la calidad educativa.

Así como es importante la participación de los directivos para fortalecer el trabajo de los cuerpos colegiados, es significativo la participación de diversos actores que a través de la reflexión y colaboración aportan para el desarrollo de los cuerpos colegiados, con experiencias, análisis, estudios, investigaciones u opiniones, generándose comunidades de aprendizaje internas y externas.

Una comunidad de aprendizaje en educación se considera a todo aquel grupo de personas que se integran de manera colaborativa persiguiendo objetivos y metas en común, proponiendo acciones de manera democrática y compartiendo conocimientos, prácticas, materiales, ideas, experiencias etc., que favorezcan a la transformación de un determinado contexto, logrando aprendizajes significativos en toda la comunidad.

Rodríguez (2012) afirma "Las comunidades de aprendizaje son un modelo de organización de los centros educativos que pretenden dar respuesta a dos prioridades, mejorar el rendimiento académico y resolver los problemas de convivencia; se propone el modelo dialógico como el más apropiado para el aprendizaje y la resolución de los conflictos en el centro. Los grupos interactivos, el dialogo igualitario y la participación de la comunidad en el funcionamiento de los centros constituyen los ejes en torno a los cuales giran las actuaciones educativas de éxito que se aplican en las comunidades de aprendizaje." (p.3)

Las aportaciones de las comunidades de aprendizaje hacia los cuerpos colegiados es de gran relevancia ya que estas comunidades pueden manejarse de manera interna en cada escuela o plantel o de manera externa al relacionarse con otros planteles, universidades de mismo estado, a nivel nacional o internacional, siempre y cuando se persiguen los mismos objetivos. No obstante, para crear una comunidad de aprendizaje se requieren condiciones mínimas como, por ejemplo: situar a los docentes como el centro del aprendizaje, facilitar la participación abierta, integrar herramientas tecnológicas que favorezcan entornos modernos y faciliten compartir información, promover cambios institucionales.

Para la organización de una comunidad de aprendizaje según Torres (2001) es necesario llevar acabo los siguientes procesos:

- Concentración en torno a un territorio determinado.
- Construir sobre procesos ya en marcha.
- Estudiantes beneficiados.
- Proyectos sociales y construcción de alianzas.
- Orientación hacia el aprendizaje e innovación pedagógica.
- Procesos participativos enfocados en el diseño de evaluación y planeación.
- Sistematización, evaluación y difusión de la experiencia.
- Construcción de experiencias demostrativas.
- Continuidad y sustentabilidad de los esfuerzos.
- Procesos y resultados de calidad con uso eficiente de los recursos.

Otros aspectos comunes que se identifican es la responsabilidad compartida, el conocimiento dinámico, así como procesos activos y colaborativos.

Para la creación de una comunidad de aprendizaje existen tres etapas: creación, desarrollo y consolidación.

Creación: la selección e integración de los grupos es de suma relevancia, la comunidad de docentes tiene que estar en primer lugar convencida que se necesita un cambio en su contexto y que su participación es sustancial para ese proceso. En segundo lugar, que los docentes independientemente la antigüedad, grado académico o posición dentro de la administración tendrán roles de igualdad.

Desarrollo: para el efecto desarrollo de la comunidad de aprendizaje se deben de establecer objetivos, metas y estrategias de trabajo colaborativo, así como, fortalecer las principales características de una comunidad de aprendizaje, responsabilidad colectiva compartida, desarrollo del aprendizaje grupal e individual, compañerismo, confianza, respeto y apoyo mutuo.

Consolidación: para llegar a la consolidación se deberán obtener diferentes logros educativos como por ejemplo una visión más amplia de la educación la construcción de conocimientos colectivos, nuevas estrategias de aprendizajes aplicables al aula de clases, potenciar las tecnologías de la información y la comunicación para establecer nuevos espacios y escenarios educativos etc., todo en base a los objetivos y metas establecidas.

Consideraciones finales

Como consideraciones finales los autores están conscientes que lo expuesto en este capítulo es un punto de vista muy particular, y los expuesto en relación al trabajo de los cuerpos colegiados se pueden omitir o se descuidaron aspectos que pudieran ser factor de análisis y aportar otro punto de vista. Sin embargo, se consideran aquellos elementos de mayor trascendencia que favorecen el desarrollo y consolidación de esta actividad docente; actividad fundamental que debería dirigir las riendas de los planteles educativos, siendo obligatorio que las autoridades educativas dirijan su vista al momento de la toma de decisiones al realizar un cambio sustantivo en planes y programas de estudio, reformas educativas, implementación de programas de apoyo para el estudiante.

Es necesario analizar el quehacer de los cuerpos colegiados, ya que favorece la calidad educativa a través de sus acciones. Los cuerpos colegiados son en este momento, al menos en el nivel medio superior la columna vertebral de la calidad educativa.

El Saber Ser: Un Factor Importante Dentro del Nivel Medio Superior

Jorge Luis Nieto Claudio

"La preparatoria no es más que una etapa para abrirte los ojos, recuerdo cuando recién ingrese, tantos "deberías ser más...", "deberías ser menos...", el aceptar los deberías, me hizo darme cuenta que lo único que realmente yo "debería" ser es yo misma, es serme fiel y una vez que me quise mucho, puede ser auténtica. Cuando me quite los miedos y expresé, expuse lo que se hacer me di cuenta que siempre habrá al menos uno que amará lo que hagas, que, si no hubiera intentado nuevas cosas, nuevos retos, jamás me hubiera dado cuenta de lo tan fuerte y capaz que soy"

Testimonio Karen Zarazua, estudiante egresada de bachillerato mayo 2018.

Introducción.

La educación media superior está llena de retos para el joven estudiante, una nueva aventura comienza, nuevas experiencias, aprendizaje, éxitos, fracasos y muchas especulaciones por delante, en este nivel buscan prepararse para ingresar a la educación superior y ser profesionistas, pero es importante entender que antes de ser un Abogado, un Ingeniero, un maestro, somos seres humanos, y eso es lo más importante, porque de nuestro ser, parte todo lo que gire a nuestro alrededor. El ser humano es el pilar más importante dentro de la vida, de nosotros depende que las cosas funcionen bien o mal, pero somos los principales actores de la vida. Dentro de las instituciones no es la excepción, ya que la escuela es una de las mayores influencias que tiene el joven estudiante, específicamente hablando del nivel medio superior; que proporciona al estudiante competencias que van formando su vida antes de llegar al nivel universitario, representa el espacio crítico donde el estudiante determina el área en la cual desarrollará sus estudios en un futuro; o bien pensando en el área en la cual se puede incorporar al mercado laboral.

El desarrollo del ser humano vive diferentes etapas, cada una se vive de manera diferente y con fundamentos que forman la percepción del individuo sobre los temas de suma importancia en la etapa adolescente; la educación media superior forma parte de esta etapa, toma un papel importante en la vida del estudiante; Es un proceso crucial ya que su objeto principal es el ser humano y todo se enfoca en el desarrollo científico e integral de la persona, sirve para que el joven emprenda el desarrollo de toma de decisiones respecto a sí mismo, su proyecto de vida y su posición dentro de la sociedad.

Es de suma relevancia conocer el impacto del saber ser dentro del nivel medio superior, ya que todos los procesos educativos están dirigidos a él, es interesante descubrir lo que el estudiante aporta a la educación y la influencia de la educación en el estudiante.

El ser humano y la educación media superior como influencia en su vida.

El ser humano al momento de su nacimiento, sólo se expresa de manera intuitiva a través del llanto, risas, gritos y comportamientos propios de instinto innatos los cuales se modifican de acuerdo al desarrollo en el contexto donde se sitúan; es necesario relacionarse con la sociedad, establecer metas que dirijan su vida, mantener relaciones cercanas para poder autentificarse como persona, adoptando conductas del medio social que lo rodea.

Freire (1976) enfatiza que: es fundamental partir de la idea de que el hombre es un ser de relaciones y no sólo de contactos, no sólo está en el mundo sino con el mundo. Esto tiene que ver las transformaciones que va desarrollando el ser humano en desarrollo personal y social, de manera asociada de acuerdo al interés que tiene la sociedad con el individuo y la necesidad del individuo para encajar en la sociedad.

Le corresponde a la educación, como factor importante para el desarrollo humano, como vínculo con las demás esféricas sociales que lo rodean, construir sus propias respuestas ante las problemáticas que se derivan de la supervivencia en el mundo donde se desarrolla.

Puede ser la educación un factor importante que sirva de guía al logro de un desarrollo humano y permitirles a las personas cubrir sus necesidades, sembrando aspectos positivos para su vida futura.

Morin, (2005) menciona que: "Hace falta reformar la educación para que la educación transforme las mentalidades".

Hablando la educación como una gran influencia en el desarrollo humano, específicamente de la educación media superior, este nivel educativo que abarca todas las instituciones educativas de bachillerato o preparatoria, esto es la antesala a la universidad, en este proceso de enseñanza el estudiante obtiene todos los conocimientos previos para acceder al nivel profesional, además de enfocar la educación en normas de competencia laborar. Este nivel educativo es un proceso en el que los valores forman parte de la vida cotidiana de los estudiantes; se viven, y se practica el compañerismo, la amistad y el respeto a la sociedad.

En este nivel educativo se puede tomar en cuenta la necesidad del individuo de ser influenciado para proporcionarse características que unifique su aprendizaje dentro de una institución educativa y fuera de la misma; busca proporcionar a la persona conocimiento propio de las disciplinas científicas; este tipo de conocimiento es el que se imparte principalmente en las instituciones educativas y el cual el joven no tiene desarrollado. La educación media superior es el último nivel educativo donde el estudiante podrá tener una formación integral lo cual le permitirá enfrentar los retos o desafíos que impone la educación superior o el campo laboral.

La educación forma parte de la vida humana de una manera muy relevante, tanto que el joven pasa la mitad del día durante 5 días de la semana en la escuela; lugar donde el alumno construye un mundo externo al núcleo familiar, no solo de conocimiento científico, sino que va generando relaciones afectivas, con compañeros y con sus maestros; estas relaciones estructuran la personalidad del ser humano, pueden ser un factor que determine las decisiones futuras de los estudiantes de manera negativa o positiva para su vida.

En el nivel medio superior el campo de conocimiento y/o servicio de apoyo de orientación educativa, el cual su finalidad se fundamenta en sustentar los aspectos y sucesos personalidad, conducta, la convivencia, la salud, respeto a la diversidad, y su proyecto de vida entre otros aspectos dentro de la etapa adolescente, está relacionada con el crecimiento de las actitudes y aptitudes del estudiante dentro de esta etapa; esta asignatura se refuerza con algunas actividades que le permitan al joven autoanalizarse para poder definir la conceptualización de sus valores, además de conocer sus debilidades y fortalezas, esto permitirá que el estudiante vaya emprendiendo lo aprendido y practique estilos de vida saludables que sean de impacto dentro y fuera de la institución educativa.

Dentro de la estructura curricular de la educación medio superior encontramos áreas disciplinares que conforman este nivel educativo; matemáticas, ciencias sociales, ciencias experimentales, humanidades y comunicación; todos estos campos de formación buscan propiciar competencias al estudiante, en el desarrollo de la creatividad y el pensamiento lógico y crítico, están orientadas para proporcionar a los estudiantes conocimiento y apliquen los métodos y procedimientos resolver problemas de la vida diaria formando ciudadanos reflexivos y participativos.

La asignatura orientación educativa pertenece al área de formación integral, que se enfoca en todo lo relacionado con el ser humano, se imparten temas como noviazgo, sexualidad, motivación, autoestima, relaciones familiares, entre otros, tiene como asignaturas complementarias orientación vocacional y profesional, que sirven como planteamiento para que los jóvenes encuentren el camino y lograr una serie de metas en su vida, tomando en cuenta los aspectos; personal, laboral y social; por eso se considera de suma importancia la orientación en la vida diaria del adolescente dentro y fuera de la institución educativa, se puede considerar como la asignatura más influyente en el saber ser del estudiante.

El contexto en el que viven los jóvenes en la actualidad plantea la necesidad de desarrollar un modelo educativo que considere los procesos cognitivo conductuales como comportamientos socio afectivos, no solo conocer, sino saber hacer y sobre todo saber ser humano; la influencia del nivel medio superior es de gran impacto en la vida de los estudiantes para que esto suceda.

El saber ser dentro del nivel medio superior es elemento importante para el proceso enseñanza aprendizaje del estudiante, todos los campos disciplinares están dirigido a ello, pero se considera que la orientación educativa esta un paso adelante en ese aspecto, claro que en conjunto con la formación científica y la formación integral del estudiante se genera un gran complemento, por ejemplo; podemos decir que de nada le sirve al joven que sea un excelente matemático o físico, sino tiene una buena autoestima, si tiene inseguridad al expresar su pensar, al exponer un tema, sobrellevar problemas familiares, o sobreponerse a un fracaso amoroso, estos son acontecimientos que vive el ser humano, ahí la orientación educativa puede influir de manera importante en el ser del estudiante, ya que toma en cuenta esos aspectos que muchas veces no son prioridad para las instituciones educativas, y que sin duda alguna deben de tener más relevancia en la vida escolar de los jóvenes, ya que de ahí se pueden encontrar una gran cantidad de variables en las conductas académicas y personales de los estudiantes.

El docente como gestor y motivador del saber ser dentro del aula.

Todos los niveles educativos son importantes en la vida de una persona, pero el nivel medio superior puede ser un parte aguas en la vida de un estudiante, es un nivel donde el joven actúa de manera más consciente de lo que puede pasar en su vida futura, no es una tarea fácil, ya que en esta etapa viene una aventura llena de nuevas experiencias, sensaciones, vivencias que marcaran su existencia; recordemos que vivimos de emociones y que en esta etapa llamada estrella fugaz se viven al máximo, todo eso influye en los estudiantes, tal vez lo que son ahora, y la forma en que actúen, se verá reflejado en lo que experimentaran cuando sean adultos, seguimos dando relevancia al papel que tienen la educación en la vida de los jóvenes, como se mencionó anteriormente la influencia de las relaciones afectivas que lo rodean influyen en su personalidad y su desarrollo, el docente es una de ellas, la gran imagen dentro del aula, la autoridad y tal vez un prototipo profesional a seguir que el alumno encuentre en su persona, puede funcionar como una motivación extrínseca en la vida de los estudiantes.

Anteriormente mencionamos la influencia de la educación, todas las competencias que ofrecen al ser humano para ir desarrollando su potencial, cada campo disciplinar como parte del rompecabezas que forman el aprendizaje del estudiante, para que ese proceso pueda llegar; la educación necesita de un mediador que sirva como gestor del conocimiento, el docente es el indicado para eso, no solo aportando el saber disciplinar o el saber pedagógico, sino que también necesita el saber ser dentro del nivel medio superior, aquí entra la sensibilidad ante las personalidades y necesidades de sus estudiantes, la equidad a la hora de participar, el reconocimiento al error de los estudiantes de una manera que el joven no se desmotive y vuelva a integrarse en las actividades, el ego de pensar que es la única fuente de información, la motivación como parte de su imagen dentro del aula, para que el estudiante pueda apropiar el conocimiento por interés personal o a causa de las actitudes y aptitudes del docente.

En este sentido, Bohoslavsky (1986), argumenta que el profesor a través de cómo realice su función docente, va a propiciar en sus estudiantes el aprendizaje en determinados vínculos.

El saber ser del profesor, la manera de impartir clase, tiene una importancia especial, la acción docente debe ser trascendental en la vida del estudiante, para que el proceso enseñanza aprendizaje tenga éxito, el docente debe dar lo máximo de sí mismo, tanto profesional como persona, hacer su papel, ya el alumno decidirá si aprende lo impartido, es muy importante su rol dentro del aula, pero si algo no puede hacer, es decidir por el joven, pero si puede motivar, inspirar y servir de guía, para que el estudiante encuentra aspectos importantes del saber ser dentro del aula.

Conclusiones

La educación es un parteaguas en la vida de las personas, es un fenómeno social que ofrece grandes cosas a los individuos que la conforman, hacemos un especial énfasis en la educación media superior como la etapa más influyente en la vida de un estudiante, podemos ver este proceso social como influencia en el desarrollo humano, la comprensión, razonamiento, inteligencia, imaginación, intelecto y del pensamiento crítico.

Primero daremos relevancia a los campos disciplinares que van construyendo parte por parte el ser del estudiante, en el desarrollo de la creatividad para que el joven sea capaz de crear nuevas ideas o conceptos, producir propuestas y soluciones originales, pensamiento lógico y crítico, tomar decisiones más apropiadas en su vida, establecer metas y medios creativos para lograrlas; todo esto forma parte de la formación en el saber ser.

En un segundo momento vinculado con el proceso educativo de este nivel, damos relevancia a la parte integral del estudiante, y es en esta área donde se encuentra la asignatura de orientación educativa, la cual le brinda al estudiante expresarse de manera libre y autentica, tomando en cuenta los procesos de conducta, busca educar para la vida, darle una visión al joven para ver opciones y alternativas que lo lleven a desarrollar habilidades en la toma de decisiones, con diversas estrategias de aprendizaje trabajando temas como; autoestima, personalidad, la familia, entre otros; estos son aspectos que conforman el saber ser y que tiene la misma relevancia que el conocimiento científico que ofrece la educación al estudiante.

En un tercer momento está la influencia del docente en el proceso de enseñanza, el mediador, el gestor, el predicador de la educación dentro del aula, su influencia está formada por sus conocimientos pedagógicos en su forma de dar la clase, su personalidad, el entusiasmo y la motivación que trasmita a sus estudiantes, sin duda una tarea difícil, pero muy importante. Estos son algunos de los aspectos que forman parte del ser dentro del nivel medio superior, la relevancia que tienen el ser humano en la educación es muy alta, todo se enfoca en su desarrollo, todo se centra en el individuo, en su entorno, en un factor importante para el proceso enseñanza aprendizaje; el saber ser.

La Motivación del Estudiante Como Factor Determinante para el Aprendizaje Significativo en el Nivel Medio Superior: Una Reflexión Docente

Jesús Roberto García Sandoval
Daniel Alberto Banda Cruz
Francisco Alonso Esquivel

La problemática

Hoy en día en la sociedad existe una evolución constante con transiciones cada vez más vertiginosas en los contextos que nos desarrollamos; las prácticas, ideas, hábitos y formas de relacionarnos en el trabajo, la familia y en el mundo en general, están siendo cada vez más complejas para un sinnúmero de personas que no se logran adaptar a este mundo globalizado en el que coexistimos. Esta época de cambios ha traído consigo una fractura o brecha en todas las organizaciones humanas; religión, política, economía, familia y educación, haciendo necesario que todas estas organizaciones evolucionen y se adapten a estas vicisitudes.

La adaptabilidad es un concepto que años antes lo escuchábamos solamente al referirnos a la evolución de las especies - animales- este fenómeno ya es sin lugar a duda una cualidad propia del hombre para poder residir en este siglo XXI.

En el tema de la educación, la cual es analizada como una organización o fenómeno de trasformación social o de cambio de vida en las personas, es y será siempre un aspecto que causa gran polémica y controversia en estudiosos de este ámbito y porque no decirlo también de aquellos que no tienen injerencia en él, pero que se consideran importantes en las tomas de decisiones. La educación ha sido y es por historia un elemento que cada vez más se encuentra en la agenda de organizaciones políticas o sectores que influyen en el rumbo de un país.

En el caso de México y de acuerdo con el informe emitido por el Instituto Nacional para la Evaluación de la Educación, (INEE) sobre la educación obligatoria en México (2017), establece que al inicio del ciclo escolar 2015-2016 la matrícula de la educación ascendió a 30.9 millones de niñas, niños y jóvenes que corresponde a la cuarta parte del total de la población en el 2015; haciendo del sistema educativo nacional (SEN) el tercero más grande en el continente americano. En cuanto a la educación superior en este mismo ciclo se matricularon casi 5 millones de estudiantes, 292 mil docentes, y 17 mil planteles.

Por otra parte, y de acuerdo con el investigador Roberto Rodríguez del Instituto de investigaciones sobre la universidad y la educación (IISUE) expreso durante el foro de educación en la serie "La UNAM y los desafíos de la nación" que al país le falta por lo menos 30 años para poder alcanzar el nivel educativo de economías más fuertes y países más avanzados, que es el nivel de cuando menos bachillerato" (El Universal, 2017). En este mismo sentido en el caso de México y de acuerdo con la Organización para la Cooperación y el Desarrollo Económico (OCDE), expresa que este país tiene un atraso de más de 3 décadas en educación y tecnología, respecto a los países miembros que la integran (Macías, 2011).

A pesar de las reformas y los esfuerzos por alcanzar una educación de calidad, el sistema educativo sigue educando personas faltas de formación integral que encuentren en los planteles y las aulas los espacios de expresión y desarrollo para poder formarse con un alto sentido profesional. Estas acciones conllevan a analizar el rol que están realizando los diversos actores e instituciones a nivel nacional y local sobre la brecha tan marcada en cuanto a la calidad de educación que se oferta en nuestro país. El rezago en educación genera diversas situaciones que debilitan y ponen en jaque las prácticas que se producen al interior de los planteles y el aula de clase, causando incertidumbre entre los estudiantes y docentes por la cotidianidad de los procesos pedagógicos. El desinterés escolar, el bajo rendimiento o la falta de motivación hacia el estudio, es un fenómeno que en lo particular se ha observado desde ya hace un par de décadas; es un problema grave con focos rojos de llamada de atención y que necesita ser atendido a la brevedad posible con urgencia. Uno de los grandes desafíos con los que cuenta la educación media superior es el abandono escolar que a su vez se vuelve en un problema inminente para el progreso del sistema educativo nacional, a pesar de que se ha incrementado el ingreso de estudiantes a este nivel existe un porcentaje alto de estudiantes entre 15 a 19 años que se encuentran fuera de la escuela (INEE, 2017).

Si bien es cierto que el abandono escolar está presente en todos los niveles educativos, esta situación se agrava más en la educación media superior. Tomando en cuenta que en el año de 1990 de cada 100 alumnos que iniciaban primaria solo 24 culminaban la Educación Media Superior, para el 2013 se duplico, es decir 48 de cada 100 alumnos, por lo tanto, en 23 años se ha tenido un incremento del 20% (INEE,2017).

Lo que sigue no lo podemos generalizar porque en México existen prácticas docentes estrechamente meritorias dignas de respeto y de admiración; sin embargo, es una realidad en el sistema educativo mexicano y principalmente en el nivel medio superior. Al momento de la práctica o puesta en marcha la acción educativa al interior de los planteles y del aula de clase, la óptica se visualiza con distintos anteojos o perspectivas. Existe la perspectiva del personal directivo, la cual en muchas de las ocasiones su axiología está fundamentada en cumplir ciertos indicadores y/o porcentajes que se le solicitan y que tienen que cumplir por parte de autoridades centrales. Una segunda visión es la de los docentes, los cuales pareciera que su papel es cumplir con una planeación en un tiempo establecido con metodologías poco motivantes y faltos del sentido de la formación humana del estudiante. Y una tercera o última perspectiva la de los estudiantes, los cuales están carentes de motivación pareciera que están zombizados en las aulas de clase esperanzados a un antídoto que les permita salir de ese estado inerte y encontrar espacios de expresión y de desarrollo que calme esas inquietudes que llevan dentro de su ser para detonar su creatividad y ser escuchadas sus demandas y propuestas. Es el mismo examen, pero no todos lo vemos igual tenemos visiones tergiversadas de un mismo fenómeno y quehacer educativo.

Este desinterés o falta de motivación influye en el estudiante al enfrentar gradualmente con problemas por asistir a la clase; debido a estas inasistencias enfrentara problemas de reprobación, que si se acentúan tendrían como consecuencia un abandono escolar o en su caso una deserción escolar. Este torbellino que va creciendo día a día y que se convierte en un tornado de grandes magnitudes es el quehacer diario de todos los planteles e instituciones del nivel medio superior. Los estudiantes adolescentes en esta etapa de la vida poseen gran vigor, entusiasmo y expectativas utópicas de la vida y requieren de espacios de atención que les brinden motivos más significativos que los que encuentran en las calles.

Existen múltiples factores que conducen hacia el desinterés escolar, por mencionar algunos ejemplos: el alumno pasa por una etapa difícil que es la adolescencia donde se presentan diversos cambios fisiológicos, además de cambios cognitivos y capacidades intelectuales, busca su identidad, quiere auto conocerse, sufre de problemas de autoestima, busca adaptarse al medio social que lo rodea. Para Ruiz de Miguel (2001) se presentan los factores que provienen de la familia y su entorno social, se ha podido comprobar que ciertas características del medio familiar dan lugar a un mejor rendimiento educativo, dentro de los factores que afectan el rendimiento educativo provenientes de la familia tenemos el nivel económico, ya que este conlleva a la falta de disponibilidad de materiales para estudiar, el nivel educativo de los padres, la salud de los padres, la falta de apoyo familiar, a estos factores también podemos añadir un ambiente social en que el respeto y la práctica de valores se ha diluido en un materialismo consumista; la carencia de modelos dignos de imitar por los jóvenes; la falta de empleo etc.

Lo anterior ha sembrado desesperanza en muchos de ellos, la apatía y el desinterés por el estudio, por la superación personal inclusive algunos por la vida (Landeros, 2010).

Lo previamente citado representan a grandes rasgos algunos de los ejemplos que se pueden nombrar, sin embargo, esta reflexión tiene como objetivo concientizar sobre la importancia de crear un clima motivacional al interior del aula y fuera de ella para lograr espacios de expresión y desarrollo de los estudiantes del nivel medio superior.

Retomando la cuestión de que México tiene tres décadas de retraso Landeros (2010), afirma que la educación media superior, no está preparando a los jóvenes para los estudios superiores, y mucho menos los ayuda a definir su vocación, a descubrir sus talentos y capacitarlos para desempeñar una labor productiva e instruirlos para la vida. De acuerdo con el Instituto Nacional de Estadística y Geografía (INEGI,2015), dice que el 40% de las escuelas no cuentan con una computadora, que 25% no cuenta con instalaciones adecuadas, estas circunstancias podrían propiciar el desinterés hacia el estudio; aunado a esto se siguen implementando programas educativos que no van *ad hoc* al contexto social que se vive actualmente. La Secretaría de Educación Pública (SEP), sostiene que una de las debilidades que enfrenta el sistema educativo nacional es el estado de la infraestructura escolar (Martínez, 2013), se sabe que el espacio escolar juega un papel importante para la motivación, el interés, participación y el mejoramiento para el aprendizaje de los jóvenes; es fundamental que las instituciones del nivel medio superior cuente con las instalaciones adecuadas para motivar a los estudiantes a que se interesen por el estudio, la ciencia y el área integral. Los planteles tienen que contar con laboratorios que tengan la instrumentación idónea, salas de computo, bibliotecas, sala de medios audiovisuales, espacios para las actividades deportivas. Así como también debe contar con aulas que generen un ambiente de aprendizaje adecuado; considerando las condiciones de ergonomía, como óptimos espacios de trabajo al interior del aula, buena iluminación y ventilación.

En otro sentido y no menos importante tenemos el quehacer del docente, el cual determina su función como una actividad de vital importancia para motivar a los estudiantes a seguir sus estudios; la labor del docente es medular para evitar el desinterés y/o la deserción de los planteles y las aulas de clase. Prevalecen dos tipos de docentes en las escuelas como agente de cambio en la vida de los estudiantes; los maestros principiantes que tienen toda la actitud, aptitud, habilidades, dinámicos e inmersos en la tecnología, pero en algunos casos con falta de conocimientos disciplinares bien fundamentados; por contraparte están los maestros con experiencia y trayectoria, pero en ocasiones sin adaptarse al cambio para poder realizar mejoras en sus prácticas al interior del aula. Sin duda el desempeño del docente es de importancia como transformador, como motivador, pero también por su mal desempeño puede provocar desinterés por parte de los alumnos. Banda (2008) expresa que ser docente es una tarea tan compleja, ya que el profesor tiene que saber interactuar y comunicar los conocimientos y aprendizajes significativos, implementando métodos y estrategias que permitan facilitar la comprensión, el desarrollo de habilidades, de destrezas y actitudes favorables que permitan tener un aprendizaje significativo.

El profesor siempre va influir de manera positiva o negativa en el proceso de enseñanza aprendizaje; como lo destaca De la Torre y Godoy, (2002) en un estudio realizado en la universidad de Málaga sobre la influencia de las atribuciones causales del profesor sobre el rendimiento de los alumnos; esta investigación se basa en la teoría de Weiner sobre la motivación y emoción, la cual tuvo como objetivo analizar en el medio natural las repercusiones que una modificación de las atribuciones causales de los profesores pueden tener sobre estos alumnos. Y donde ponen de manifiesto que "cambiar las atribuciones del docente hacia un estilo más positivo no es una tarea especialmente ardua, y por tanto puede hacerse a través de mecanismos usuales como es la formación permanente del profesorado".

La investigación presentada por Mantecón, García, Gutierrez, y Navarro, (2004) en la IV Jornada Nacional de Investigación en Psicología, expresa que los actores participantes del proceso de enseñanza aprendizaje viven la educación de manera muy diferente, como si transitaran por dos líneas paralelas que nunca se juntasen; y esto es debido a los resultados que se obtuvieron de las entrevistas y encuestas que realizaron a maestros y alumnos, donde encontraron respuestas totalmente opuestas; de acuerdo a los alumnos mencionaron que los aprendizajes de parte de sus maestros no eran significativos, que no se exponían de manera clara ni ordenada, que no se realizan actividades en grupo o individuales que fomenten la autonomía, todo esto recae en la apatía del alumno por presenciar clases en las que no es tomado en cuenta, o los aprendizajes no son de gran interés para ellos por la manera en la que le son trasmitidos. Por contraparte los docentes se visualizan en un panorama diferente, ellos mencionan que los contenidos son significativos para sus alumnos y los métodos empleados son adecuados para exponerlos de manera ordenada y clara. Es evidente que la perspectiva que tienen los alumnos y maestros es muy diferente. Y como a manera de reflexión los autores mencionan que el profesorado debido a la deseabilidad social ha respondido como debe ser o es que realmente piensan que todo lo hacen muy bien, con escasa autocrítica y reflexión sobre los resultados que obtienen sus alumnos y como consecuencia de esto el fracaso escolar tiene que ver con los actos de enseñanza de los profesores respecto de lo que reciben y perciben los estudiantes.

Núñez (2009), manifiesta que los estudiantes además de no aprender lo suficiente, invierten muy poco tiempo a estudiar los contenidos académicos, incluso sostiene que existe una opinión bastante generalizada de que los estudiantes aprenden cada vez menos y tienen cada vez menos interés por aprender; por lo tanto ese desinterés se focaliza en aquellos contenidos que se enseñan en las aulas mediante unos métodos de transmisión que en muchos casos no generan ningún entusiasmo en la mayoría de los estudiantes. Por lo cual es necesario una autoevaluación o reflexión del docente sobre su práctica, con la intención de mejorar la calidad educativa, buscando un mejor rendimiento académico de los alumnos, pero principalmente sembrar en los alumnos una motivación por aprender que se dé de forma personal e innata y así, se lleve a cabo este proceso de enseñanza aprendizaje de manera integral, realizando cada una de las actividades que le corresponden a cada elemento de este proceso. Teniendo como resultado que si se mejora el actuar docente se combate la problemática de la falta de motivación del estudiante.

De acuerdo a un estudio realizado por García y Tejedor, (2007), en la universidad de Salamanca, exponen una correlación de la perspectiva del maestro y alumno, donde describen las seis causas más relevantes que pueden generar el bajo rendimiento; entre las mencionadas por los alumnos encontramos que es a causa de la dificultad intrínseca de algunas materias, la falta de estrategias de motivación por parte de los profesores, el excesivo número de asignaturas; en cuanto a los profesores las razones que causan el bajo rendimiento las vinculan a la falta de autocontrol y responsabilidad del estudiante, el insuficiente dominio de técnicas de estudio, la falta de esfuerzo de los alumnos.

El sustento teórico

Pocas nociones psicológicas han propiciado tantas charlas y debates entre investigadores y docentes en grupos colegiados, pasillos de las escuelas, como en foros o eventos académicos de difusión y divulgación de conocimiento como el de motivación. El concepto de motivación ha estado implícito desde la antigüedad, se vincula al propósito y la necesidad de explicar el porqué de la actividad humana. Hoy en día este concepto lo escuchamos en diversos ámbitos como el deporte, el rendimiento laboral en las empresas y principalmente en educación. En el acontecer del tiempo encontramos que en la historia de la Psicología son muy numerosas las teorías elaboradas para explicar la noción de motivación -explícita o implícitamente- dicho concepto. Según Pérez y Caracuel, (1997), la mayor parte de esas teorías pueden categorizarse en torno a tres tipos de dicotomías, cada una de las cuales explicaría la motivación en función de los siguientes planteamientos:

a) Causas externas vs causas internas
b) Procesos energéticos (activadores) vs procesos direccionales del comportamiento.
c) Niveles superiores vs niveles inferiores del comportamiento.

Los citados autores definen la motivación como haciendo "referencia a una idea multifacética que confina a todos los determinantes de la acción, al conjunto de factores que...influyen en la emisión de una conducta determinada en una situación concreta" (o.c., p. 15). Por su parte, Dosil y Caracuel, (2008), la definen como: "un factor disposicional que depende de ciertas características del sujeto, como su condición (física y psíquica) actual o su biografía (gustos, preferencia etc.), así como de objetos o eventos a los que tiende a acercarse o alejarse, de los factores nivel de privación, necesidades, temperatura ambiente, etc., que aumentan o disminuyen en cada momento el valor motivacional, así como de las relaciones actuales-históricas de ese individuo con sus motivos particulares" (p.176).

La motivación es un principio esencial para el progreso y funcionamiento del ser humano y está presente en cualquier aspecto del comportamiento humano: laboral, educativo, social, deportivo, etc., (Riera, 1995). Por su parte Roberts (o.c.), señala la importancia de la motivación para lograr el éxito, el desarrollo y óptimo funcionamiento de una empresa, organización o país. Así mismo (Caracuel, 2004), señala que la motivación y el éxito van de la mano, mas no se puede afirmar que la motivación por sí sola traerá como consecuencia excelentes resultados. Estos no son determinantes para obtener el éxito, sino que el éxito traerá como consecuencia mejor motivación y por lo tanto mejor rendimiento, lo que hace evidente que el éxito es una buena forma de motivar a las personas, pues de obtener resultados positivos en un lapso determinado se podrá seguir motivado.

La motivación en el contexto escolar

La motivación por historia es y seguirá siendo un factor de gran importancia en el contexto escolar ya que ejerce una influencia significativa respecto del inicio, mantenimiento y/o abandono de una determinada conducta por parte de los estudiantes; resulta útil para evaluar el rendimiento académico, así como la orientación y la dirección de la conducta del estudiante. La motivación afecta notablemente al rendimiento de un estudiante o grupo escolar, pues aquél no sólo depende de la información, conocimientos que le otorgan los docentes para desarrollar competencias. Una actuación eficaz en las competencias requiere de una adecuada motivación, generalmente alta y positiva.

Las investigaciones en el campo de la motivación defienden que -dado el tipo de trabajo que realiza un estudiante, en el que se desarrolla un esfuerzo elevado y constante, la mayoría de las veces-las actividades a realizar en las actividades de aprendizaje deben ser interesantes, novedosas y satisfactorias, a fin de que él estudiante se mantenga motivado, el rendimiento sea el más adecuado y el esfuerzo satisfactorio (Miranda y Bara, 2002).

Los modelos o teorías más recurridos, para explicar la motivación, han sido el de motivación de logro, teoría de la ansiedad de prueba, establecimiento de metas, autoeficacia, teoría de las atribuciones y la autodeterminación, cuyos constructos teóricos destacan la importancia de la motivación en el proceso del aprendizaje significativo.

Consideraciones finales

Esta reflexión se origina de acuerdo a un interés de diversos docentes, que refieren que los estudiantes que cursan el nivel medio superior, poseen un alto grado de incertidumbre, en el sentido que carecen un porcentaje significativo de un plan de vida o visión a futuro, al ver que no le ponen empeño al estudio o no tienen clara la importancia de continuar sus estudios y/o percibir los beneficios que en un futuro pueden adquirir. No obstante, se determina que existen diversos factores que influyen en el estudiante para que no ponga el interés debido a los estudios, encontrando otros factores o motivos más relevantes propios de la edad que los motiven, pasando a un segundo término los estudios. Es necesario que se reflexione el quehacer dentro del aula de clase, así como los espacios que les brindan las escuelas, para que puedan encontrar espacios de expresión acordes a sus intereses y no aulas de clase monótonas donde se tiene que seguir un protocolo añejo y poco motivador, la escuela es y debe ser el escenario por excelencia donde se integran todas las experiencias vivenciales que otorgan sentido a la etapa por la que transitan los estudiantes (Weinstein, 2001).

El desinterés, apatía o desmotivación escolar, es un problema grave que aqueja a los sistemas educativos en diversos países; México no es la excepción, se necesita atención, ya que si se logra erradicar o en su caso despertar el interés hacia lo académico, se podrán prevenir problemas como el bajo rendimiento, la deserción, el abandono escolar, incluso abordando esta problemática se podría trascender hacia la prevención de otros fenómenos sociales en la edad de la adolescencia, como el consumo de drogas, actividades delictivas o integración a los grupos delictivos. Esta reflexión se orienta principalmente en el nivel medio superior, ya que en esta etapa los jóvenes se encuentran más propensos a los cambios y como afirma Weinstein (2001), la enseñanza media constituye una etapa crítica en la vida de los jóvenes; misma que puede ser concebida desde dos vertientes, la primera a un nivel de transición entre el mundo escolar y el mundo de la educación superior o mundo laboral; y la segunda con el periodo de transformación bio-psico-social, con todos sus procesos internos que se expresan de diferente maneras (apatías, rebeldía, idealismo, etc.) y con todos los riegos que entraña (drogas, violencia, conductas temerarias).

De esta última situación mencionada, se deriva la importancia de abordar este tema también de una perspectiva docente. Ya que el docente es pieza clave en el proceso de enseñanza aprendizaje y por su puesto es quien tiene que contar con las herramientas adecuadas para poder crear ambientes de aprendizaje y motivar a los alumnos hacia el interés por las clases.

De acuerdo con Anaya y Anaya, (2010), expresan que la mayoría de los maestros se preocupan por el aprendizaje de sus alumnos; sin embargo, se aprecia una desmotivación muy generalizada de los estudiantes por lograr un verdadero interés en su proceso formativo, limitándose solo a obtener la aprobación de las materias con el mínimo de obstáculos. El aprendiente se aburre en la escuela y ese estado emocional ocasiona que pierda el interés por lo que en ella se le trata de enseñar (Peredo & Velasco, 2010).

El docente siempre tiene que buscar estrategias que le permitan ser una buena influencia para poner en práctica la motivación y formar el conocimiento (Sánchez, 2007). Ya que enseñar no es trasmitir información, sino crear condiciones para que el aprendiente construya su propio conocimiento (Freire, 2006).

La Secretaría de Educación Pública (S.E.P, 2017) y la subsecretaria de educación Media superior tienen conocimiento de la situación y realizan esfuerzos considerables tal es el caso del programa Construye T donde se trabaja con la comunidad escolar: docentes, estudiantes y padres de familia, con el objetivo de generar un ambiente sano y agradable para el estudiante promoviendo habilidades socioemocionales, que favorezcan los aprendizajes y sobre todo crear espacios que contribuyan a la no deserción de las aulas. Las políticas educativas así como práctica docente tiene que ir cambiando y adecuándose al contexto que se vive en la actualidad, implementando nuevos modelos y nuevas metodologías de enseñanza, en este tiempo no se puede concebir aquellas cátedras magistrales dentro del salón de clase donde los estudiantes solamente son receptores, hoy en día en esta era debe de existir una mayor participación por parte de los estudiantes y le docente solo ser quien establezca los ambientes de aprendizaje por lo tanto es un trabajo en conjunto se debe de realizar desde la política educativa, instituciones, docentes, padres de familia y por ultimo a los estudiantes, con quienes se necesita hacer un esfuerzo enérgico para poder guiar su educación, hay que recordar esta célebre frase: "los jóvenes son el futuro", por lo tanto como docentes tenemos mucha responsabilidad para que el futuro sea mejor que el presente, ¿Qué aportación está realizando usted para ese futuro prometedor?.

Desarrollo de Estrategias y Enseñanza Lectora con Apoyo de las TIC Móviles en Futuros Docentes

Daniel Cantú Cervantes

INTRODUCCIÓN

La comprensión de la lectura es una habilidad imprescindible para el sujeto que perfecciona con ella su tarea investigativa autónoma. Los docentes en formación inicial, no solo saldrán a alfabetizar alumnos, sino a enseñarles a comprender los textos contando con estrategias lectoras que les permitan la facilitación de la reflexión textual. Como se observará más adelante, la comprensión de escritos involucra un número de habilidades generales que no deben ser ignoradas en ningún análisis serio. Uno de los principales problemas de la Escuela respecto a la lectura, es un paradójico fenómeno que ocurre a menudo: "los niños están leyendo para aprender mientras aprenden a leer".

El presente documento reúne una serie de secciones que llevarán al lector hacia un acercamiento de la comprensión textual vista desde una pequeña perspectiva que la neurociencia ha develado en torno al proceso lector. En los primeros dos apartados se muestra una breve aproximación hacia el procesamiento cognitivo durante la lectura, comprendiendo el proceso de la memoria y su gestión en la reestructuración del esquema cognoscitivo. Además, se observa la diferencia entre lectura y comprensión lectora y el núcleo de ésta para el significado: la predicción.

En la sección tercera se abordan los aspectos generales más significativos de la predicción, así como algunos errores y dificultades comunes que enfrentan los docentes y lectores aprendices respecto a la comprensión de la lectura. En el cuarto apartado se presenta una propuesta alusiva a un modelo de comprensión lectora resultante de una revisión sistemática de literatura relacionada con el proceso lector y aquellas estrategias de comprensión textual. El modelo tuvo susceptibilidad de aplicarse como base en un programa de intervención para el mejoramiento de la comprensión lectora y estrategias de enseñanza en docentes en trayecto de formación inicial de la Unidad Académica Multidisciplinaria de Ciencias, Educación y Humanidades, perteneciente a la Universidad Autónoma de Tamaulipas. Este programa de intervención fue apoyado por el uso de dispositivos móviles -*tema abordado en la sección cinco*-, debido que son herramientas que los estudiantes llevan consigo todo el tiempo, dada la ubicuidad y esencia comunicativa que ofrecen, además de aquella multiplicidad de recursos y aplicaciones que poseen.

Seguidamente se aborda la metodología del estudio con el programa de intervención aplicado a la Generación 2016-3 de la Licenciatura en Ciencias de la Educación "Generación del Conocimiento" de la Unidad Académica Multidisciplinaria de Ciencias, Educación y Humanidades. La intervención tuvo como propósito mejorar la comprensión lectora de los participantes futuros docentes, y además favorecer el aprendizaje y dominio de las estrategias de enseñanza lectora. Los efectos de la variable independiente en el grupo experimental permitieron observar mejoras significativas después del tratamiento respecto al grupo de control.

PERSPECTIVA NEUROCOGNITIVA DE LA LECTURA

Los ojos no ven desde el punto de vista neurológico, sino es el cerebro quien determina ver lo que decide que está mirando, ésta percepción se da conforme a la experiencia previa que posee la persona; además no se ve todo lo que está frente a los ojos. El cerebro genera el sentimiento de que el sujeto ve la mayoría de las cosas para sentirse seguro, y cuando el encéfalo percibe que algo tiene sentido, más puede ver de aquél componente de información (Manes y Niro, 2014).

La comprensión de un texto depende significativamente del conocimiento previo del lector. Durante este proceso, la memoria operativa -*memoria a corto término muy limitada que reestructura el conocimiento del cerebro y mantiene la información que el individuo actualmente está pensando (Etchepareborda, 2005)*- asocia el conocimiento nuevo con la memoria a largo plazo -*memoria que contiene gran cantidad de información codificada, normalmente inactiva (Yankovic, 2011)*-, sin embargo, la memoria operativa también conocida como memoria de trabajo, es muy limitada, ya que en promedio maneja de 4 y 5 hasta 7 elementos o unidades de información a la vez, no importando si éstas se encuentran al azar por ejemplo al recordar brevemente una serie de números telefónicos. De manera que surge entonces la pregunta ¿cómo es posible que una persona recuerde la mayoría de temas y aspectos significativos de algunas novelas o películas?, por mencionar algunos ejemplos (Fuster, 2014).

Si bien son pocas las unidades que puede esta memoria manejar, cada unidad de información depende del sentido que el cerebro le conceda, entonces se puede tener una unidad de significado tan grande que es evidente observar como un lector hábil pueda leer un libro completo en uno o dos días y entenderlo perfectamente. El contenido de un escrito puede hilarse en unidades de significado con sentido sumamente grande que deja espacio para el almacenamiento de detalles específicos del texto (Cuetos, 2011). Sin embargo, Lipina (2016) expone que todo aquello que el cerebro perciba y no se asocie a lo aprendido, tratará de memorizarlo con altas probabilidades de que el recuerdo se olvide.

Cuando se asocia un nuevo conocimiento, la memoria a largo plazo se organiza dando como resultado conocimientos agrandados que se activarán cada vez que se perciba información similar en el futuro, permitiendo al lector comprender temas cada vez más complejos. Cabe señalar, que la estructura cognoscitiva o memoria a largo plazo, en su mayoría almacena información semántica implícita, que no se puede expresar con palabras, ya que la información recibida por los sistemas sensoriales no llega únicamente del medio visual o auditivo. Dependerá del desarrollo del lenguaje expresar las ideas, y por este motivo, saber escribir de manera correcta, es sustancialmente más difícil que leer de forma comprensiva (Niemeyer, 2006; Ribes-Iñesta, 2007).

La estructura cognoscitiva o memoria a largo plazo asocia categorías y sistemas de asociación semántica entre éstas, para manejar de manera eficiente la información. Las categorías son posibles ya que información distinta puede catalogarse con cierto grado de equivalencia. Este conocimiento los docentes lo utilizan todo el tiempo como parte del desarrollo de estrategias de aprendizaje. La categorización es la base para la selección de información y discriminación de datos irrelevantes para un determinado caso (Martínez, 2010; Battro, Fischer y Léna, 2016).

Como se observa, la estructura cognoscitiva posee categorías interrelacionadas que contienen palabras e ideas que llegan con facilidad a la mente al percibir informaciones equivalentes, sin embargo, llegan en primera instancia solo aquellos conocimientos y palabras cotidianas para el lector. Las informaciones de las categorías se agrandan con la experiencia que la vez que las modifica. Los conocimientos previos del lector pertinentes para la lectura son: la teoría del mundo personal, el vocabulario y las normas gramaticales consolidadas. Éstas últimas deben consolidarse para que el lector no lidie con la gramática durante la reflexión de un texto, ya que ocasionará dificultades y saturación de la memoria operativa. Entre más conocimientos previos tenga un lector menor información del texto necesita para comprenderlo (Matute, 2012; Sigman, 2015).

El significado no se encuentra en la lectura automática; éste tipo de lectura consiste en la mera decodificación del texto, consistente de marcas y caracteres gráficos impresos o en formato digital con rasgos distintivos que poseen sentido abstracto de significado para el lector. Sin embargo y como se expone, una persona puede decodificar sin comprender (Solé, 2006; Devis, Gómez y Sanjosé, 2012).

La lectura es la identificación de palabras y la comprensión la identificación del significado. Encontrar el significado de un escrito es posible gracias a que el conocimiento previo del lector consiste en significados adquiridos que le dan sentido a la lectura. Todo lo que se sabe conforma la teoría del mundo de una persona y esto genera la base para la elaboración de criterios de selección y decisión en el futuro. La teoría del mundo permite al sujeto predecir para mejorar la eficiencia de la comprensión. La capacidad de predicción se debe a la estrategia innata de supervivencia del cerebro para evitar sorpresas que pongan en riesgo la integridad de la persona y la estabilidad de la estructura cognitiva. Las predicciones persiguen el significado en la lectura y no se centran en meras palabras que puedan aparecer en el futuro (Achaerandio, 2009; Cantú *et. al.*, 2017). Para ilustrar esto, Kolers (1966), estudió con bilingües haciendo que leyeran textos que combinaban ambos idiomas -inglés y francés- y encontró que podían comprender textos perfectamente, pero tenían problemas para recordar las oraciones y las palabras que estaban en un idioma o en el otro. Demostró que el lector no se detiene en las palabras ni en su secuencia, sino que persigue el significado doquiera que se encuentre en el texto, a pesar de realizar saltos y regresiones.

Cuando el lector predice y se equivoca en la lectura, el costo de la comprensión aumenta, entonces se tiende a fijar criterios de selección con cautela más altos de acuerdo con una meta común: minimizar la cantidad de errores para comprender con fluidez. Los criterios de decisión parten de la estructura cognoscitiva o de las unidades de significado del lector que definen si se convence con el sentido de la lectura que de ella vaya tomando (Smith, 1989; Navarro y Mora, 2009). La decisión de continuar en la lectura procede aún cuando el lector no está completamente seguro de asumir que sus predicciones son correctas. La incomprensión temporal se tolera con la esperanza de que en el futuro inmediato la lectura se devele algún conocimiento nuevo, de no ser así, las probabilidades que el lector se frustre aumentan.

El criterio en la predicción y su decisión fluctúa desde una actitud cauta que requiere basta cantidad de información antes de seguir, hasta la voluntad de aventurarse y tomar una decisión con la información mínima con el riesgo de equivocarse. A menudo se cree que el número de aciertos en las predicciones lectoras representa menor cantidad de errores, pero autores como Smith (1989) y Zimmerman y Hutchins (2003), afirman que el costo de acertar supone un aumento en el número de errores –médula del aprendizaje–, por este motivo, no existe otro método más efectivo para la comprensión lectora que su praxis. Para que las predicciones tiendan a ser correctas, se debe estar constantemente tolerando la aceptación de que se está equivocado y proceder con cautela. La práctica y el tiempo perfeccionarán la rapidez de comprensión.

Comprensión Lectora: Reducción de la Incertidumbre del lector

Cuando existe un criterio muy alto ante la timidez de equivocarse, la lectura se vuelve lenta. Los lectores que no realizan regresiones y saltos en la lectura suelen leer lento tratando de no correr el riesgo de equivocarse. Cuando la lectura es lenta, se empieza a prestar demasiada atención a los detalles y entonces el cerebro empieza a memorizar mucho para trabajar las ideas, y al saturarse, baja el almacenamiento de información hasta llegar a un punto muerto de tener la vista en nada (Soberanes, 2013, Feinstein, 2016).

Un error común del docente en la enseñanza de la lectura, es creer que la minuciosidad y la lentitud son sinónimos de perfección, pero cuando se trata de comprensión lectora éstos perjudican al alumno. El estudiante debe consolidar su rapidez lectora con precisión antes de emprender la reflexión sobre los escritos.

Cuando el lector se enfrenta a una cantidad significativa de alternativas para elegir y continuar con la lectura, su capacidad de decisión se hace lenta, entonces es importante predecir corriendo el riesgo de equivocarse. La predicción funciona con preguntas de tipo heurístico semántico que permiten no solo describir el problema encontrado, sino que pretenden alcanzar cierto grado de correlación entre los elementos de información con un alcance explicativo que permita entenderlas. Cuando no hay comprensión, significa que el lector no encuentra las respuestas a las cuestiones formuladas. La comprensión lectora no es cantidad, sino el estado de no tener preguntas sin responder (Smith, 1989; Duarte, 2012).

Los problemas en la lectura se presentan aparte de los desórdenes cerebrales hipotéticos, cuando existen conflictos personales, culturales, sociales y condiciones nutricionales desfavorables en el lector que interfieren significativamente con su motivación para leer.

También los errores en la enseñanza de la lectura generan hábitos que el estudiante desarrolla y dificultan su comprensión, como la lentitud al leer y tratar de evaluar la comprensión de un escrito prestando atención a la ortografía o pronunciación del alumno, pasando por alto las anomalías en el significado (Díaz Barriga y Hernández, 2003). Los lectores novatos suelen creer que el significado yace de manera íntegra en el texto, cuando en realidad se encuentra en la mente la cual aprende para reforzar lo que sabe, por esto los escritos difíciles o sin sentido frustran al lector.

Otro error común es tratar de comprender un escrito decodificando cada palabra en secuencia, los lectores aprendices pueden tener la creencia que se encuentran obligados a leer en el orden que el escritor presenta sus pensamientos en su texto. Como se ha visto, el significado que el lector extrae no sigue un patrón secuencial (Neira, 2005; Cuetos, 2011). Las dificultades mencionadas son causas de la indiferencia de los alumnos por leer, pero además de esto, es preciso añadir que existen estudiantes que no logran percibir algún costo por errar en su lectura y permanecer en la ignorancia. Cuando esto sucede, su criterio es bajo y no les importa si su comprensión se da. Éste problema etiológicamente se deriva de una instrucción docente que no enfatizó en el refuerzo de la importancia lectora para el alumno y su familia. Sencillamente estas personas no logran valorar la importancia de la lectura (Lerner, 2001; Solé, 2006).

La comprensión de escritos depende de las preguntas que el lector se formule con los criterios derivados de su experiencia y teoría del mundo, por ejemplo, si una persona acaba de leer un libro y no tiene preguntas sin responder, se diría que comprendió la lectura, sin embargo, el conocimiento de su "verdad" puede no ser consensuado por otros. En el caso de la Escuela, cuando el alumno no se formula el tipo de preguntas que el docente tiene en mente, entonces éste considera que el estudiante no comprendió lo que él esperaba que comprendiera. Hay una alta probabilidad de que cada uno comprenda conforme lo que sabe. Entonces ¿qué es la comprensión a fin de cuentas?, es la reducción de la incertidumbre del lector (Trevor, 1992; Schunk, 1997).

La disminución de la incertidumbre del lector es resultante de la predicción acerca de lo que tratará el texto. La predicción de un escrito se encuentra en diversas capas o niveles -ver Figura 1-, donde las predicciones globales procuran metas como la obtención de las ideas centrales de un texto completo o capítulo.

Éstas expectativas centrarán al lector en su enlace con sus unidades de significado que ya posee sobre el tema. Por otra parte, las predicciones focales son más detalladas y temporales, se desprenden de las globales procurando encontrar información en los párrafos, oraciones e inclusive en palabras que se vinculen con las unidades de significado del lector. Ambas capas de predicción dependen unas de otras; las focales son generadas por las ideas hipotéticas globales, y éstas a su vez, son probadas y modificadas por las focales en el trascurso en la lectura (Smith, 1975; Zanotto, 2007, Arbeláez, 2012).

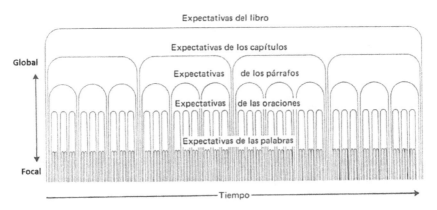

Fig 1. Niveles de predicción en la lectura (Smith, 1989).

El lector debe prestar atención en aquellas partes del texto que contengan información importante para captar la idea que se persigue.

La regresión y el salto entre renglones son estrategias que facilitan esta tarea. Una lectura difícil se ralentiza por la cantidad de regresiones, e inclusive se consultan fuentes externas para comprender, pero esto es parte del proceso duro del aprendizaje lector. Los lectores hábiles no pretenden manipular sus movimientos sacádicos durante la lectura, ni extraer el significado de cada palabra, sino que van hacia la idea de un párrafo en vinculación con otro, aportando su experiencia acumulada para ampliar sus unidades de significado en la memoria a largo plazo. La predicción depende del conocimiento del lector y la incertidumbre se disminuye con éste y con la información que el texto le proporciona (Cooper, 1990; Boesch 1993; Guevara *et. al.,* 2011).

Los lectores hábiles no leen en secuencia, sino que focalizan saltando algunos renglones cuando están leyendo y regresan con velocidad a corroborar detalles una vez que han captado la idea principal. La regresión y el salto no deben ser considerados como errores al leer, sin embargo, la regresión debe realizarse con cautela, ya que existe una alta probabilidad de error al dividir la atención entre la parte que se está leyendo y en otra parte anterior que tampoco se entendió. Si bien esto es parte del aprendizaje, el costo del error aumentará de manera considerable, disminuyendo la velocidad lectora (Pearson y Fielding, 1991; Silva *et. al.,* 2014).

ELEMENTOS COMPONENTES DE UN MODELO DE COMPRENSIÓN LECTORA

La reflexión lectora es un proceso que se optimiza con la edad. Al respecto, Limón y Carretero (1995); Caruso y Fairstein (1997); Socas (2000) y Almeida (2011), señalan que la comprensión de escritos es propicia en lectores situados en la etapa de las operaciones formales, o bien después de la edad de 11 a 12 años aproximadamente. La maduración cerebral -proceso de mielinización- a partir de ésta edad permite al alumno razonar deductivamente perfeccionando su conciencia sobre el pensamiento lógico y manipulando abstractamente y de mejor manera las proposiciones verbales. Es evidente que el conocimiento previo se agudiza con el paso del tiempo, pero se optimiza con la comprensión textual, y por ello, ésta cobra mucha relevancia. En la Figura 2, se presenta una propuesta de aprendizaje y enseñanza de la comprensión lectora dirigida a docentes en formación inicial. El modelo contempla dos aspectos fundamentales: requisitos indispensables y estrategias de comprensión textual.

Respecto a la Figura 2, Van Dijk y Kintsch (1983); Solé (1993) y Núñez y Santamaría (2014), indican que, si bien comprender los textos requiere del uso de algunas estrategias, son necesarios, como se ha visto, algunas bases y requisitos consistentes que el alumno debe poseer previo a la lectura. Respecto a esto, Cassany *et. al.*, (2001); Niemeyer (2006) y Rodríguez, (2007), afirman que dentro del contexto se delimitan dos factores fundamentales que promueven a su vez la motivación por la lectura: el *contexto sociocultural* y el *contexto de lectura*. El primero propicia conocimientos previos o teoría del mundo y el segundo un buen espacio físico adecuado para leer. Un contexto sociocultural óptimo académico beneficia directamente el enriquecimiento cognoscitivo del alumno, pero también el lector debe disponer de un lugar propicio para leer, se recomienda poseer una propia biblioteca con una buena silla o sillón, luz apropiada, lámpara para leer de noche y buen ambiente de silencio.

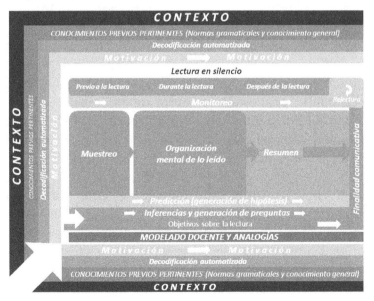

Fig 2. Propuesta de un modelo de aprendizaje y enseñanza
de la comprensión lectora. Fuente: Compendio.

Los conocimientos previos pertinentes para la lectura, provistos por el contexto, también motivan la lectura y la comprensión, y son de dos tipos: *gramaticales* y *universales*. Barboza y Sanz (2000); Bruning *et. al.*, (2002); Qian y Schedl (2004) y Almeida (2011), afirman que el alumno debe consolidar sus conocimientos gramaticales para no entorpecer la memoria operativa al leer, y también para enfrentar el análisis morfológico de las palabras desconocidas por medio del análisis contextual. Los conocimientos universales se refieren a la teoría del mundo del sujeto. Los conocimientos previos permiten generar inferencias, hipótesis, analogías, organizar lo leído y elaborar la interpretación del mensaje. Entre más conozca un alumno mientras lee, más lo distancia de los que no saben y por esto, la comprensión lectora cobra significativa relevancia. Un tercer requisito es la *decodificación consolidada con fluidez* ya que despeja la memoria operativa al rescatar el mensaje. No se debe prestar atención a la ortografía cuando se comprende, ya que el lector realiza saltos y regresiones en el texto constantemente. El alumno que es lento para leer, para cuando acabe de leer una frase, oración o párrafo, puede que olvide como empezó. Los tres requisitos mencionados propician motivación al alumno y docente para emprender la lectura.

En el modelo presentado se enfatiza en la *motivación* dado que el proceso lector es consiente y voluntario y la reflexión no es una tarea sencilla. En este sentido, Méndez y Delabra (2007) y Oñate (2013), exponen que la motivación es motor de aprendizaje que genera afecto por la lectura y una activa participación del alumno en los programas de intervención educativa. Al respecto, Bandura (1993); Bermúdez y Hernández (2011); Logatt y Castro (2011) y Manes y Niro (2014), identifican otros factores causales de la motivación por la lectura, como lo son el conocimiento del lector sobre aquellas ventajas de la comprensión lectora para él y las consecuencias de no poseer la habilidad, lo que despierta una necesidad que se convierte en motivación intrínseca. Se ha sugerido que los textos empáticos como los cuentos, anécdotas o historias causan un primer interés en alumnos que empiezan a leer, además, la estructura de estos textos es simple y un tanto predecible. Por otra parte, es recomendable que en las lecturas de los lectores novatos existan ejemplos a destiempo que clarifiquen las ideas señaladas, no importando que haya redundancia a la vista. Aunque las ideas sean secuenciales, el significado que el lector adquiere del texto no es sucesivo; entre más llano y claro el escrito, es más sencillo de interpretarlo que cuando se embellecen las letras y se les añaden ornamentos que producen ruido visual al lector. Si bien existen textos y tipologías de fuentes de todo tipo, es recomendable tratar con texto de fuente simple cuando el lector es principiante.

El proceso lector de la Figura 2, se inicia con los *objetivos sobre la lectura*. En este rubro, Schmitt y Baumann (1990); Solé (1996) y Cárdenas *et. al.*, (2009), afirman que si existe confusión acerca del por qué se lee, la memoria operativa se satura y se genera desinterés. A menudo se cree que siempre hay que leerlo todo para entender la idea principal, sin embargo, si el lector es novato, leer todo el escrito le pedirá todos los recursos disponibles de la memoria de trabajo, ya que no solo se detendrá en el significado del texto, sino que antes lidiará con el vocabulario que no conoce, con la gramática que le falte y con los detalles de información que contenga el texto. Los objetivos van desde lo más explícito simple, como buscar una fecha o dato específico, hasta lo implícito general como la idea central o incluso hacia la intencionalidad del escritor. Por otra parte, Camps y Castelló (1996), señalan que se puede leer con el objetivo de solucionar algún problema, aprender más sobre un determinado tema, estudiar para un examen o trabajo, e inclusive para divertirse o burlarse, refutar o desacreditar al escritor o el texto. En el ámbito académico, el docente demanda al estudiante el tipo de información que debe recuperar para evaluarle.

Como se observa en la Figura 2, el proceso lector se encuentra dentro de la estrategia de la *lectura silenciosa*. Al respecto, Taylor y Connor (1982); Condemarín (1987) y Abadzi (2011), plantean que la *lectura en silencio* permite una mayor rapidez en el procesamiento de información para la comprensión, ya que se prescinde de la exigente necesidad de pronunciar de forma oral y correcta la lectura. Los alumnos que leen en voz alta generalmente dejan el peso de la reflexión en los oyentes que la juzgan, por ejemplo, el maestro. Por otra parte, Solé (1987), afirma que si los alumnos oralizan la lectura, se puede generar competencia entre ellos por leer más aprisa y esto los desoriente o distraiga de una tarea reflexiva. Cuando se está leyendo, no se debe oralizar, debido que el lector al detenerse en una correcta pronunciación, entorpecerá el proceso de extracción semántico.

Con los objetivos establecidos, el lector previo a la lectura, infiere y predice para *muestrear* el escrito, aunque la predicción y la inferencia se dan durante todo el proceso. Neira (2005); Solé (2006); Achaerandio (2009) y Vásquez (2013), indican que el *Muestreo* consiste en la selección de partes de la información de un texto que brindan un acercamiento rápido hacia la comprensión de las demás partes, por ejemplo, los títulos, subtítulos e índice. Es necesario no saltarse el *Muestreo* ya que permite que el lector se centre en el tema y posibilite ubicar dónde se localizan determinadas informaciones en el escrito. El *Muestreo* también despierta el interés por el tema y está directamente ligado a la anticipación, objetivos, conocimientos previos, elaboración, confirmación y corrección de hipótesis durante la lectura, creación de cuestiones específicas y generales, inferencias, monitoreo y organización mental de lo leído, es decir, con casi todas las estrategias de comprensión lectora recopiladas. Además de esto, el *Muestreo* es la etapa donde el docente nivela el conocimiento previo de los alumnos con deficiencias sobre la temática a abordar en la lectura.

Con relación a las *inferencias,* Collins *et al.,* (1980); Eldredge *et al.,* (1990); Murray *et al.,* (1994) y Díaz *et al.,* (2011), señalan que tales se conforman como estrategias centrales en todo el proceso lector, ya que son clave para la generalización de ideas abstractas e implícitas que no saturen la memoria operativa. *Inferir* es encontrar información faltante no explicita en el texto a base de deducciones apoyadas por el conocimiento previo, relacionado con el seguimiento lógico de las cosas por su comportamiento, causa y efecto. Es importante que los conocimientos previos del lector sean lo más cercanos a la verdad consensuada, de otra manera, las deducciones generadas serán corregidas dando como resultado una lectura lenta.

La *predicción* como se ha visto, es una estrategia medular en todo el proceso lector. Pascual y Goikoetxea (2005); Duarte (2012) y Cáceres *et al.*, (2012), afirman que el lector debe adelantarse y predecir el texto para que tenga sentido lo que sabe. Si las hipótesis son confirmadas, la lectura será más fluida, pero si se corrigen se hará más lenta. Entre mayor conocimiento previo pertinente para el tema exista, mayores serán las probabilidades de confirmar las predicciones. Kieras (1985) y Gutiérrez y Salmerón (2012), indican que cuando un lector se vuelve más competente, realiza predicciones más certeras, pero a su vez constantemente las está revisando y las elabora con mayor cuidado, con ayuda del *monitoreo* -visto más adelante-; de esta forma, el estudiante aprende a leer de forma más eficaz y cada vez a una velocidad mayor. Predecir permite que el lector no dependa de la información visual del texto para evitar saturarse de información. La predicción y el uso del conocimiento previo utilizado sin cautela puede generar que el sujeto piense que ve o supone que algo está presente cuando realmente lo no está en el texto. Por otra parte, los errores en la predicción si bien denotan equivocación, también motivan, es decir, las novelas de misterio o suspenso son interesantes porque los autores tratan de llevar por un camino al lector y sorprenderlo constantemente. Si bien después de la lectura el sujeto reforzará sus conocimientos sobre la temática y será más difícil sorprenderlo, éste tipo de lecturas es recomendable para los lectores aprendices.

El *Monitoreo* es una estrategia significativa durante todo el proceso lector. Palincsar y Brown (1984); Markman (1997) y Silva *et al.*, (2014), señalan que esta técnica se trata de una supervisión que permitirá al lector centrarse bajo el objetivo de lectura. Cuando un lector se detiene en un párrafo, no significa que este viendo más significado de él, sino que está decidiendo qué es lo que realmente está mirando. El *Monitoreo* es una forma de control ya que posibilita que el estudiante vaya evaluando y reflexionando sobre su propia comprensión, de manera que no se engañe a sí mismo dando por sentado de que va comprendiendo, aunque no sea así. En el ejercicio del *Monitoreo* el alumno debe elaborar un plan de lectura respecto al tipo de texto y aplicar las estrategias de comprensión textual. Sin motivación para la lectura, monitorear solo se vuelve una carga, y si bien el *Monitoreo* ralentiza la lectura al principio, con la práctica se domina esta competencia con rapidez.

La *Generación de Preguntas* es una técnica ligada a la *Inferencia* y la *Organización Mental de lo Leído* para esclarecer la completitud del significado. Pearson y Fielding (1991); Kim *et al.*, (2004) y Solé (2006), mencionan que las preguntas se desarrollan durante todo el proceso lector para muestrear, monitorearse, continuar con los objetivos, conformar una estructura organizada del texto, generar hipótesis, inferir y construir resúmenes. Las cuestiones tales como: ¿Qué? ¿Dónde? ¿Cuándo? ¿Cómo? y ¿Por qué?, deben realizarse en todo momento en cuanto se lee para esclarecer el mensaje. Aquél estudiante acostumbrado a que se le planteen las preguntas sobre la lectura, al momento de elaborar las suyas con relación al texto, generará cuestiones similares a las que está acostumbrado a escuchar. Existen dos tipos fundamentales de preguntas en la lectura: de respuesta literal y de inferencia. Las primeras son cuestiones que buscan información explicita en el texto, mientras que las segundas deben deducirse, por ejemplo *"todo el día se había cubierto por un escenario blanco perfecto, aunque hacía frío, la familia estaba reunida, había buen ponche y no esperábamos la hora de abrir los regalos"*. Pregunta: ¿qué se celebraba?.

La *Organización Mental de lo Leído* es la estrategia que, durante la lectura, genera una imagen jerárquica y coherente del mensaje rescatado, situado en la reestructuración de las unidades de significado que posee el lector respecto al tema comprendido. Respecto a esto, Morles (1999) y Ospina (2001), exponen que la técnica consiste en generalizar oraciones y frases para reconstruir ideas originales por enunciados de orden superior, de manera que no se vean alteradas conceptualmente. Ruiz (2007); Velásquez (2010) y Díaz *et al.*, (2011) argumentan que las generalizaciones son producto de la discriminación de informaciones redundantes e irrelevantes, que una vez unidas, permiten comprender de manera holística el conjunto de ideas y sus relaciones. Relacionar la información es posible, debido que cuando el cerebro detecta nueva información, expone y rescata aquellos conocimientos relacionados para encontrar sentido y reconstruirlos.

El *Resumen* es la acción eferente del alumno respecto al significado rescatado y directamente es vaciado de la *Organización Mental de lo Leído*. Irrazabal *et al.*, (2006) y Meléndez *et al.*, (2013), afirman que un buen resumen requiere de relectura que permita comprender algo que omitió o posibilite ver texto desde otra perspectiva. Asimismo, Camacho (2007) y Clavijo *et al.*, (2011), señalan que el propósito del *Resumen* es ofrecer un vaciado semántico de la unidad de significado reestructurada después de la lectura y ordenada por tiempos que condensan las ideas principales y características relevantes del escrito. No se debe revisar ortografía mientras se está construyendo el *Resumen*, debido que entorpece la memoria operativa y la distrae de la creativa interpretación del texto. El *Resumen* no es para nada un intento de copiar de manera fiel algunas partes de un escrito, sino una expresión con las propias palabras del lector.

Después del vaciado el *Resumen* viene la estrategia de la *Finalidad Comunicativa*. Al respecto, Monroy y Gómez (2009); Navarro y Mora (2009); Franco (2009), señalan que ésta técnica permite a los estudiantes, explicar y discutir de manera oralizada las ideas y conceptualizaciones del texto a pro de conocer hasta qué punto se ha comprendido la lectura y aclarar las dudas que hayan permanecido. Por otra parte, Caballero (2008) y Guevara *et al.*, (2011) y Manes y Niro (2014), indican que la *Finalidad Comunicativa* tiene como fin que el lector comparta los conocimientos reestructurados con otros; esto se debe ya que las memorias se refuerzan cuando se evocan consolidando el recuerdo. Sin embargo, las memorias son susceptibles a cambios en cada evocación, por lo que el lector debe tener cuidado de tener en claro lo aprendido y discutirlo con los demás, ya que el recuerdo puede distorsionarse.

En la Figura 2, se observa un apartado denominado *Modelado Docente* y *Analogías* justo bajo el proceso lector, pero sin entrar en contacto directamente con él. Latorre y Montañés (1992), Ramírez *et. al.*, (2004), señalan que el docente debe conocer el proceso de comprensión textual, dominar las estrategias y modelar éste proceso para poder enseñarlo a sus estudiantes. El *Modelado* es una práctica que se mejora con el tiempo donde el educador presenta en voz alta el cómo un lector piensa al muestrear, definir objetivos, inferir, elaborar hipótesis, confirmarlas, corregirlas, generar representaciones y mapas conceptuales sobre lo leído, releer, vaciar el resumen y discutir sobre lo aprendido. En una segunda etapa, el alumno emprende el proceso lector con la ayuda del docente y en una tercera, por sí solo y en silencio elabora la tarea. Por otra parte, y de acuerdo con Huarca *et al.*, (2007); Betancourt (2007); Viveros (2010) y Olmos *et al.*, (2012), las *analogías* son correspondencias o similitudes entre seres, objetos, fenómenos y conceptos distintos que el docente puede utilizar para ilustrar a sus estudiantes algo difícil de comprender. Como las *analogías* parten de la estructura cognoscitiva del sujeto, entre mayor acervo y cultura posea el maestro, mayor será la cantidad de *analogías* susceptibles de enseñar a sus alumnos. Un ejemplo de analogía es la comparación del funcionamiento del corazón con un motor eléctrico; al comparar las semejanzas y diferencias, se puede entender el proceso de ambos conceptos y sus funciones.

DISPOSITIVOS MÓVILES EN EL DESARROLLO DE LA LECTURA

Los dispositivos móviles se encuentran presentes en todas las esferas sociales debido a la multiplicidad de recursos y herramientas que poseen. De manera concreta, los Smartphones -*teléfonos móviles multitarea con pantalla táctil y capacidad de procesamiento semejante a un ordenador*- pueden ser utilizados con fines didácticos específicos con susceptibilidad de adaptarse en cualquier nivel educativo, favoreciendo los aprendizajes dentro y fuera del aula, debido que los estudiantes utilizan los dispositivos a diario y en cualquier lugar. Los Smartphones propician la interacción entre los alumnos debido a su ubicuidad y esencia comunicacional causal de motivación intrínseca por usar dichos aparatos. Por otra parte, la sencillez en el uso de las aplicaciones móviles favorece la liberación de la memoria de trabajo para estimular y favorecer los procesos creativos y la inteligencia colectiva, que es mayor que la inteligencia aislada.

Los Smartphones son prácticos de usar y llevar consigo en todo tiempo, lo que ha permitido que un paradigma móvil surja y llegue para quedarse. Además, los dispositivos enfatizan en el almacenamiento en la *Nube* para evitar la saturación de datos en el dispositivo, posibilitando el acceso a herramientas que posibiliten la compartición de recursos, así como el almacenamiento de materiales y contenido entre los usuarios para construcción de conocimientos (Yin y Fitzgerald, 2015; Liu *et al.*, 2016; Hathout *et al.*, 2017; Wongwatkit *et al.*, 2017).

El fomento al diálogo que propician los Smartphones entre los usuarios a través de sus múltiples canales y aplicaciones comunicaciones permite que las personas compartan recursos entre ellas en cualquier tiempo y lugar, además no es necesario invertir en la adquisición de TIC móviles, ya que los estudiantes en su mayoría poseen sus propios dispositivos. Por otra parte, existen sistemas operativos móviles populares de código abierto, disponibles para la generación de aplicaciones gratuitas y materiales educativos móviles. La independencia tecnológica de los dispositivos permite que los objetos digitales de aprendizaje generados puedan ser factibles para muchos tipos de dispositivos. Cualquier aplicación didáctica generada puede situarse en internet y estar disponible para casi cualquier dispositivo móvil.

Los Smartphones pueden personalizarse rápidamente y cada vez un mayor número de sitios públicos y privados ofrecen conexión a internet de manera gratuita. La adquisición de un Smartphone se encuentra al alcance de más individuos dado su bajo costo comparado con un ordenador (Hwang y Wu, 2014; Taylor, 2014; Anohan y Suhonen, 2015; Faizal y Shahrin, 2015).

Los ambientes de aprendizaje con el uso de Smartphones facilitan la disminución de la resistencia hacia el uso de las tecnologías en la educación y pueden refuerzan los contenidos curriculares de instituciones formales y no formales. La multiplicidad comunicativa mediante los dispositivos móviles entre los alumnos y profesores puede acortar la brecha entre la confianza de los estudiantes con el maestro.

El costo de los textos y libros impresos es superior a las versiones digitales, además los textos virtuales se distribuyen con mayor facilidad y se adquieren se manera más sencilla con mayor facilidad de almacenarlos. Los usuarios dejan de cargar documentos físicos y existe control sobre el tamaño del texto en la pantalla para personas con problemas visuales. Los materiales digitales no solo poseen texto, sino que son propicios para el contenido multimedia (Chuang y Su, 2012; Yang y Hung, 2012; Sapargaliyev, 2013).

Existen investigaciones que han estudiado el escenario de la motivación e interés generado por el uso de tecnologías móviles en educación. Por ejemplo, Liu y Huang (2016), encontraron que los estudiantes adultos prefieren la lectura y realización de actividades didácticas en los móviles porque se sienten motivados al usarlos, ya que los llevan consigo los dispositivos todo el tiempo. Por otra parte, Cantú *et al.*, (2017), señalan que la motivación para la lectura propiciada por los dispositivos móviles también puede favorecerse en estudiantes situados en Educación Básica. Asimismo, Al-Momani *et al.*, (2015) identifican que los alumnos prefieren la lectura en pantallas móviles, ya que la encuentran más motivante que leer en una copia impresa. Lo señalado ha contribuido en la conformación de una base para el estudio de nuevas herramientas y contenidos educativos en materia de motivación con la usanza de las tecnologías móviles.

Continuando con lo anterior, Gheytasi *et al.*, (2015) estudiaron el impacto en la motivación ante el uso de dispositivos móviles en una muestra de 40 estudiantes de nivel secundaria en una escuela de Teherán, y encontraron que el interés que los dispositivos móviles despertaba en los alumnos se constituía como una fuente de motivación para lectura, debido que ésta consiste en un proceso voluntario y consciente.

Por otra parte, Hea-Su (2014), estudió el efecto de la lectura mediante uso de dispositivos móviles, enfocándose en la discusión y debate acerca de lecturas que los alumnos leían en sus propios dispositivos mediante los canales de comunicación que poseen los dispositivos, y encontró, que los alumnos mejoraron significativamente su habilidad lectora después del experimento y además mostraron interés y motivación ante el uso de las herramientas móviles.

En México también se ha indagado sobre el impacto del uso de dispositivos móviles en educación, un ejemplo de ello fue en 2016, donde un grupo de investigadores de la Universidad Autónoma de Aguascalientes, desarrolló una aplicación interactiva con actividades basadas en la representación gráfica y actividades lúdicas con retroalimentación, similares a los ejercicios contenidos en los libros de texto de los estudiantes de educación primaria, descubrieron, que los estudiantes encuentran motivante la tecnología, no por ser una novedad, ya que los dispositivos móviles no son tecnologías nuevas, sino que la interacción y el interés que despiertan las éstas tecnologías conforman una motivación intrínseca para captar la atención del alumno (Dávalos, 2016, Cantú, 2016).

Además de esto, se ha implementado el uso de dispositivos móviles a través de aplicaciones diseñadas para el aprendizaje del idioma inglés (Dávalos, 2016a), el idioma Zapoteco (Valis, 2016), Purépecha y Mixteco (Blanco, 2016), entre otros proyectos educativos a través del uso de dispositivos móviles, como: Edumovil (Gerónimo y Sturm, 2006), el proyecto M-ILab (UNESCO, 2012), Mati-Tec (Gómez, 2011), entre otros. El uso de dispositivos móviles en educación, abordados en los proyectos anteriores, ha demostrado que el interés y la motivación garantes de la lectura como proceder consiente y voluntario, se incrementan con el uso de tecnologías móviles para la mejora de los aprendizajes.

METODOLOGÍA

La propuesta de un modelo para la comprensión lectora presentado en la Figura 2, se realizó con base en una investigación documental bajo el modelo sistemático de Corbin y Strauss (2007, en Sampieri *et al.*, 2014), que permitió llevar a cabo una revisión de literatura posibilitando explorar y rescatar aquellas premisas y teorías de soporte al modelo interactivo que convergen en acuerdo a la estructura de las estrategias de comprensión: antes, durante y al final de la lectura.

El modelo presentado aunado a los antecedentes en materia de TIC móviles, sirvió de base para la generación de la siguiente pregunta de investigación: *¿Puede un programa de intervención experimental basado en un modelo de comprensión lectora y apoyado con el uso de dispositivos móviles, favorecer las estrategias de comprensión y enseñanza de la comprensión de escritos, en alumnos en formación inicial docente de la Universidad Autónoma de Tamaulipas?*

Para dar respuesta la pregunta anterior, se aplicó una prueba diagnóstica para conocer el grado de comprensión de textos y estrategias lectoras de los alumnos de la Generación 2016-3 de la Licenciatura en Ciencias de la Educación "Generación del Conocimiento" de la Unidad Académica Multidisciplinaria de Ciencias, Educación y Humanidades, perteneciente a la Universidad Autónoma de Tamaulipas. Se utilizaron dos pruebas: el Test de Comprensión Lectora de Alonso Tapia (1988) y una prueba para conocer las estrategias lectoras vistas en el modelo de la Figura 2. Se consideró el visto bueno previo de las autoridades de la Facultad para el proceder de las pruebas diagnóstico y del desarrollo de la investigación. Los resultados de la prueba diagnóstico -*mostrados más adelante*- sirvieron de base para validar una propuesta de intervención para la mejora de las estrategias lectoras de los alumnos. La población diagnosticada fueron los 92 estudiantes de la Generación 2016-3, que se dividió en dos grupos: experimental y de control, ambos de 46 estudiantes de licenciatura.

La muestra fue dirigida –*no probabilística*-, ya que no se pretende que los casos sean representativos de la población, sino demostrar que se trabajó con un grupo experimental con el fin de conocer las diferencias en materia de mejora de comprensión lectora con respecto al grupo de control.

En virtud de lo anterior, se estableció la siguiente hipótesis:

Hi: *Un programa de intervención basado en un modelo de comprensión lectora y apoyado con el uso de dispositivos móviles puede favorecer las estrategias de comprensión y enseñanza de la comprensión de escritos, en los alumnos de la Licenciatura en Ciencias de la Educación "Generación del Conocimiento" 2016-3, de la Unidad Académica Multidisciplinaria de Ciencias, Educación y Humanidades, perteneciente a la Universidad Autónoma de Tamaulipas.*

Para el establecimiento de la causalidad, se definieron las siguientes variables:

$$G1 \quad 01 \quad X \quad 02$$
$$G2 \quad 01 \quad - \quad 02$$

Los efectos de la X se midieron con un nivel de manipulación de presencia y ausencia de la variable independiente. Se seleccionaron grupos de la misma especialidad, grado y generación, se procuró que los grupos estuvieran tan separados cómo fuera posible y se aplicaron las mismas pruebas a ambos grupos en el mismo tiempo determinado.

El grupo experimental recibió un tratamiento consistente de un Taller de 15 sesiones de 60 minutos continuos con actividades y ejercicios generados a partir de la propuesta del modelo señalado. Los alumnos trabajaron con sus dispositivos móviles fuera de las sesiones mediante la participación en foros de debate a través de un grupo cerrado dedicado en Facebook *−sitio web de redes sociales−* que contenía documentos con las lecciones vistas para retroalimentación de los contenidos.

Además, se elaboró una serie de videos multimedia de refuerzo para cada una de las lecciones, los cuales fueron colocados en la plataforma YouTube *−sitio web dedicado a compartir vídeos−* con el fin de que los estudiantes retroalimentaran las lecciones desde la ubicuidad ofrecida por sus dispositivos. En cada video se solicitaba a los participantes hacer realizar aportaciones en la caja de comentarios sobre el tema visto y colaborar con otros en la generación de ideas moderadas por el investigador. Las instrucciones para la elaboración de aportaciones tanto en el grupo de Facebook y en la plataforma YouTube fueron normadas por criterios de conducta y puntaje para su valoración. La injerencia del investigador en el programa de intervención fue activa, ya que participó en la mayoría de las actividades como moderador de la participación de los alumnos tanto en la clase presencial como en las plataformas mencionadas.

Después del tratamiento, se aplicó una prueba sumativa similar al diagnóstico en ambos grupos, para conocer los resultados.

RESULTADOS

Los resultados de las pruebas diagnóstico y sumativa después de X difieren entre sí (01 ≠ 02) para los dos grupos. A continuación, se presentan los resultados encontrados en las pruebas Diagnóstico.

**Tabla 1. Prueba diagnóstica sobre comprensión
lectora aplicada a toda la población.**

Frecuencia de respuestas

Categoría	Respuestas correctas		Respuestas incorrectas		Total	
	N	Porcentaje	N	Porcentaje	N	Porcentaje
1. Preguntas explícitas	238	86.3	38	13.7	276	100.0
2. Preguntas de inferencia	196	35.5	356	64.5	552	100.0
3. Recuperación de la idea principal	264	71.7	104	28.3	368	100.0
4. Recuperación de la idea implícita	168	26.1	476	73.9	644	100.0
Total de reactivos	846		964		1840	100.0

Fuente: Elaboración propia.

Respecto a la tabla anterior, la cantidad de reactivos por prueba fue de 20 preguntas, las cuales se dividieron en cuatro categorías. La primera constó de 3 preguntas, debido que la información explícita es un rubro sencillo pues la información que el sujeto busca, se encuentra literalmente en el texto. La segunda consta de 6, ya que se pretendió que el sujeto encontrara información implícita en el texto con la ayuda de estrategias de comprensión. La tercera contuvo cuatro cuestiones, debido que se centró en demandar la búsqueda de la idea central explícita del texto. La categoría cuatro constó de 7 preguntas que enfatizaron en la realización de inferencias para la recuperación de ideas implícitas completas. La Tabla uno muestra los resultados de las respuestas correctas e incorrectas por categoría durante la prueba, además del total de reactivos por cada una de éstas. El total de reactivos se debe a la sumatoria de la cantidad de alumnos -92- por la cantidad de preguntas por categoría, siendo un total de 1840 reactivos por la cantidad completa de las pruebas. Los resultados permiten observar que más del 80 por ciento de los estudiantes no presentan problemas para identificar informaciones explícitas en el texto, -Categoría 1-, además, es por encima de un 70 de los alumnos que logra recuperar la idea principal explícita -categoría 3-. Sin embargo, cerca del 65 por ciento presenta problemas para responder a las preguntas de inferencia -categoría 2-, y más del 70 por ciento no logra recuperar las ideas o contenidos implícitos de una idea completa.

A continuación, se muestran los resultados de la prueba diagnóstico referente a las estrategias de enseñanza de la comprensión textual.

Tabla 2. Prueba Diagnóstico sobre estrategias de enseñanza de la comprensión lectora aplicada a toda la población.

Frecuencia de respuestas

Categoría	Respuestas correctas		Respuestas incorrectas		Total	
	N	Porcentaje	N	Porcentaje	N	Porcentaje
Conocimientos sobre el proceso cognitivo lector (CPC)	74	16.1	386	83.9	460	100.0
Estrategias de comprensión y enseñanza de la lectura (ECE)	433	24.8	1315	75.2	1748	100.0
Total de reactivos	507		1701		2208	100.0

Fuente: Elaboración propia.

La cantidad de reactivos por prueba fue de 24 preguntas, las cuales se dividieron en dos categorías. La categoría CPC constó de cinco cuestiones, ya que pretendió medir aquellos conocimientos generales sobre el proceso cognitivo del lector durante la comprensión. Cabe reiterar que la demanda de éste tipo de información es significativa cuando se trata de docentes en formación inicial que irán a las aulas no solo a alfabetizar sino a enseñar a comprender los textos con la ayuda de estrategias lectoras. La categoría ECE constó de 19 preguntas que enfatizaron en el uso y conocimiento de aquellas estrategias lectoras para facilitar la lectura y la comprensión.

Al igual que la Tabla 1, el total de reactivos se debe a la sumatoria de la cantidad de alumnos -92- por la cantidad de preguntas por categoría. Siendo un total de 2208 reactivos por la cantidad completa de las pruebas.

Los resultados de la Tabla 2 permiten encontrar que más del 83 por ciento de los alumnos futuros docentes, no posee conocimientos previos sobre el proceso cognitivo lector y cerca de más de un 75 por ciento no conoce, usa o domina alguna estrategia de comprensión y enseñanza de la lectura. Estos datos brindaron la base para la implementación de un programa de intervención, cuyos resultados se muestran a continuación.

**Tabla 3. Prueba sumativa aplicada al grupo
control sobre comprensión lectora.**

Frecuencia de respuestas

Categoría	Respuestas correctas		Respuestas incorrectas		Total	
	N	Porcentaje	N	Porcentaje	N	Porcentaje
1. Preguntas explícitas	124	90.2	14	9.8	138	100.0
2. Preguntas de inferencia	104	37.6	172	62.4	276	100.0
3. Recuperación de la idea principal	133	89.6	51	27.6	184	100.0
4. Recuperación de la idea implícita	91	28.1	231	71.9	322	100.0
Total de reactivos	452		468		920	100.0

Fuente: Elaboración propia.

Después de la intervención se aplicaron pruebas sumativas similares al diagnóstico a los dos grupos: experimental y control. Se presentan en la Tabla 3 los resultados de la prueba sumativa aplicada al grupo control sobre comprensión de textos.

En el caso de las pruebas sumativas, el total de reactivos por categoría es resultante de la sumatoria de la cantidad de alumnos -46 por grupo- por la cantidad de ítems en cada categoría.

Los resultados muestran que cerca de un 90 por ciento aún continúa recuperando informaciones explícitas en el texto -categorías uno y tres-, mientras que más del 60 por ciento presenta dificultades con las cuestiones relacionadas al trabajo de inferencia en la lectura -categoría 2-, por otra parte, más del 70 por ciento de los estudiantes muestran problemas para recuperar las ideas implícitas completas.

Aunque se observó una pequeña mejoría respecto a los resultados de la prueba Diagnóstico, se muestra una tendencia a la baja respecto a la comprensión lectora de información implícita. La cantidad total de reactivos correctos se encuentra apenas por debajo de la media.

A continuación, se exponen los resultados del grupo control durante la prueba sobre las estrategias de comprensión y enseñanza de la lectura.

Tabla 3. Prueba sumativa aplicada al grupo control sobre estrategias de enseñanza de la comprensión lectora.

Categoría	Frecuencia de respuestas						
	Respuestas correctas		Respuestas incorrectas		Total		
	N	Porcentaje	N	Porcentaje	N	Porcentaje	
Conocimientos sobre el proceso cognitivo lector (CPC)	41	17.8	189	82.2	230	100.0	
Estrategias de comprensión y enseñanza de la lectura (ECE)	246	28.2	628	71.8	874	100.0	
Total de reactivos	287		817		1104	100.0	

Fuente: Elaboración propia.

Los resultados mostrados en la Tabla tres permiten observar que más del 82 por ciento de los estudiantes desconoce aquellos conocimientos sobre el proceso lector y cerca de un 72 por ciento no conoce, usa o domina las estrategias de comprensión textual y enseñanza de la lectura.

La categoría ECE muestra un avance ligeramente mayor en ésta prueba respecto al Diagnóstico, sin embargo, la cantidad total de reactivos correctos se encuentra muy por debajo de la media.

En la Tabla cuatro se muestran los resultados de las pruebas sumativas aplicadas al grupo experimental.

Tabla 4. Resultados de la prueba sumativa aplicada al grupo experimental sobre comprensión lectora.

Frecuencia de respuestas

Categoría	Respuestas correctas		Respuestas incorrectas		Total	
	N	Porcentaje	N	Porcentaje	N	Porcentaje
1. Preguntas explícitas	129	93.4	9	6.6	138	100.0
2. Preguntas de inferencia	174	62.8	102	37.2	276	100.0
3. Recuperación de la idea principal	180	98.1	4	1.9	184	100.0
4. Recuperación de la idea implícita	190	59.2	132	40.8	322	100.0
Total de reactivos	673		247		920	100.0

Fuente: Elaboración propia.

Los resultados del grupo experimental difieren significativamente de los arrojados por el grupo control. Si bien se encontró que más de 90 por ciento de los estudiantes no presenta problemas con el rescate de información explícita, algo similar que se presentó en el grupo control, un 62.8 por ciento de los estudiantes en el grupo experimental logró mejorar el manejo de información por inferencia. Además, más del 98 por ciento recuperó la idea principal explícita y cerca de un 60 por ciento logró recuperar informaciones de tipo implícito. La cantidad total de reactivos correctos sobrepasa la media.

La Tabla cinco presenta los resultados de la prueba sumativa sobre estrategias de enseñanza de la comprensión lectora aplicada al grupo experimental.

Tabla 5. Prueba sumativa aplicada al grupo experimental sobre estrategias de enseñanza de la comprensión lectora.

Categoría	*Frecuencia de respuestas*					
	Respuestas correctas		Respuestas incorrectas		Total	
	N	Porcentaje	N	Porcentaje	N	Porcentaje
Conocimientos sobre el proceso cognitivo lector (CPC)	176	76.4	54	23.6	230	100.0
Estrategias de comprensión y enseñanza de la lectura (ECE)	603	69.1	271	30.9	874	100.0
Total de reactivos	779		325		1104	100.0

Fuente: Elaboración propia.

Los resultados que se muestran en la Tabla cinco presentan los aspectos de mejora más significativos de la intervención. Se detectó que más de un 76 por ciento de los alumnos dominan los conocimientos sobre el proceso cognitivo lector, mientras que cerca del 70 por ciento logran conocer y manejar las estrategias de comprensión y enseñanza de la lectura. La cantidad total de reactivos correctos sobrepasa significativamente la media. Las estrategias lectoras son imprescindibles en la tarea del docente e impostergables en la formación del maestro inicial. Las escuelas formadoras como la Unidad Académica Multidisciplinaria de Ciencias, Educación y Humanidades de la Universidad Autónoma de Tamaulipas, se encuentra activa en el perfeccionamiento de la investigación para pro de la mejora de los aprendizajes de sus estudiantes y el impacto de éstos frente a grupo.

CONCLUSIONES

Aunque el tiempo de intervención fue corto respecto al proceso de praxis lector, los resultados muestran mejoras en el grupo experimental después de la variable independiente apoyando la hipótesis propuesta. Los estudios posteriores deben enfatizar en investigaciones de corte longitudinal para observar resultados a largo plazo que permitan el desarrollo de la práctica de las estrategias lectoras, no solo en nivel superior, sino también en niveles académicos básicos. Es ineludible que todo docente en formación inicial debe conocer aquellos aspectos relacionados con el proceso lector y las estrategias de comprensión que le permitan no solo comprender y reforzar su tarea investigativa como maestro, sino también para enseñar y favorecer los aprendizajes de sus alumnos. Las ventajas más sobresalientes del dominio de una comprensión lectora autónoma adecuada son: desarrollo del vocabulario, identificación de palabras y elementos clave en el texto, obtención del significado, refuerzo de la correspondencia grafo-fonética y fluidez lectora, se evita sobrecargar la memoria operativa y se disminuye la tolerancia hacia la carencia de aprendizaje. La virtud de la comprensión textual es el aprendizaje que a su vez trae su recompensa: la satisfacción. El aprendizaje modifica la estructura cognoscitiva, ideología y el comportamiento de la persona. La comprensión lectora no recae meramente en la información impresa, sino con la cantidad de información que el lector trae consigo. Los conocimientos previos son fundamentales para la lectura y esto indica cual es uno de los mayores problemas de los alumnos. Nunca se deja de aprender, no existe lector completo.

Los Dispositivos Móviles como Herramienta Didáctica en la Asignatura de Álgebra de Educación Media Superior

Martha Reyna Martínez

Introducción

La incursión de las Tecnologías de Información y Comunicación (TIC) en el ámbito educativo ha generado nuevas maneras de concebir y dirigir los procesos de aprendizaje y enseñanza. Con la llegada de estas tecnologías se han sentado diversas posturas en cuanto a su incorporación e integración curricular; también salen a la luz sus ventajas y desventajas que podrían tener en el desempeño académico de los estudiantes.

La educación móvil supone el desarrollo de innovadores recursos de aprendizaje, los cuales representan una lógica extensión de la sociedad de la ubicuidad. El m-learning o aprendizaje móvil se basa fundamentalmente en el aprovechamiento de las tecnologías móviles como base del proceso de aprendizaje. Por tanto, es un proceso de enseñanza y aprendizaje que tiene lugar en distintos contextos (virtuales o físicos) y/o haciendo uso de tecnologías móviles. Una de las áreas en las que la tecnología ha irrumpido con mayor fuerza es en las matemáticas, pues la creación de diversos softwares matemáticos como Geogebra, Descartes, MathLab, entre otros, han propiciado un interés creciente por diseñar e implementar estrategias de aprendizaje que promuevan una mejor comprensión de los conceptos matemáticos.

De acuerdo con Ramírez (2008) un dispositivo móvil es un procesador con memoria que tiene muchas formas de entrada (teclado, pantalla, botones, etc.) y también formas de salida (texto, gráficas, pantalla, vibración, audio, cable).

Algunos dispositivos móviles ligados al aprendizaje son las laptops, teléfonos celulares (inteligentes), asistentes personales digitales (Personal Digital Assistant; PDA, por sus siglas en inglés), reproductores de audio portátil, ipods, relojes con conexión, plataforma de juegos, etc.; conectados a Internet, o no necesariamente conectados (cuando ya se han "archivado" los materiales). Tiene las siguientes características:

Movilidad: cualidad de un dispositivo para ser transportado o movido con frecuencia. Los dispositivos móviles son aquellos que son lo suficientemente pequeños como para ser transportados y utilizados durante su transporte.

Tamaño reducido: cualidad de un dispositivo móvil de ser usado fácilmente con una o dos manos sin necesidad de ninguna ayuda o soporte externo.

Comunicación inalámbrica: capacidad que tiene un dispositivo de enviar y recibir datos sin la necesidad de un enlace cableado.

Interacción con las personas: uso que establece el usuario con un dispositivo. Entre otros factores, en el diseño de la interacción intervienen disciplinas como la usabilidad y la ergonomía.

Para nuestro caso, el concepto de dispositivos móviles solamente lo enfocaremos al *Smartphone* y a la *tableta electrónica*. El Gobierno Mexicano a través de normativa aplicable en el área de Educación establece, entre sus estrategias para lograr una educación de calidad, promover la incorporación de las Nuevas Tecnologías de la Información y Comunicación en el proceso de enseñanza-aprendizaje, mediante acciones como desarrollar una política nacional de informática educativa, enfocada a que los estudiantes desarrollen sus capacidades para aprender a aprender mediante el uso de las Tecnologías de la Información y la Comunicación.

Contexto

El lugar donde se realiza la presente investigación es en el Centro de Estudios Tecnológicos Industrial y de Servicios No. 71 (CETIS No. 71). Se encuentra ubicado en la ciudad de Reynosa del estado de Tamaulipas, México. Se imparte bachillerato tecnológico en la opción presencial: modalidad escolarizada, y en la opción autoplaneada: modalidad mixta. Las carreras técnicas que se ofrecen son Administración de Recursos Humanos, Logística, Construcción, Contabilidad, Mantenimiento Industrial y Electrónica. La población la integran 11 directivos, 82 docentes, 51 administrativos, 3071 alumnos en dos turnos, matutino y vespertino. El rango de edad de los estudiantes es de 15 a 19 años.

Definición del objeto de estudio

Participa en la investigación el grupo de 1° D del turno vespertino, ante la dificultad de los estudiantes para adquirir un aprendizaje significativo en la asignatura de Álgebra. El grupo está integrado por 50 estudiantes, 25 mujeres y 25 hombres con edades de 15 y 16 años. La razón de elegir la muestra de investigación fue porque el propio investigador es docente titular de la asignatura de álgebra. El problema que motivó la investigación fue detectado en los resultados de la evaluación del curso propedéutico de los alumnos de nuevo ingreso del ciclo escolar 2017-2018. La Coordinación Sectorial de Desarrollo Académico, instruyó al CETIS No. 71 la evaluación del curso propedéutico a los alumnos de nuevo ingreso mediante un cuestionario en las habilidades de matemáticas y comunicación. En estos resultados se observa que los alumnos de 1° D, el 56% de los alumnos resuelven correctamente problemas de ecuaciones lineales y ecuaciones cuadráticas, sin embargo, sólo el 32% pueden encontrar la solución cuando estos problemas son presentados en un sistema de ecuaciones lineales.

Partiendo de lo anterior se plantea la siguiente pregunta de investigación ¿Cómo lograr que los estudiantes de primer semestre de educación media superior adquieran un aprendizaje significativo en la asignatura de Álgebra? El problema que concierne la presente investigación es presentado en una misma proporción con la totalidad de los alumnos de primer semestre del CETIS NO. 71: 31% no encuentran la solución a un sistema de ecuaciones, mientras que el 44% si resuelve correctamente problemas de ecuaciones lineales y ecuaciones cuadráticas. Esta problemática da relevancia al proyecto por la magnitud de alumnos que son afectados. Por otra parte, el perfil de egreso de la Educación Media Superior, expresado en ámbitos individuales en el Nuevo Modelo Educativo de la Secretará de Educación Pública, define que a través de los aprendizajes esperados de la asignatura de Álgebra se impulsará el desarrollo de los ámbitos mostrados en la siguiente tabla:

Ámbito	Perfil de egreso
Pensamiento crítico y solución de problemas	Utiliza el pensamiento lógico y matemático, así como los métodos de las ciencias para analizar y cuestionar críticamente fenómenos diversos. Desarrolla argumentos, evalúa objetivos, resuelve problemas, elabora y justifica conclusiones y desarrolla innovaciones. Asimismo, se adapta a entornos cambiantes.
Pensamiento Matemático	Construye e interpreta situaciones reales, hipotéticas o formales que requieren de la utilización del pensamiento matemático. Formula y resuelve problemas, aplicando diferentes enfoques. Argumenta la solución obtenida de un problema con métodos numéricos, gráficos o analíticos.
Habilidades digitales	Utiliza adecuadamente las Tecnologías de la Información y la Comunicación para investigar, resolver problemas, producir materiales y expresar ideas. Aprovecha estas tecnologías para desarrollar ideas e innovaciones.

Tabla 1. Ámbitos individuales en el Nuevo Modelo Educativo de la Secretaría de Educación Pública.

De no ser atendido este problema, es probable que, en las asignaturas de los siguientes semestres, como Cálculo Diferencial y Cálculo Integral, tengan dificultades en los contenidos de pensamiento y lenguaje variacional debido a que los aprendizajes esperados están enfocados a la predicción, la modelación y la caracterización de forma algebraica y geométrica de expresiones algebraicas.

En el desarrollo de la presente intervención se propone el uso de los dispositivos móviles como herramienta didáctica y del software Geogebra, que es un software de geometría dinámica aplicado a todos los niveles de educación para aprender y enseñar. Es distribuido de forma gratuita en versiones para computadora de escritorio y para dispositivos móviles.

Es factible la realización de las actividades de la estrategia didáctica en el aula utilizando Geogebra para dispositivo móvil, por la facilidad de los estudiantes de disponer de esta herramienta educativa además de la habilidad en su manejo.

Como parte de esta investigación se piensa que la utilización de esta herramienta didáctica y de este software ayudará a los estudiantes a superar la dificultad que tienen para adquirir un aprendizaje significativo en la asignatura de Algebra.

Objetivo General:

Lograr que los estudiantes de primer semestre de Educación Media Superior adquieran un aprendizaje significativo en la asignatura Álgebra mediante la utilización de los dispositivos móviles.

Objetivos específicos:

1. Utilizar la calculadora gráfica Geogebra para resolver un sistema de ecuaciones lineales por el método gráfico.
2. Plantear problemas de la vida cotidiana en lenguaje común que conduzcan a resolverse mediante un sistema de ecuaciones lineales.

Desarrollar el conocimiento matemático mediante el uso de sistemas de ecuaciones lineales en experimentos de fenómenos físicos.

Preguntas de Investigación

1. ¿Cómo lograr que los estudiantes del grupo de 1° D de Educación Media Superior adquieran un aprendizaje significativo en la asignatura de Álgebra?
2. ¿Es factible utilizar el software Geogebra para superar la dificultad de adquirir un aprendizaje significativo en la asignatura de Álgebra?
3. ¿Cómo simbolizar en lenguaje algebraico un problema de la vida cotidiana?

Delimitación

El objeto de estudio de la investigación se realiza en el área del campo disciplinar de Matemáticas del Bachillerato Tecnológico en la asignatura de Álgebra.

Los contenidos que se desarrollan están especificados en el Programa de Estudios del Componente Básico del Marco Curricular Común de la Educación Media Superior, como programa de referencia en el programa piloto del ciclo escolar 2017-2018 del Nuevo Modelo Educativo de la Educación Media Superior.

El Enfoque de la Investigación

La metodología de investigación que permite desarrollar el estudio es cualitativa con apoyo cuantitativo por que se utilizan herramientas estadísticas como gráficas y tablas que permiten analizar el fenómeno desde otra perspectiva, sin pretender medir variables como lo haría un enfoque puramente cuantitativo, sino que se enfoca a entender mejor el fenómeno estudiado.

Diseño de Investigación

En la presente investigación, se emplearon instrumentos como los cuestionarios para recabar información sobre la percepción de los participantes de la investigación respecto a la clase de la asignatura de álgebra, si tienen o no dificultades para resolver problemas algebraicos, si el profesor utiliza métodos visuales por citar los indicadores más sobresalientes. También se utilizó como instrumento la observación del docente titular de la asignatura.

Cabe señalar que no se emplearon herramientas estadísticas complejas para definir parámetros de variabilidad o si los datos mantienen una distribución normal, solo se usaron gráficas y tablas con sus respectivos porcentajes, sin pretender generalizar resultados ya que los estudios descriptivos según Hernández (2006) solo ofrecen la posibilidad de hacer predicciones básicas o de poco grado de generalización.

EL DIAGNÓSTICO

Objetivo

El presente diagnóstico educativo pretende dar a conocer los resultados de un estudio que se realizó en el CETIS No. 71. Dichos resultados servirán para determinar la selección y aplicación del conjunto de estrategias para contribuir a la solución del problema detectado o identificado.

Contexto

El CETIS No. 71, donde se realizó el diagnóstico, se localiza en el Boulevard Álvaro Obregón s/n en el Fraccionamiento A. J. Bermúdez, en la ciudad de Reynosa, Tamaulipas.

En cuanto a la infraestructura con la que cuenta el CETIS No. 71 se encuentran 11 edificios, de los cuales 3 son de dos plantas y el resto de una planta, una explanada cívica techada, dos canchas deportivas de baloncesto, una de voleibol y un campo de fútbol, un laboratorio de cómputo, un laboratorio de física y un laboratorio de usos múltiples. Cuenta con 4 talleres para las carreras técnicas:

Electrónica, Mantenimiento Industrial, Construcción y un taller de uso común para las carreras económico-administrativas como Logística, Contabilidad y Administración de Recursos Humanos. Se cuenta también con una biblioteca escolar, una sala audiovisual y un aula de usos múltiples. Hay 28 aulas didácticas y dos aulas adecuadas como salón de clases.

La organización del CETIS No. 71 se encuentra de la siguiente manera: un director para ambos turnos (matutino y vespertino), un subdirector académico y un subdirector Administrativo, ambos atienden los dos turnos; 7 jefes de departamentos académicos y 1 jefe de departamento administrativo. De acuerdo a la Ley General del Servicio Profesional Docente, los directivos del plantel han sido promocionados a los cargos a través de los concursos de oposición, los cuales se asignaron a los que resultaron idóneos en el perfil correspondiente y con la puntuación más alta de todos los participantes.

Dentro de las oficinas de apoyo al servicio educativo, se encuentran 6 coordinadores de las carreras profesionales que se imparten, un coordinador cultural, un coordinador deportivo, dos coordinadores de orientación educativa y de tutoría (uno para cada turno), 5 jefes de oficinas: control escolar, titulación y servicios social, recursos humanos, recursos financieros, recursos materiales, dos médicos escolares, uno por turno.

Respecto al cuerpo docente, existe una gran diversidad de perfiles en su formación de origen, esto se refiere a ingenieros, licenciados, químicos, arquitectos, etc., de los cuales el 41% ha realizado una maestría. Al realizar una función docente, el nivel de estudios tiene un costo y un impacto en forma de llevar la práctica profesional.

De acuerdo al tipo de contratación hay 42 docentes de tiempo completo (40 horas), 16 docentes con tres cuartos de tiempo (30 horas), 13 de medio tiempo (20 horas) y 20 docentes con contratación del tipo hora-semana-mes (de 1 a 19 horas).

En relación a la idoneidad para realizar las funciones de enseñanza, que de acuerdo al Padrón de Buena Calidad del Sistema Nacional de Educación Media Superior (PBC- SINEMS) que implica que tengan una formación pedagógica que les posibilite desarrollar sus competencias docentes, mediante procesos de formación reconocidos por el Comité Directivo del PBC-SINEMS (CD-PBC-SINMES): a saber, Programa de Formación Docente de Educación Media Superior (PROFORDEMS) y el de Certificación de Competencias Docentes para la Educación Media Superior (CERTIDEMS) o sus equivalencias; en el CETIS No. 71, 69 docentes han terminado exitosamente el PROFORDEMS y 56 docentes han sido certificados en CERTIDEMS.

Datos de los alumnos del grupo muestra Nivel de educación: Medio Superior, Semestre: 1er. Grupo: "D"

Docente de grupo: Martha Reyna Martínez. Número de alumnos: 50

Género: 25 hombres y 25 mujeres. Edad: entre 15 y 16 años.

Los instrumentos de recolección de datos.

Par llevar a cabo este diagnóstico de carácter cualitativo o interpretativo, se utilizaron los siguientes instrumentos:

1. La observación directa en el aula de los alumnos del grupo 1° D. Se trata de una observación basada en un formato diseñado a propósito para aplicarse en el aula.
2. Encuestas del contexto familiar de los estudiantes, con el propósito de identificar las características socioeconómicas de los estudiantes.
3. Encuesta de uso de teléfonos celulares para aplicar al grupo muestra.
4. Encuesta de estilos de aprendizaje.
5. Encuesta a los estudiantes del grupo 1° D sobre la percepción de la clase de Álgebra. Consta de un cuestionario con cinco indicadores y cada uno con dos opciones de respuesta.

Las actividades realizadas para llevar el presente diagnóstico a partir de estos instrumentos se llevó la siguiente ruta:

1ª. Fase: se llevó la observación directa de 50 alumnos en el aula en la asignatura de Álgebra.

2ª. Fase: se aplicaron las encuestas de contexto socioeconómico, uso de teléfonos celulares y estilos de aprendizajes a los 50 alumnos que integran el 1°D.

3ª. Fase: se acudió al departamento de servicios docentes para solicitar los resultados de la aplicación del instrumento de evaluación del curso propedéutico EXANI I, para conocer los reactivos contestados correctamente del tema de ecuaciones lineales y sistemas de ecuaciones lineales.

4ª. Fase: se aplicó la encuesta sobre la percepción de la asignatura de la clase de Álgebra.

Cabe señalar que durante la aplicación de los instrumentos no se registró ningún incidente que entorpeciera u obstaculizara el desarrollo de las actividades de recolección de los datos. Al contrario, hubo muy buena disposición por parte de los estudiantes para contestar los instrumentos.

Características socioeconómicas de los estudiantes del grupo 1° D

De acuerdo a los resultados de la encuesta de contexto escolar, el 64.4 % de los estudiantes del grupo de 1° D consideran que sus ingresos económicos son buenos y excelentes. Un 28.9% manifiesta un ingreso económico familiar aceptable y un 6.7 % como deficiente.

En las características de la vivienda de los estudiantes, destaca que el 81.4% es propia y el 100% tienen los servicios básicos como agua, electricidad y drenaje.

El 80% de los estudiantes tiene una computadora en casa, sin embargo, sólo el 60% cuenta con acceso a internet. El 84.4% dispone de telefonía celular.

En su gran mayoría los estudiantes provienen de una familia nuclear: 73.3%. Consideran el modo de la familia en un 77.8% como estable y un 60% percibe que no tienen conflictos en la relación familiar de su casa.

Se detectó que algunos de ellos trabajan para financiarse sus gastos personales y colegiaturas. Otros ayudan a sus padres en las tareas del hogar, otros más dedican parte de su tiempo al deporte y al estudio en casa.

Psicológicas

En esta dimensión, los principales rasgos encontrados son los siguientes:

- Dan gran importancia a los amigos/as.
- Sienten necesidad de rebelarse contra las normas de los adultos. Ante los estudios, valores y modelos tradicionales adoptan una actitud conflictiva o de confrontación.
- Algunos manifiestan emociones como el llanto porque sus padres atraviesan por una situación de ruptura o separación.
- Viven un periodo de cambios que son fuentes de temor, dudas, exaltación.
- Tienen una actitud básica: "pasársela bien", que suele consistir en salir con amigos/as para compartir experiencias, lejos de la influencia familiar.
- Buscan la satisfacción inmediata de los deseos, lo que entraña el miedo de afrontar sus responsabilidades de forma evasiva o dedicándoles el mínimo esfuerzo.
- Valoran y dedican tiempo al deporte.
- Dan gran importancia a contar con un "espacio privado" donde poder ser ellos/as mismos/as.

Culturales

En la dimensión cultural, los principales rasgos encontrados son:

- Manifiestan adhesión a las nuevas tecnologías de la información y comunicación: internet, teléfono celular, tablet, etc.
- Tiene un modo diferente de aprender, leen poco y todo es visual.
- Los mensajes "en clave" han llegado a generar un nuevo lenguaje comunicativo al que se añaden otros lenguajes: oral (música), corporal (moda, piercings).
- La mayoría pasan muchas horas en las redes sociales: Facebook, Messenger, WhatsApp, Snapchat, Instagram y Twitter.
- Son imprescindibles los dispositivos móviles y las aplicaciones (Generación App). Forman parte de sus vidas y pueden utilizar hasta 5 artefactos al mismo tiempo: consola, tableta, laptop/portátil, celular y televisión. En cuanto a la educación, se ve una tendencia hacia el autoaprendizaje. Buscan recursos educativos online, ven tutoriales, socializan con amigos tareas y trabajan de manera colaborativa. Lo poco que leen lo hacen en formato electrónico, en *tablets* o *smartphones*.
- Se nota poco interés en la lectura de obras completas o extensas. Tienden a leer como máximo 200 caracteres.
- La mayoría proviene de hogares cuyos padres tienen una escolaridad de preparatoria. Algunos ven animes y leen mangas asiáticas. Suelen ser conocidos como "otakus".
- Tiene una gran afición hacia los videojuegos ("gamers") on line y pasan mucho tiempo en este entretenimiento viendo youtubers.

Estilos de aprendizaje

Para conocer el estilo de aprendizaje de los estudiantes se aplicó un test tipo VAK a los 50 estudiantes del grupo 1°D.

El test arrojo los siguientes resultados: 24 alumnos visuales, 17 kinestésicos y 9 auditivos.

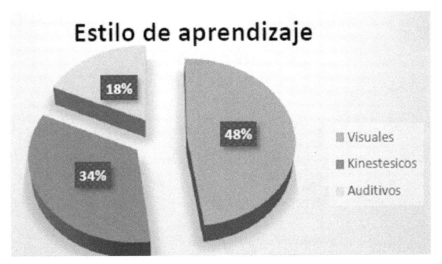

Figura 1. Estilos de aprendizaje de los estudiantes de 1° D

El aula y las formas de enseñanza

El aula no cuenta con los requerimientos de espacio pues está diseñada para 40 estudiantes y el grupo está integrado por 50.

Se pudo observar que la práctica docente utiliza herramientas visuales como presentación con diapositivas y vídeos.

El principal problema que se detectó en el aula es la dificultad para identificar resultados a problemas planteados. Los estudiantes muestran una actitud negativa en las sesiones de clases para realizar las actividades, participar con preguntas, cumplir con tareas. Además, en la primera evaluación parcial la mayoría salió muy bajo en aprovechamiento escolar. De acuerdo con los resultados obtenidos en la Prueba EXANI I, aplicada a los alumnos de nuevo ingreso del CETIS No. 71 al término del curso propedéutico, se encontraron los siguientes resultados de los estudiantes del grupo del 1° D.

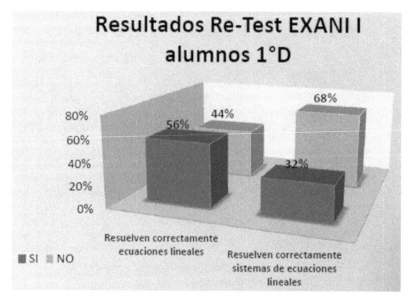

Figura 2. Resultados Re-Test EXANI I grupo 1°D

En estos resultados se observa en los alumnos de 1° D, que el 56% resuelven correctamente problemas de ecuaciones lineales, sin embargo, sólo el 32% pueden encontrar la solución cuando estos problemas son presentados en un sistema de ecuaciones lineales. Para conocer con más profundidad el problema se aplicó a los alumnos una encuesta basada en un cuestionario que constaba de cinco preguntas, las cuales se muestran a continuación:

1) ¿Tienes dificultades para resolver problemas algebraicos?, 2) ¿El profesor te enseña la asignatura con algún método visual?, 3) ¿Preferirías que el profesor utilizara recursos tecnológicos para enseñar la asignatura?, 4) ¿El profesor te enseña por medio de la repetición de procedimientos y la memorización? y 5) ¿Utilizas alguna estrategia para aprender Álgebra?

Los resultados que se obtuvieron de esta encuesta se muestran en las siguientes gráficas:

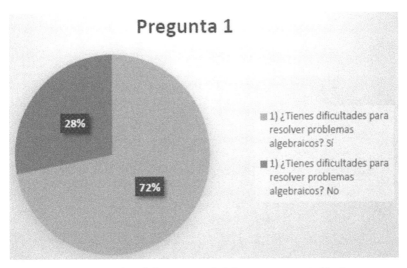

Figura 3. Gráfica de la pregunta 1 de la encuesta a estudiantes sobre percepción de la clase de Álgebra

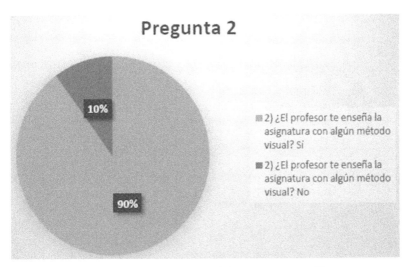

Figura 4. Gráfica de pregunta 2 de la encuesta a estudiantes sobre percepción de la clase de Álgebra

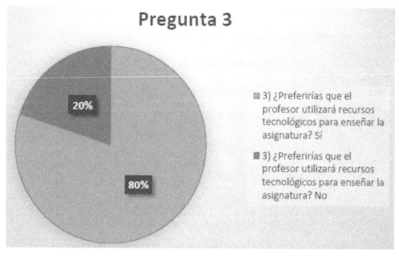

*Figura 5. Gráfica de la pregunta 3 de la encuesta a estudiantes
sobre percepción de la clase de Álgebra*

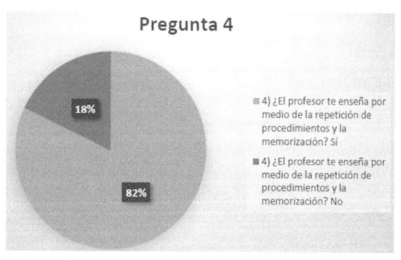

*Figura 6. Gráfica de pregunta 4 de la encuesta a estudiantes
sobre percepción de la clase de Álgebra*

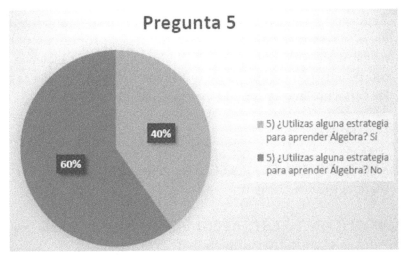

Figura 7. Gráfica de la pregunta 5 de la encuesta a estudiantes sobre percepción de la clase de Álgebra

DISEÑO DE LA PROPUESTA DE LA INTERVENCIÓN

1) **El propósito.** Proponer una alterativa de solución a la problemática en la asignatura de Álgebra.

2) **El lugar.** El lugar donde se realizó la intervención es en el aula 23 del Centro de Estudios Tecnológicos Industrial y de Servicios No. 71, en el cual toman clases los alumnos del 1° D turno vespertino.

3) **Periodo de observación.** La observación se realizó del 20 de noviembre y el 5 de diciembre del 2017.

4) **Recursos.** Los recursos que se utilizaron fueron: computadora, proyector, dispositivo móvil con sistema Operativo Android 4.0 o superior por cada 2 alumnos, aplicación Calculadora Gráfica Geogebra, aplicación de cronómetro, dos botellas de plástico de 2.5 lts, un palo de escoba, cinta maskin, cinta diurex, regla graduada en centímetros, una plomada.

5) **Acuerdos y compromisos.** El acuerdo realizado con el grupo de 1 ° D, es que realizarán las actividades propuestas por el maestro en el tiempo que se les indique. También hicieron un compromiso de asumir una actitud constructiva, congruente con los conocimientos y habilidades con los que cuentan.

6) **Estrategias.**

NOMBRE DE LA ESTRATEGIA: Aprendizaje móvil con la calculadora gráfica Geogebra

PROPÓSITO DE LA ESTRATEGIA: Que el estudiante adquiera un aprendizaje significativo utilizando dispositivos móviles.

FECHA:	DURACIÓN:	LUGAR:	No. DE
Del 20 de noviembre al 5 de diciembre de 2017.	4 sesiones de 100 minutos cada una.	Aula 23 y patio trasero del plantel.	PARTICIPANTES 50
EJE DISCIPLINARIO: Del pensamiento aritmético al lenguaje algebraico.	COMPONENTE: Patrones, simbolización y generalización: elementos del Algebra básica.	ASIGNATURA: Álgebra.	CAMPO DISCIPLINAR: Matemáticas.
CONTENIDO CENTRAL: Representación y resolución de sistemas de ecuaciones lineales.	CONTENIDOS ESPECÍFICOS: Sistemas de ecuaciones lineales con dos variables, en estrecha conexión con la función lineal: ¿qué caracteriza al punto de intersección?,	APRENDIZAJES ESPERADOS: Significa gráficamente las soluciones de una ecuación. Interpreta la solución de un sistema de ecuaciones lineales.	
REGLAS: Trato respetuoso a compañeros y maestros. Uso adecuado de instalaciones y mobiliario. Mantener el buen aspecto, aseo y conservación de instalaciones.			
COMPETENCIAS A DESARROLLAR: COMPETENCIAS GENÉRICAS: Escucha, interpreta y emite mensajes pertinentes en distintos contextos mediante la utilización de medios, códigos y herramientas apropiados. Expresa ideas y conceptos mediante representaciones lingüísticas, matemáticas o gráficas.			
COMPETENCIAS DISCIPLINARES:			

ACTIVIDADES:

Estrategia 1

Actividad 1.- El profesor propone a los estudiantes 5 problemas de la vida cotidiana que conducen a un sistema de ecuaciones lineales con dos incógnitas.

Actividad 2.- Los estudiantes integrados en binas identifican las incógnitas y con base a las condiciones del problema establecen un planteamiento que constituye el sistema de ecuaciones lineales con dos incógnitas.

Actividad 3.- Los estudiantes resuelven el sistema de ecuaciones a través del método gráfico, utilizando la calculadora Gráfica Geogebra en el dispositivo móvil.

Actividad 4.- Los estudiantes realizan un reporte por escrito con los problemas y las soluciones encontradas.

Estrategia 2

Actividad 1.- Los estudiantes integrados en equipos de 5 estudiantes, realizan en el patio trasero del plantel, el experimento físico reloj de agua "clepsidra" para aplicar la ecuación cuadrática, mediante la modelación de un sistema de ecuaciones lineales con dos incógnitas.

Así mismo, formular propuestas que inspiren este experimento a aplicarlo en las asignaturas de Matemáticas en todos los semestres del bachillerato.

RECURSOS HUMANOS:

El profesor titular de la asignatura, un Auxiliar docente para medir el tiempo en la realización de los problemas y un relator que registre los eventos transcurridos durante la aplicación de la estrategia. Un fotógrafo para la evidencia de la implementación de la estrategia.

RECURSOS MATERIALES:

El material a utilizar es una computadora, dispositivo móvil (celular o tableta) y proyector para el profesor, un dispositivo móvil (celular o tableta) por cada dos alumnos (mínimo) o puede ser 1 para cada quien.

Instalación de la aplicación Calculadora Gráfica Geogebra, instalación de aplicación de cronómetro, cuaderno de trabajo. Para la elaboración del experimento físico se requieren los siguientes materiales: una cinta maskin, una cinta diurex, dos botellas de plástico de 1.5 lts, un palo de escoba, una plomada o medidor de la vertical.

EVALUACIÓN:

La evaluación que se realizo de la estrategia está conformada por:

a) Una autoevaluación donde el alumno evaluará su participación y el logro obtenido en las actividades propuestas.
b) Una heteroevaluación realizada por el docente titular, donde se evaluará aspectos cognitivos, procedimentales y actitudinales con una rúbrica.
c) Una heteroevaluación mediante una lista de cotejo aplicada por el docente titular de la asignatura para medir el trabajo colaborativo y los procedimientos realizados durante el experimento físico.

Resultados

En relación con los resultados obtenidos durante el proceso de la observación y la entrevista, se presenta un análisis específico en el que se contrastan los resultados de cada instrumento.

Primero se realiza el análisis para las preguntas y respuestas donde los estudiantes se autoevaluaron después de la estrategia número 1, donde resolvieron problemas de la vida cotidiana y los resolvieron utilizando los dispositivos móviles como herramienta didáctica con la aplicación de la calculadora gráfica Geogebra.

En la pregunta 1. ¿Consideras que tu participación en el ejercicio realizado fue?, se observa que el 44.9% le parece que participó muy activamente, el 51% participó activamente y el 0.1% participó moderadamente, de esta forma se evidencia que el uso del dispositivo móvil con la aplicación de la calculadora gráfica Geogebra es útil y atractivo para los estudiantes y los anima a realizar y a entender mejor los conceptos de la clase.

En la pregunta 2. ¿Pude expresar ideas y conceptos mediante representaciones matemáticas?, el 100% de los estudiantes afirmaron que sí pudieron expresar sus ideas, argumentado que les era más fácil con la estrategia realizada y con la utilización de las herramientas propuestas.

En la pregunta 3. ¿Pude representar gráficamente el sistema de ecuaciones en la aplicación?, se analiza que el 38.8% siempre pudieron graficar el sistema de ecuaciones en la aplicación, el 57.2% lo hicieron casi siempre y el 4% ocasionalmente. Con esto se puede mencionar que una vez teniendo formulado el sistema de ecuaciones de forma algebraica y con la ayuda de la herramienta didáctica utilizada se logra avanzar de una forma rápida en la representación gráfica del sistema de ecuaciones.

En la pregunta 4. ¿Pude interpretar en las gráficas la solución a los problemas planteados?, se encuentra que el 34.7% de los estudiantes siempre pudieron interpretar la solución de los problemas planteados en las gráficas, el 59.2% pudo hacerlo casi siempre y el 6.1% pudo hacerlo ocasionalmente, esto permite corroborar que Geogebra permite de manera accesible insertar un punto de intersección de las rectas que conforman el sistema de ecuaciones lineales y visualizar sus coordenadas dando como resultado que un alto porcentaje de los estudiantes se les facilite interpretar la relación de los ejes con las variables del sistema de ecuaciones lineales.

De acuerdo a los registros del Auxiliar del profesor encargado de tomar el tiempo de realización de la estrategia se encuentran los siguientes resultados:

Problema 1. "La suma de dos números es 98 y su diferencia es 30. Encuentra dichos números". La primera bina en resolverlo correctamente tardó 1 minuto, el 50% de las binas 3 minutos con 50 segundos y el 100% de los estudiantes tardaron 7 minutos.

Problema 2. "Cinco trajes y tres sombreros cuestan 4180 dólares; ocho trajes y nueve sombreros cuestan 6940 dólares; busca el precio de un traje y de un sobrero". Se encuentra un tiempo similar al primer problema, con una duración de 1 minuto y 20 segundos la primera bina, el 50% duró 3 minutos con 57 segundos y el 100% de los estudiantes 9 minutos con 13 segundos.

Problema 3. "En un cine, 10 entradas de adulto y nueve de niño cuestan 512 pesos; 17 entradas de niño y 15 de adulto cuestan 831 pesos; encuentra el costo de la entrada de un niño y de un adulto". El tiempo en resolver este problema es de 21 segundos para el primer equipo, 1 minuto con 52 segundos para el 50 % de los estudiantes y 6 minutos para el 100 de los estudiantes. Se observa que debido a que la formulación de este problema los datos se encuentran explícitos y en números enteros el tiempo en resolverlo fue prácticamente en introducir los datos al dispositivo móvil y en hacer el registro de los resultados.

Problema 4. "La suma de dos números es 190 y 1/9 parte de su diferencia es 2. Encuentra los números". Se encuentra que el tiempo para resolver es de 1 minuto con 20 segundos para el primer equipo, 6 minutos para el 50% de los estudiantes y 8 minutos con 20 segundos para el 100% de los estudiantes. Se observa que los estudiantes tuvieron dificultad para transitar del lenguaje común al lenguaje algebraico este sistema de ecuaciones debido a que el problema involucra dos o más relaciones de las variables y números racionales o quebrados. Una vez que formularon el sistema de ecuaciones fue muy rápido encontrar e interpretar el resultado en Geogebra.

Problema 5. "El doble de la edad de Ramón excede en 50 años la de Arturo, y 14 parte de la edad de Arturo es 35 años menos que la de Ramón, busca ambas edades". De acuerdo a los registros el primer equipo tardó 40 segundos en resolver el problema, 7 minutos con 17 segundos el 50% de los equipos y 9 minutos el 100% de los equipos. Se observa también que los estudiantes invierten más tiempo en la formulación del sistema de ecuaciones que en la resolución de la misma.

En la realización de esta estrategia se observó que los estudiantes resolvieron problemas de la vida cotidiana transitando del lenguaje común al lenguaje algebraico y que el tiempo en resolver correctamente los problemas fue dedicado en un mayor porcentaje a la formulación del sistema de ecuaciones lineales. Muchas veces se pidió apoyo al profesor para la orientación en el planteamiento del sistema de ecuaciones, a diferencia de la operación del método gráfico en el dispositivo móvil con la aplicación de la calculadora gráfica Geogebra que lo realizaron de forma independiente.

De esta manera, se apoya al estudiante dedicando tiempo de la clase para que reconozca la importancia de las matemáticas en la vida cotidiana en diversas situaciones, movilizando mediante el uso del lenguaje para el reconocimiento de patrones, para arribar a la simbolización y a la generalización que constituyen los elementos del Álgebra. El uso de la tecnología en el aula evita dedicar el poco tiempo de clase a la mecanización de los algoritmos matemáticos, dando el espacio al desarrollo del conocimiento matemático.

Como resultado de la evaluación de las actividades de la estrategia no. 1, se empleó también una rúbrica del tipo heteroevaluación, teniendo como resultado lo siguiente:

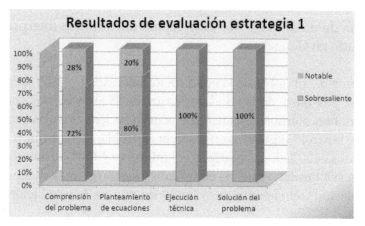

Figura 8. Resultados de heteroevaluación estrategia 1

En esta gráfica se observa que el 72% de los alumnos tuvieron un desempeño notable en la comprensión del problema y un 80% un desempeño de forma notable en el planteamiento de ecuaciones, se destaca que el 100% de los alumnos demostraron una ejecución técnica sobresaliente en la operación del método gráfico con el uso de los dispositivos móviles y Geogebra. Destaca también que el 100% de los alumnos tienen un desempeño sobresaliente en la solución del problema.

Con estos resultados se comprueba la hipótesis de acción planteada en la presente investigación desde la óptica del docente al demostrar que el 100% de los estudiantes del grupo 1° D de educación media superior lograron encontrar de forma correcta la solución de un sistema de ecuaciones lineales al adquirir un aprendizaje significativo mediante el uso de los dispositivos móviles y el software Geogebra.

En la aplicación de la estrategia 2, experimento físico reloj de agua "clepsidra" para aplicar la ecuación cuadrática, mediante la modelación de un sistema de ecuaciones lineales con dos incógnitas, se utilizó el dispositivo móvil con la aplicación de la calculadora gráfica Geogebra y el cronómetro.

Las actividades iniciaron con una presentación en power point de parte del profesor en el aula, explicando los pasos para construir el reloj de agua "clepsidra". La presentación fue compartida con los estudiantes en una publicación de Facebook para su consulta. Enseguida los estudiantes se trasladaron al patio trasero de la escuela, realizando la actividad sin contratiempos. Los estudiantes cumplieron con el material solicitado previamente y mostraron entusiasmo al trabajar fuera del aula e interesados por estudiar fenómenos físicos.

Durante la elaboración del reloj dos equipos de estudiantes los estudiantes tuvieron dificultades para ensamblar el reloj de agua.

Con asignación de roles, los estudiantes realizaron un registro de datos con el reloj de agua. Graduaron la altura en centímetros de la botella sujeta al palo, llenaron el envase de agua pintada, abrieron el cronómetro del dispositivo móvil iniciándolo en ceros y registraron el tiempo transcurrido en el cronómetro cada vez que el agua cruzaba por uno de los centímetros marcados hasta que se vació la botella. Elaboraron una tabla de dos columnas con los tiempos acumulados y las alturas observada. En Geogebra introdujeron puntos con las coordenadas formadas por las filas de la tabla.

La mayoría de los equipos mostraron dificultad en la visualización de los puntos introducidos por el zoom que disponían en Geogebra, sin embargo, con el apoyo del profesor pudieron ampliar la escala de los ejes del plano cartesiano para apreciar un resultado más exacto. Una vez que terminaron la tabla y la inserción de los puntos de coordenadas, los estudiantes se trasladaron al aula para continuar con la estrategia. Mediante el acompañamiento del profesor, los estudiantes integrados en los mismos equipos, realizaron una aproximación de una ecuación cuadrática que generaliza el fenómeno físico experimentado.

Con el apoyo del dispositivo móvil y la aplicación de la calculadora gráfica Geogebra determinaron los coeficientes de la ecuación cuadrática del fenómeno físico resolviendo un sistema de ecuaciones lineales mediante el método gráfico.

Una vez que llegaron a la generalización modelando la ecuación cuadrática del fenómeno físico, los estudiantes comprobaron en Geogebra si dicha ecuación correspondía al fenómeno físico de su reloj de agua.

El 80% de los estudiantes modelo y grafico en Geogebra la ecuación de forma correcta. No coincidió la ecuación cuadrática modelada con los puntos de coordenadas graficados. Se encontró que hubo error en el registro de datos en el experimento físico.

En el caso de estos dos equipos, realizaron el registro de datos en tres ocasiones sin obtener los coeficientes aproximados buscados de forma correcta. Observaron la posibilidad que la curvatura de las botellas afecta el resultado.

Buscaron botellas sin curvatura y las sustituyeron en el experimento. Realizaron un cuarto registro de datos obteniendo hasta entonces una modelación correcta de la ecuación cuadrática buscada. En los hallazgos encontrados en las conclusiones por los estudiantes se encontró la siguiente "al utilizar Geogebra para calcular los resultados, no se tienen que hacer todas las operaciones y podemos calcular los resultados de manera más fácil y rápida".

Después de la aplicación de la intervención educativa, los estudiantes respondieron nuevamente la encuesta sobre la percepción de la clase de matemáticas que constaba de cinco preguntas, las cuales se muestran a continuación: 1) ¿Tienes dificultades para resolver problemas algebraicos?, 2) ¿el profesor te enseña la asignatura con algún método visual?, 3) ¿preferirías que el profesor utilizará recursos tecnológicos para enseñar la asignatura?, 4) ¿El profesor te enseña por medio de la repetición de procedimientos y la memorización? y 5) ¿utilizas alguna estrategia para aprender Álgebra?

Pregunta 1

1) ¿Tienes dificultades para resolver problemas algebraicos?

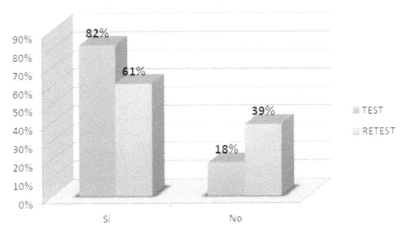

Figura 9. Gráfica de comparación de resultados pregunta 1

Se puede analizar en esta gráfica la disminución de un 21% de los estudiantes que tienen problemas a resolver problemas algebraicos, por lo que se puede decir que la aplicación de la intervención fue favorable ya que de acuerdo a la hipótesis de la investigación, al utilizar los dispositivos móviles, los estudiantes adquieren un aprendizaje significativo, ya que el uso de herramientas como ésta se les facilita a los alumnos facilita igualar significados de los objetos y conceptos y con ello resolver los problemas propuestos.

Pregunta 2

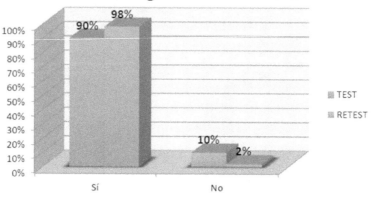

Figura 10. Gráfica de comparación de resultados pregunta 2

Al comparar los resultados de esta gráfica, se observa que aumentó un 8% los jóvenes que percibieron el uso de métodos visuales en la enseñanza de la asignatura de Álgebra. Se evidencia que se favoreció el diseño de estrategias con sistemas de representación visual acorde al estilo de aprendizaje de los estudiantes de la muestra.

Pregunta 3

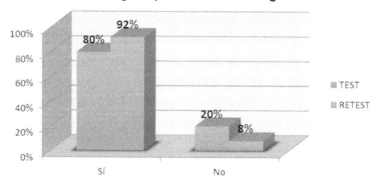

Figura 11. Gráfica de comparación de resultados pregunta 3

En esta gráfica se observa que la preferencia de los estudiantes aumentó un 12% en utilizar recursos tecnológicos para la enseñanza de la asignatura. Se favorece que los estudiantes reconozcan la utilidad en el aprendizaje de las herramientas que disponen, por lo que al hacer un buen uso de ella acorde a la naturaleza y al proceso al cual se aplica, la tecnología es capaz de dar resultados que posibilitan sus extraordinarias potencialidades justificando con ello el uso en el aula como herramienta didáctica. La integración de las tecnologías en la educación permite a los estudiantes desarrollar habilidades cognitivas que con otros medios tal vez no pudiera lograr, por lo que se sugiere gestionar ante las autoridades educativas la modificación de los reglamentos escolares y la capacitación de los docentes en la introducción de los dispositivos móviles como estrategias innovadoras en sus planeaciones didácticas.

Pregunta 4

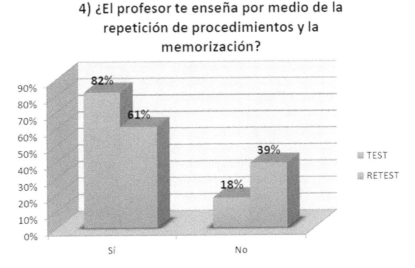

Figura 12. *Gráfica de comparación de resultados pregunta 4*

En los resultados de la pregunta 4, se obtiene que los estudiantes aprecian una disminución en la metodología de enseñanza del profesor con métodos tradicionales.

De acuerdo a Alcalá (2002) las matemáticas no son solo un conjunto de operaciones o algoritmos por transferir a los alumnos, es necesario dar significados a los símbolos con los que se trabaja, las matemáticas no es el estudio de los símbolos empleados en ellas sino solo los medios para representar formas de pensamiento. Considera también que el enfoque de enseñanza basado en problemas puede ayudar a un mejor aprendizaje y comprensión de las matemáticas, es la modelación la que emplea en su trabajo para que las matemáticas adquieran significado.

El uso de los dispositivos móviles en el aula y de aplicaciones como la calculadora grafica Geogebra favoreció el desarrollo del conocimiento matemático en los estudiantes al emplear tiempo de la clase en la modelación y resolución de problemas de la vida cotidiana, disminuyendo la operación de algoritmos sin significado.

Pregunta 5

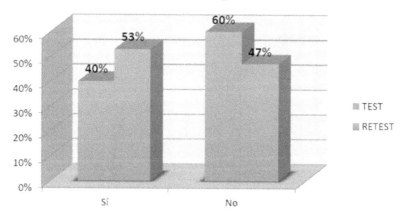

Figura 13. Gráfica de comparación de resultados pregunta 5

En los resultados de la pregunta 5, se obtiene que después de la aplicación de la intervención, aumentó un 13% de los estudiantes que utilizan alguna estrategia de aprendizaje de las matemáticas.

De acuerdo con el diagnóstico del grupo muestra, una de las características culturales de los jóvenes es que pasan muchas horas en las redes sociales: Facebook, Messenger, WhatsApp, Snapchat, Instagram y Twitter. De ahí que se evidencia que con la aplicación de la estrategia de intervención ayudó a los estudiantes a tomar decisiones en su propio aprendizaje, se fomentó la responsabilidad, la interdependencia y desarrollo de habilidades de autocontrol al crear ambientes de aprendizaje que les permitiera a ellos motivarse ofreciendo retos y desafíos razonables por su novedad, variedad y diversidad.

Conclusiones

Los dispositivos móviles y la aplicación calculadora gráfica Geogebra en la enseñanza aprendizaje de la asignatura de Álgebra en Educación Media Superior, son herramientas didácticas que pueden lograr que los estudiantes adquieran los aprendizajes esperados de la asignatura. Las características de los dispositivos móviles como ubicuidad, portabilidad e inmediatez, permite ser un recurso al alcance de los estudiantes y del profesor.

Con la aplicación de la intervención de la presente investigación se evidencia que los dispositivos móviles son instrumentos culturales utilizados por la generación de jóvenes al que pertenece el grupo muestra y tienen un efecto positivo en la solución del problema detectado debido a que se potenció la percepción, el pensamiento, la emoción y la motivación en los estudiantes.

Se encontró que, al plantear problemas de la vida cotidiana, los dispositivos móviles y Geogebra por su carácter visual, ayudan a los estudiantes a dar significado al punto de intersección y su relación con las variables del sistema de ecuaciones lineales.

Al operar Geogebra el método gráfico en los dispositivos móviles, evita realizar procedimientos y algoritmos algebraicos monótonos, permitiendo a los estudiantes dedicar mayor tiempo al análisis y reflexión, potenciando con ello sus capacidades. Se concluye que queda comprobada la Teoría sociocultural del constructivismo de Lev Vygotsky con la concepción del aprendizaje de mediadores instrumentales de origen social.

Se concluye también que el uso de los dispositivos móviles en la realización de experimentos de fenómenos físicos, permite comprobar la Teoría constructivista de Ausubel con el aprendizaje de representaciones, ya que con esta intervención los jóvenes estudiantes relacionan de manera relativamente sustantiva y no arbitraria, los símbolos algebraicos y gráficos utilizados con las variables de altura y tiempo contenidas en un reloj de agua, atribuyéndole con ello el significado al que el docente alude.

Recomendaciones

Se recomienda establecer líneas de investigación sobre el beneficio de la socialización del conocimiento que permiten los dispositivos móviles en el aula, también formular preguntas sobre las estrategias que ayudaría al docente a motivar a los alumnos a hacer uso de ellos en el aula con un fin didáctico.

Por otra parte, se recomienda en futuras investigaciones en el aprendizaje móvil, se involucres una mayor diversidad de aplicaciones para aprovechar la capacidad multitarea tanto de los dispositivos como de los estudiantes.

Se sugiere aprovechar los avances tecnológicos de los dispositivos móviles como los sensores proponiéndolos como herramientas en investigaciones del área de ciencias experimentales relacionadas con cálculos matemáticos.

Texto Libre de Freinet en Actividad Lectora de Alumnos de Telebachillerato

Epifanio Erik Molina Velázquez
Nali Borrego Ramírez
Ma. del Rosario Contreras Villarreal
Marcia Leticia Ruiz Cansino

Introducción

La lectura y la escritura son fundamentales en el desarrollo didáctico de la lengua en la cual los factores que intervienen son diversos, desde el brazo, las manos y los dedos, la coordinación para determinar mayor o menor calidad de los grafos.

En ello también incide la posición del cuerpo, el objeto de apoyo, la altura del asiento, la posición de los dedos, quedando a consideración si el alumno es zurdo o derecho. Perea y Perea (2013) detallan ejercicios que preparan al alumno para la adquisición de las técnicas de la escritura:

> Ejercicios de discrimación visual, manualizaciones, dibujo y pintura, ejercicios de lenguaje, ejercicios físicos. Los ejercicios de percepción, tamaño, formas, colores o sonidos se pueden utilizar para preparar a los alumnos en la escritura. El dibujo y la pintura son las actividades preparatorias más importantes de la enseñanza de la escritura, como reproducir esquemas simples o grecas, en esta tarea, se encontrará un elemento inapreciable para hacer más fácil el aprendizaje de la escritura de las letras y para interesarse más aún por el trabajo escolar (pp,240-241).

Algunos métodos de la escritura, están plenamente identificados por Villalba y Hernández (2000):

El primero de ellos es el método sintético, que consiste en conocer las letras para componer silabas, las silaba para componer palabras y palabras para componer oraciones.

Un segundo método es el analítico, donde el comienzo de la clase está constituido por una conversación entre los alumnos y el maestro, posteriormente el alumno enuncia frases breves relacionadas con la conversación. Después de haber reunido varias frases relativas al hecho, entre todos seleccionan una oración que se escribe en una tira de papel se coloca en un lugar visible del salón, las oraciones aumentan con el paso de los días. El siguiente paso es el análisis de las oraciones para crear otras oraciones con el artículo de una, el verbo de otra o el sustantivo de otra, finalmente el alumno sintetiza elementos y con ellos formara nuevas palabras. Este método consiste en crear situaciones de aprendizaje a partir de la experiencia de los alumnos mismo que aprenden a partir del contacto con la lengua escrita que le permite pensar, diferenciar los dibujos de la escritura, analizar y codificar el lenguaje oral escrito. El método de carteles de experiencia, consiste en hacer vivir a los alumnos experiencias que respondan a sus necesidades e interese. Los alumnos deben reconstruir sus experiencias vividas de forma agradable, sencilla y espontánea, los alumnos escriben la oración y de esta manera pueden diferenciar, letras, números y dibujos.

El método ecléctico es la combinación del método analítico y del método de carteles (p.159).

Según Perera y Perera (2013) los métodos sintéticos o eclécticos presentan inconvenientes, uno es la pérdida del interés inicial de los escolares por el aprendizaje de la escritura al encontrarse con ejercicios faltos de motivación, a lo que se agrega la exigencia de una perfección inicial que solo podrá corresponder al último estadio de aprendizaje. Así como la escasa posibilidad de adaptación a las diferencias individuales y el poco estímulo de la personalidad y de la capacidad creadora. Adicionado a lo anterior conveniente destacar el reconocimiento de que un escrito, por sí solo presenta grados de dificultad Fons (2006):

Producción en el sentido de elaboración del escrito, hecho que implica pensar en el receptor, en el mensaje, en la manera en que quiere manifestarse quien escribe, etc. Se trata de dar forma de escrito y reajustar todas las variables para conseguir un texto escrito portador del significado deseado por el autor (p.60).

Las funciones de los textos consisten en una composición de letras, codificado en sistema de escritura con el propósito de entregar información, para lo cual se debe tener en cuenta la intención comunicativa que se tiene, cuando se trata de escribir o emitir algún mensaje.

Si se quiere informar, el mensaje tendrá ciertas características. Si quiere enseñar de igual forma el mensaje tendrá su particularidad, estas formas varían en cuanto a la estructura y las palabras según sea el caso. Freinet no deseaba solamente informar y enseñar, él deseaba inspirar al alumno a escribir Legrand (1999). La primera innovación de Freinet se relacionó con el texto escrito, cuya producción inicia con la clase-paseo, en la que se observará el medio natural y humano, del que se llevará a la escuela, primero los ecos orales y después los escritos. Los textos así producidos se corregirán, enriquecerán y constituirán la base de los aprendizajes elementales clásicos que los convierten en un instrumento directo de mejora de la comunicación (p.3)

Diferentes estudios sobre la enseñanza del lenguaje escrito presentan una serie de estrategias que contribuyen a lograr el éxito en la adquisición del mismo. Una buena parte de éstas coinciden con las características del texto libre en el marco del planteamiento de Freinet. La reevaluación del texto libre contribuye para ver con mayor claridad el presente y el futuro de la enseñanza, más específicamente la del lenguaje escrito. El amplio criterio de Freinet sobre la educación libre, impregna el texto libre cuya la particularidad es desarrollase al menos que el alumno esté inspirado. "Es en sustancia la expresión libre del alumno respecto a un interés actualizado relativo a su vida y a sus vinculaciones con el ambiente" (Vigo, 2007, p. 2).

Sin duda las técnicas de Freinet afirman Casado y Villalba (2012) constituyen un legado natural, fundamentadas en la libre expresión de acuerdo con los intereses del alumno, se proponen renovar una práctica pedagógica que había quedado desfasa como lo es la pura repetición de los que otros escriben.

Por lo tanto, constituye un aporte al fundamento de la pedagogía para la escuela moderna contenida en principios transversales como la autonomía, la cooperación, la globalidad, la funcionalidad, la investigación y el tanteo experimental propuestos por Freinet.

Desarrollo

La intervención es de orientación cualitativa, de corte exploratorio, descriptivo y transversal, se realiza en el año lectivo 2017, con enfoque empírico ya que el contenido de la narración del texto libre tiene su origen en la vida cotidiana, el aporte básicamente será el proporcionado por lo que haya representado para ellos el hecho de redactar un texto. La actividad requiere que el maestro tenga voluntad de dar la palabra y tiempo a los alumnos, reconocer sus capacidades para comunicarse, requiere también cooperar respetando la libertad de sus compañeros.

Población

La unidad de estudio es Plantel 021 Ampliación Rio Bravo, conformada por 24 alumnos, la muestra por elección directa corresponde al 2° semestre.

Instrumento

Se utiliza el texto libre, donde los alumnos eligen el tema de forma libre,

Primera fase:

a) Se pide al alumno que escriba un texto narrativo a partir de sus propias ideas, sobre el tema o contenido que él guste y sin límite de tiempo dividido en Introducción, Nudo y Desenlace, considerando lo siguiente:

Procedimiento visual en la construcción del argumento.

✓ Tema (El alumno elige el tema) asigna un cuaderno para el texto libre.
✓ Título (Elige título)
✓ Argumento 1. El tamaño (De qué tamaño es el objeto o sujeto del que hablara)
✓ Argumento 2. La posición (cuál es la ubicación o posición en la cual se encuentra el objeto o sujeto del que escribe)
✓ Argumento 3. Distribución (En relación a otros objetos o sujetos donde se encuentra el sujeto)
✓ Argumento 4. Aspecto (En relación al aspecto del objeto o sujeto como se diferencia de otros)
✓ Argumento 5. Forma (En relación a las características físicas como se diferencia de otros el objeto o el sujeto)
✓ Argumento 6. Contraste (En relaciones a características generales como se diferencia de otros).

Resultados de primera fase: Los textos narrativos se redactaron en el cuaderno, posteriormente se transcribieron en procesador Word, tal cual fueron escritos por los alumnos. Colorearon en rojo los errores de ortografía y de formato, que después de la revisión encontraron. A continuación, se presenta cada uno de los relatos con sus errores en negritas.

"El conejito que quería un trozo de pizza"

Autor: Keila de la Fuente Rincón
2do de Telebachillerato, Ampliación Rio Bravo Tamaulipas

Introducción. Situación inicial. Érase Una vez un Conejito que vivía muy Feliz Junto Con su familia en un Jardín abandonado.

Nudo: En esta etapa aparecen. aburrido el conejito decidió salir de ese Jardín **por que** quería saber que se sentía andar solo ya que una de las reglas de su familia era siempre andar acompañado, pues el conejito salió y fue a dar a esa casa donde habitaban unos hermanos al entrar a la cocina se encontró con un perro pero afortunadamente estaba dormido, observo a su alrededor y persibio un olor agradable y no descanso hasta encontrarlo fue entonces que vio una caja abierta ahí se encontraba una enorme pizza calientita, le llamo mucho la atención que decidió probar un trozo cuando de repente llega el **papa** conejo y lo **regaño** fuertemente que lo hizo sentir tan mal hasta que logro que se le cayera su trozo de pizza y el pobre conejito

Desenlace: el pobre conejito regreso al Jardín donde vivía, al entrar a su casa se mamá lo esperaba con un enorme plato de zanahorias y vivieron Felices para siempre.

"Hormiguita Solitaria"

Autor Katia de la Fuente Rincón
2do de Telebachillerato, Ampliación Rio Bravo Tamaulipas

Introducción. Situación inicial. Había una vez una hormiguita que le gustaba mucho estar fuera del salón

Nudo: no le gustaba estar en clase por que se **aburria**; pasaron los meses y la hormiguita se fue apartando de todos sus amigos y compañeros de clase, ya no le gustaba mucho salir porque pensaba que no te**nia** sentido estar fuera del salón, siempre se quedaba en el receso en el salón y ya no le gustaba salir como antes, los profesores hormiga siempre le preguntaban que, ¿**porque** no salía? La hormiguita respon**dia** que no le gustaba salir porque **preferia** estar sola.

Desenlace: No presenta fin del conflicto.

"El chile chico"

Autor: Imelda Jaqueline Chavez H.
2do de Telebachillerato, Ampliación Rio Bravo Tamaulipas

Introducción. Había una vez un chile que deseaba con todo su corazonchilito **creeser** y ser como los otros chiles

Nudo: el era muy pequeño y sus amigos el tomate, la cebolla eran grandisimos, el queria estar de su tamaño Por esa razón intentaba de todo lo que le decían Para que creciera Pero nada de eso resultaba, entonces Un dia el chilito se desiluciono, fue a dar un paseo a el chiliparque para distraerse Un poco de todo lo que le había Pasado en ese momento el chilito ve a el malvado "morron" que asecinaba a cuanto chile queria toda la ciudad de chileilandia le temia nunca nadie se le enfrentaba, entonses cuando el chilito lo vio de volada le dio miedo Porque el era pequeño y el "morron" era Super grande, después el chilito empezó a caminar mas recio mientras tanto el morron lo seguía para degollarlo

Desenlace: se encontro a sus amigos la cebolla, el tomate, y unos chiles que le ayudaron a darle una lección **a el** mentado morron, desde ese **dia** el **morron** ya no **iso** ningun daño y chileilandia estaba mejor, entonces el chilito viv**io** feliz **a el** salvar a su ciudad y asimilo que es mejor ser pequeño.

"El Gato de Mil Colores"

Autor:Evelyn De la Rosa Siañez
2do de Telebachillerato, Ampliación Rio Bravo Tamaulipas

Introducción: la situación inicial. Había una vez un gato de mil colores, que vivía en medio de un bosque en ese bosque habían animales muy raros, como gusanos con tres cabezas, flores canivales, mariposas cantoras, **Árboles** sonrientes y parlantes y un perro grande, feo y de color gris.

Nudo: el conflicto. Ese perro era el peor amigo del gato porque el perro le tenia envidia a el gato, porque el gato se llevava muy bien con todos los del bosque, y el perro como era malo nadie lo queria y vivía sólo en una cueva, un día el gato salio como de costumbre del bosque por unas manzanas de mil colores, cuando iba de regreso al bosque se topo con el perro y cómo el perro le tenia mucha envidia

Desenlace: el conflicto encuentra solución. el gato lo paro y le pregunto: ¿Porqué eres de muchos colores?, Y el gato le contesto A porqué me comò estas manzanas, ¿Si quieres te puedo dar?, ¿encerio?, si porque piensas que no te voy a dar, si yo trato de ser amigo de todos, ¡Ten!_ Gracias, y cuando el perro se comió la manzana se puso de mil colores, se llevo bien con todos los del bosque, y vivió feliz por toda la vida.

"El Taco Vaquero"

Autor: Dinorah Montalvo Jiménez
2do de Telebachillerato, Ampliación Rio Bravo Tamaulipas

Introducción: la situación inicial. Había una vez un taco vaquero, el queria ser el taco mas rico de todo el norte

Nudo: aparece el conflicto. Pero tenia mucha competencia queriendo ser el taco mas rico y pues fue asi como decidio viajar hasta encontrar esa salsa que lo aria ser el taco mas edeceado de todo el norte y viajo y viajo pero no tuvo la suerte de encontrar esa salsa que tanto anelaba pero si encontro a esa gordita de chicharron con la que se imagino estar siempre y tener su propio changarro llamado TACOGORDI el norteño. Y ese taco rico y sabroso al cazarse con esa gordita rica y sabrosa igual que el se olvido de esa salsa que lo aria a un mas sabroso. Un dia el le conto a su gordita los planes que el tenia antes de conocerla ella le dijo que lo apoyaba en lo que el quisiera y ella le propuso viajar a SALSASLANDIA donde deseguro encontraría esa rica y deliciosa salsita y viajaron a salsaslandia ivan decidos a encontrar esa salsita pero ellos no contaban con que en salsaslandia había una envidiosa enchilada muy enchilada que no le permitiría traer esa salsa por envidia porque esa enchilada era muy despre**siada** por casi toda la gente de salsaslandia por eso **alas** pocas personas que eran buenas personas las humillaba para sentirse orgullosa de **si** misma humillando a la gente buena como ese rico y delicioso taco

Desenlace: el conflicto encuentra solución.- Pero el taco como era muy bueno y noble no le ha**cia** caso a todas esa cosas que le decían y **asi** fue pasando el tiempo hasta que ese lindo taquito se fue ganando que esa enchilada fuera buena y amable con **el** y fue entonces cuando ella **decidio** darle esa salsita para que el pudiera ser el TACO MAS RICO DE TODO EL NORTE. Fin.

"EL PANDICORNIO BEBE fruto del AMOR"

Autor: Rosario Hdz. Mtz.
2do de Telebachillerato, Ampliación Rio Bravo Tamaulipas

Introducción: la situación inicial. **Habia** una vez una joven panda que vivía con sus padres, ellos vi**vian** lejos de la colonia panditalandia.

En estos tiempos la colonia no **sabia** que existieran otras colonias, puesto que creían ser los únicos en el hermoso valle. La mañana siguiente la joven panda **salio** a recolectar alimento en el momento que re**cojia** la fruta **oyo** un pequeño ruido lo cual llamo su atención ella empezó a buscar de **que** lugar **salio** el ruido cuando de pronto **trompezo** con un apuesto y hermoso uncornio. Los dos se quedaron mirando fijamente uno a otro, en ese momento los corazones de ellos sintieron estar conectados y empezaron a platicar.

Nudo: Tan rápido **pazo** el tiempo y oscure**cio** y ambos tuvieron que despedirse, se pusieron de acuerdo para volver a encontrarse nuevamente a un ahora fija, pa**so** la noche y a la mañana siguiente ellos volvieron a encontrarse en el bosque.

Los dos jóvenes informaron a los gobernantes de sus colonias. El joven unicornio fue a su colonia la Gran UNICORLANDIA UN HERMOSO ESPACIO CON FLORES Y FRUTAS.

La joven panda **fue** a su colonia y los dos a su vez en cada colonia les informaron lo que habían encontrado lo cual asombro a ambos gobernadores e inmediatamente realizaron una fiesta para reunirse y conocerse entre ellos.

Desenlace: Pasando la fiesta el uncornio y la pandita fueron a la orilla del mar donde ambos se declararon su inmenso AMOR, ese **dia** ellos se unieron para vivir juntos y ser felices de cual amor y cariño **nacio** un hermoso bebe pandicornio y las dos colonias festejaron el fruto de amor entre ambos colonias.

La bebe pandicornio fue muy feliz cuando escucho la hermosa historia de amor de sus padres. Y vivieron felices para siempre.

Segunda fase

b) Se corrigen las faltas de ortografía. Se procede a entregar a los estudiantes sus propios textos.
c) Cada autor da lectura a su texto ante todo el grupo, con ello que se trabaja la cantidad de palabras por minuto. En esta fase participan 9 alumnos con sus respectivos textos.

Cuadro 1. Resultado de la lectura en cuanto a palabras por minuto.

Alumno	1-p/m	2-p/m	3-p/m	4-p/m	5-p/m	6-p/m	7-p/m	8-p/m	9-p/m
Rosario	126	129	91	133	108	150	119	111	155
Keila	117	125	91	99	95	158	42	111	155
Mirka	150	149	91	133	142	159	44	111	131
Abimael	85	193	91	111	189	101	101	93	92
Sergio	97	146	91	142	117	141	144	111	132
Katia	144	132	91	99	134	142	133	111	164
Evelyn	120	135	91	108	111	144	134	111	191
Imelda	146	118	130	144	131	144	135	46	166
Dinorah	101	127	124	150	149	170	150	111	167

1. Título: El diccionario y la libreta (p) palabras por minuto
2. Título: El mango Charles
3. Título: Hormiguita solitaria
4. Título: El pandicornio bebe fruto del amor
5. Título: El chile chico.
6. Título: El conejito que quería un trozo de pizza
7. Título: El taco vaquero
8. Título: El cuaderno de matemáticas.

Fuente: Propia. El color gris significa estándar y el blanco significa cerca del estándar para tercero de secundaria. El negro significa que requiere apoyo para comprender.

En general, la cantidad de palabras leídas por minuto por cada uno de los alumnos de bachillerato se encuentra dentro de los Estándares Nacionales de Habilidad Lectora, reconocidos por la Secretaria de Educación Pública en México para nivel primera y secundaria que se observan en el cuadro 2.

Cuadro 2. *Estándares de palabras por minuto.*

NIVEL	GRADO	PALABRAS LEÍDAS POR MINUTO
Primaria	1°	35 a 59
	2°	60 a 84
	3°	85 a 99
	4°	100 a 114
	5°	115 a 124
	6°	125 a 134
Secundaria	1°	135 a 144
	2°	145 a 154
	3°	155 a 160

Fuente: Secretaria de Educación Pública (2014)

Los rangos están asociados con niveles de comprensión.

Cuadro 3. *Rangos y niveles de comprensión*

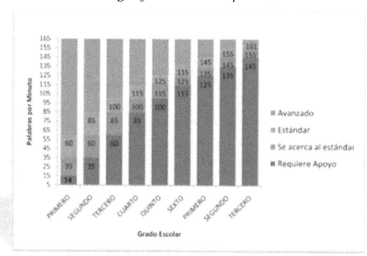

Fuente: Secretaria de Educación Pública (2014)

Lo paradójico es que los textos leídos son escritos por ellos mismos, aun así, la cantidad de palabras leídas por minuto no supera en su mayoría el nivel avanzado correspondiente a Bachillerato según la SEP. Los resultados del cuadro 1 comparados con los niveles de comprensión de cuadro 3 revelan que en general los alumnos requieren de ayuda para comprender lo que han leído.

Tanto la escritura como la lectura en voz alta tienen técnicas propias para su desarrollo "leer en voz alta es la mejor forma de ganar soltura, ritmo, compás y seguridad en la expresión oral de una lengua." (R. Vaughan, 2008, p. 164) mejora el acento, amplia el vocabulario. "Hay evidencia de que leer en voz alta nos hace recordar mejor" (Forrin y MacLeod, 2017, p.576). Desde estos planteamientos los estándares de velocidad en lectura en relación con la comprensión exigen una preparación instrumental.

Conclusiones

Se percibe de inmediato el nivel ortográfico, evidencian carencia del proceso de enfatización. Sin embargo, uno de los propósitos de la técnica texto libre es que el alumno aprenda ortografía escribiendo, es labor que le corresponde al profesor quien debe dar lectura al texto e indicar como se debe corregir.

Se aprecia limitación en dichas construcciones, debido a las omisiones significativas de palabras funcionales. Los alumnos realizan un proceso de imaginación que se visualiza claramente y corresponden a su realidad cotidiana rural. La narración muestra niveles de coherencia y adecuación de la situación que comunican. Finalmente, la confrontación con la escritura se da en pocas líneas, sin embargo, existen un supuesto, de que los alumnos pudieran lograr mayor textualización si el grado de alfabetización fuera también mayor. En síntesis, se considera que la aplicación del texto libre favorece la utilización de técnicas que permiten identificar con mayor detalle las áreas de desempeño que se deben fortalecer para lograr competencia productiva y comunicativa, así como la posibilidad de introducirlos a procesos de reflexión mientras construyen los argumentos.

La Importancia de las Neurociencias en la Educación

Daniel Cantú Cervantes
Guadalupe Castillo Camacho
Rogelio Castillo Walle
Eleuterio Zúñiga Reyes
Luis Alberto Portales Zúñiga

Introducción

La razón principal por la cual las neurociencias han cobrado terreno en el campo de la educación radica en el hecho de que el cerebro es el único órgano donde se da el aprendizaje. Por este importante motivo, el docente que se interese en comprender las tareas cognitivas durante la asimilación de saberes y sus componentes debe virar su atención al estudio del cerebro. Pero hasta este punto es necesario aclarar un detalle: los docentes no son neurólogos, y si quisieran emprender un camino hacia el entendimiento de este escenario ¿sería factible empezar a estudiar las neurociencias, aunque esto implique demasiado tiempo, debido a la vasta literatura o áreas a estudiar? La respuesta no es simple, ya que un maestro si bien tiene la responsabilidad de actualizarse y ser investigador de su cátedra, a menudo no tiene tiempo, a menos que desee emprender la gran travesía de penetrar en las neurociencias (Sousa, 2014; Fuster, 2015).

Por otra parte, los investigadores de la educación son idóneos en su tarea para emprender este camino, ya que es deber de tales indagar y develar aspectos que se tornen en factores innovadores que puedan favorecer los aprendizajes y los métodos de enseñanza que los maestros implementan frente a grupo en todos niveles. Pero la neurociencia no es un camino fácil, los neurólogos corren su travesía hacia la cúspide pasando primero por una carrera de medicina general para luego especializarse mientras pasan los años, ¿entonces qué pasa con los investigadores en educación?, la balanza en el conocimiento del neurólogo recae sobre el conocimiento de la etiología u origen de los trastornos neurológicos y no neurológicos, así como en el cuadro clínico, sintomatología y sus variantes, además de los esquemas de diagnóstico de patologías y la especialización para el tratamiento de dichas. Este conocimiento es muy importante, aunque no es la esencia de la investigación en neurociencias por parte de los investigadores en la educación (Martínez, 2010; Waxman, 2011).

¿Qué es la neurociencia?

Es un campo de la ciencia que estudia el sistema nervioso y todos sus aspectos, como su estructura, función, desarrollo ontogenético como la embriogénesis del encéfalo hasta su muerte, filogenético -*relativo a los escenarios evolutivos*-, su bioquímica, farmacología, patología -*relativo al estudio de las enfermedades*-, y cómo sus diferentes elementos interactúan, dando lugar a las bases biológicas de la cognición y la conducta. La importancia del estudio del sistema nervioso del ser humano radica en la capacidad sobre las funciones superiores tales como el aprendizaje, procesos mnémicos o relativos a la memoria, la cognición, la conciencia, el intelecto y la personalidad. El plural *"neurociencias"* proviene de la sugerida tipología que ha surgido en el intento de especializar el campo, por ejemplo, aquí algunas de sus ramas: *neurociencia cognitiva*, relativa al estudio de la generación y control de pensamientos, lenguaje, resolución de problemas, creatividad y procesos de memoria -*recuerdo y olvido*-. *Neurociencia molecular*, relacionada con el estudio genético y el funcionamiento de los neurotransmisores y *neurociencia clínica*, centrada en la investigación de los trastornos neurológicos y sus variantes, así como en el diagnóstico y tratamiento de patologías (Crossman y Neary, 2007; Howard-Jones, 2010).

¿Entonces qué hay que hacer?, los investigadores en la educación que se interesen en el tema deben centrarse en aquellos aspectos de las neurociencias que generen escenarios investigativos que aporten evidencia para respaldar causas o agregados para favorecer metodologías de la enseñanza y el aprendizaje en situaciones y esquemas específicos. Investigadores en epistemología y pedagogía como Jean William Fritz Piaget registraban sus hallazgos de la conducta de las personas de manera exógena, es decir, no conocían cómo funcionaba el cerebro, pero se hacían a la idea observando las reacciones de los sujetos. La neurociencia en la educación no la llegado para desterrar las teorías educativas contemporáneas, sino para reforzarlas y comprender sus principios, tampoco ha llegado para arreglarlo todo, sino para enriquecer esquemas específicos de la tarea docente y cognitiva del alumno (Pizarro, 2003; Garrido, 2014).

La neurociencia no es un terreno fácil y es por muchas personas incomprendida, por ello sido tan sobrevalorada que existen docentes con mucha susceptibilidad a aceptar *cualquier premisa* que la neurociencia revele sobre el aprendizaje. Esto no debe ser así, se debería hacer extensivo el acto de hacer conciencia sobre la cautela en la valoración de los estudios y revistas populares que emiten enunciados *"mágicos"* para aprender o enseñar. El detonante de la neurociencia ha impactado en todo el mundo, pero esto no significa aceptar cualquier solución mágica. Generalmente las investigaciones en el campo de las neurociencias son muy específicas e incompletas para aseverar enunciados de pronto. Se necesitan elaborar revisiones de literatura en un rubro para comprender los avances que existen en determinada área e identificar veredictos probables que se puedan utilizar en el aprendizaje y la enseñanza (Lipina y Sigman, 2011; Marina, 2012).

El maestro interesado en determinado tema sobre neurociencia debe estar atento a aquellos estudios que posean un sustento firme en antecedentes y realizar un poco de revisión literaria para comprender más sobre el rubro. Como docentes no nos podemos dar el lujo de dejar de leer y aprender. Por otra parte, los investigadores en el campo educativo interesados en el campo neurocientífico deben reforzar bríos para la lectura profunda y prepararse para realizar pequeñas aportaciones y aclaraciones sobre cuestiones que conciernen a la educación y que ahora son desconocidas o difusas, aunque todo esto, implique enfrentarse a retos, como los comentados en el siguiente apartado.

Retos en el estudio de la neurociencia para los investigadores en el campo educativo.

La tarea no es sencilla. Un primer paso hacia el estudio de la neurociencia es el conocimiento de la neuroanatomía del encéfalo. Las personas generalmente confunden el término *encéfalo* con cerebro, y *neural* con neuronal, "encéfalo" se refiere al conjunto de órganos que componen el sistema nervioso y "neural" a todos los componentes celulares en el sistema nervioso incluyendo a las neuronas, que por cierto son las menos abundantes en el sistema nervioso. El conocimiento neuroanatómico es extenso pero esencial para empezar el trayecto, además, es vital para comprender la literatura especializada en el área, los conceptos y tecnicismos utilizados (Crossman y Neary, 2007).

Existe un campo de estudio indeterminado a partir de principios neuroanatómicos que son muy interesantes, por ejemplo, el principio de la decusación piramidal axonal a la altura de la médula oblongada, es decir, el cruce de sustancia blanca o axones de las neuronas en el bulbo raquídeo, en el comienzo de la médula espinal a la altura de la nuca, lo que genera una asimetría cerebral, esto quiere decir que la corteza motora de un hemisferio controla los miembros periféricos superiores e inferiores del cuerpo de manera colateral, de aquí la noción de predominancia motora o lateralidad (Waxman, 2001). Para consultar más sobre este tema, revisar el estudio de Cantú, *et al.*, (2017).

Otro tema interesante es el estudio del sistema límbico -*parte central del cerebro*-, ya que existe evidencia que lo identifica como estructuras que regulan las respuestas fisiológicas e involuntarias frente a determinados estímulos. En él se han identificado los reflejos e instintos humanos, como la memoria involuntaria, el hambre, la atención, los instintos sexuales, emociones como el placer, miedo, agresividad, además de otros mecanismos de la conducta. Otro tema llamativo aunque muy profundo, es el estudio de los trastornos del aprendizaje y destreza cognitiva, como lo son la acalculia -*alteración o incapacidad para comprender los procedimientos matemáticos*-, la dislexia, muchas veces también denominada legastenia -*trastorno del aprendizaje de la lectoescritura*-, el estrefosimbolismo -*percepción en la cual los objetos son vistos invertidos, por ejemplo, confundir la "p" con la "q", "b" con "d"*-, la alexia -*pérdida parcial o total de la capacidad de leer cuando ya fue adquirida previamente*-, la agrafía -*pérdida parcial o total en la habilidad para producir lenguaje escrito*-, las afasias -*trastornos del lenguaje caracterizados por la incapacidad o la dificultad de comunicarse mediante el habla, la escritura o la mímica*-, la agnosia -*incapacidad para reconocer e identificar las informaciones que llegan a través de los sentidos, especialmente la vista*-, la astereognosia -*incapacidad para el reconocimiento táctil de objetos*-, y los estudios sobre el estrés, la ansiedad y depresión, todos estos afectando directamente el aprendizaje. El objeto central de investigador educativo en neurociencias respecto a los trastornos vistos es compréndelos primeramente y emprender acciones que pretendan mejorar las capacidades, aunque las limitaciones sean muchas. La *plasticidad neuronal* es otro tema interesante del campo y uno de los aspectos más estudiados e involucrados con la praxis y sus beneficios que proveen para los trastornos del aprendizaje mencionados (Cuetos, 2012; Gallego, 2015).

Otro aspecto interesante es la reflexión sobre los *mitos* que se han se han inmiscuido en la sociedad, por ejemplo, todos recordamos los clásicos como la dominancia cerebral y que solo usamos el 10% del cerebro. Los descubrimientos de Sperry (1973) y Herrmann (1996, citados en Velásquez *et al.*, 2007), cuyas teorías señalaban que el cerebro estando dividido dominaba procesos unilateralmente sugiriendo diversos modos de pensamiento, no obstante, y si bien los hemisferios están divididos por la hoz del cerebro compuesta por la meninge duramadre, ambos comparten la función para la ejecución de acciones cognitivas, es decir, si bien pueden especializarse, son más bien complementarios (Campos, 2010).

Algunos *mitos* tienen su origen en descubrimientos que por la falsabilidad de la ciencia han sido rebasados posteriormente y otros se han formado por malentendidos en la difusión de la ciencia, por ejemplo, por parte de la prensa. Como los datos duros de una rama poco comprendida como la neurociencia son, como se ha visto incompletos y muy específicos o difíciles de traducir a lenguaje suave, las redes de difusión permean la entrada de anomalías en la interpretación (Haines, 2013). Este es otro tema que se habría de discutir. Un mito llamativo y objeto aún de análisis, es el concepto de *periodos críticos* en el desarrollo del niño en sus primeros años, que establece que existen ciertos períodos cuando la plasticidad neuronal o la capacidad de ajuste del cerebro en respuesta a la experiencia, es sustancialmente mayor que en la edad adulta. Sin embargo, los períodos críticos no están claramente definidos y están influenciados por muchos factores que se ha preferido utilizar el término *"periodos sensibles"*. Por otra parte, la plasticidad neuronal va más allá de la infancia, y es posible revertir las carencias de estimulación temprana que faltaron en los primeros años (Bruer, 2000; Lipina, 2016).

Otro mito interesante y aún también objeto de debate en las mesas de los educadores, es el enunciado de que existe un aprendizaje visual, un auditivo y otro háptico o kinestésico. Algunos los llaman *estilos de aprendizaje*. Esto radica en una teoría que establece que el aprendizaje ocurre a través de diferentes canales de percepción sensorial especial y que bajo el canal correcto habrá mayor eficacia. Esto provocó la detonación de un sinnúmero de libros que hablaban sobre ello, sin embargo, la teoría carece de consistencia lógica cuando se estudia el cerebro, porque se precisan de todos los sentidos para aprender, además un canal de percepción no implica por sí solo el aprendizaje, ya que el procesamiento de información en el pensamiento requiere de la asociación multimodal que relaciona información visual, auditiva y procedimental motora con las experiencias previas almacenadas en la memoria a largo plazo para comprender esquemas abstractos nuevos susceptibles de guardarse y poder recordarlos en un futuro. La entrada de información solo es el primer paso para la comprensión o razonamiento de un problema abstracto susceptible de aprender (Howard-Jones, 2014; Masson y Blanchette, 2015).

Otro mito importante objeto de análisis, es sobre los *entornos enriquecidos* que mejoran la capacidad del cerebro para aprender.

En su teoría se establece que los niños pequeños deben estar expuestos a estímulos ricos y diversos en un contexto enriquecido durante el tiempo en que son más receptivos al aprendizaje, ya que, de no ser así, aumentan las posibilidades de atrofia cognitiva, lo que se contrapone a las virtudes de la plasticidad neuronal. Las bases etiológicas de este mito fueron generadas a partir de estudios con animales, especialmente con ratas. Se necesita hacer un alto y una mayor investigación para poder transferir estos conocimientos de estudios con animales al aprendizaje humano. Existe mucha literatura que aporta evidencia sobre la plasticidad a lo largo de toda la vida y no se limita a una fase ambiental enriquecida durante un determinado tiempo (Tardiff *et al.*, 2015; Papadatou-Pastou *et al.*, 2017).

Los siguientes mitos están relacionados con el bilingüismo. Parecerán burdos para el docente docto, pero han acaparado terreno en la sociedad. El primero dicta que dos idiomas compiten por los mismos recursos cerebrales. En este incluso se ha sugerido que cuando más se aprende un idioma, más se pierde el otro. El segundo mito afirma que el conocimiento adquirido en un idioma no es accesible en el otro idioma quizá porque se encuentran en diferentes partes del cerebro y no tienen puntos de contacto; y el tercero indica que un primer idioma debe ser hablado bien, antes de aprender un segundo idioma, de otra manera se ralentizaría el desarrollo del aprendizaje. Aunque algunos de estos mitos tienen una noción ridícula, el hecho es que poseen una etiología política y cultural, por ejemplo, la idea de que algunos idiomas son superiores a otros. Además, aún pervive el concepto de que el multilingüismo geopolíticamente no funciona, es decir, se tiene la idea que mientras un lenguaje domina en un país y el otro va desapareciendo. Los simpatizantes de estas ideas se defienden afirmando que el cerebro solo necesita de un idioma para funcionar plenamente y se asevera que la mezcla de lenguajes crearía nuevos idiomas considerados *"confusos"* como el *"Spanglish"*, por mencionar un ejemplo (Dekker, *et al,* 2012; Tardiff *et al.*, 2015).

En respuesta al primer mito sobre bilingüismo, nadie debería poder hablar varios idiomas a la perfección, sin embargo, existen personas políglotas que hablan y comprenden con fluidez más de tres o cuatro idiomas, además, los conocimientos de un idioma refuerzan los demás lenguajes. Respecto al segundo mito, es evidente que una persona puede calcular y comprender un concepto en un idioma y aplicarlo en otro. El conocimiento no se almacena en el cerebro en formato de lenguaje, sino en imágenes. El pensamiento se decodifica por medio del lenguaje, por ello existen personas que tienen trastornos de lenguaje, pero no por ello dejan de pensar o pierden la capacidad de aprender. Los sujetos multilingües piensan en diferentes idiomas, aunque no recuerden en qué lenguaje aprendieron determinado concepto (Rato, *et al.*, 2013).

En respuesta al tercer mito sobre bilingüismo, las personas que aprenden idiomas al mismo tiempo refuerzan los conceptos adquiridos en un lenguaje sobre el otro y dominan los idiomas de manera más consciente. En un principio puede haber confusión de idiomas, pero la praxis y el tiempo consolidan los lenguajes y no perturban el pensamiento. Sin embargo, cuando la adquisición del segundo idioma se retrasa, este lenguaje no se puede aprender tan bien y fácilmente, por lo tanto, es bueno enseñar idiomas extranjeros a los niños lo antes posible (Dekker, *et al*, 2012).

Hasta aquí vamos a hacer un alto por el momento, y comentar con cuidado un contexto teórico muy interesante en el marco educativo: la teoría de las *inteligencias múltiples* propuesta por Howard Gardner en la década de los ochenta. Su propuesta cayó como anillo al dedo de muchos educadores para explicar el hecho evidente de que algunas personas poseen destrezas significativas en la música, otras en el cálculo, en el dominio del lenguaje, en el entendimiento espacial, en la destreza motora como el caso de los deportistas o en las habilidades sociales, por mencionar algunos ejemplos. El planteamiento de Gardner de momento permeó un entendimiento implícito sobre el escenario cognitivo de la inteligencia, sin embargo, hasta hoy la pregunta permanece: ¿qué es la inteligencia y hasta dónde se delimita una de otra, en caso de existir diversos tipos de ella? (Peariso, 2008; Manes y Niro, 2014).

El concepto de *inteligencia* es un campo del estudio interesante en la neurociencia, ya que es un término difícil de conceptualizar y definir. Se dice que los sistemas orgánicos e inorgánicos que poseen la facultad de control sobre información adquieren el adjetivo de *inteligente*, pero esto es solo el inicio del trayecto con susceptibilidad de caer en una categorización burda del concepto, por ejemplo: ser poco inteligente, muy inteligente o demasiado inteligente. Es impreciso. La etimología de la palabra consta de dos locuciones latinas: *inter* como *"entre"* y *legere* como *"escoger"*. Entonces la inteligencia desde el punto de vista etimológico consistiría en la capacidad para elegir entre diferentes opciones, la mejor. Como el término es muy superficial, habría que penetrar en el *cómo* el ser humano es capaz de elegir lo mejor, ya sea *comprendiendo* mediante su *intelecto*, otros dos procesos interesantes, entre tantos otros. También se ha sugerido que la inteligencia es una capacidad heurística, es decir, aquella facultad para resolver problemas, pero si la inteligencia es la suma de todos los componentes del pensamiento, no puede reducirse solo a la capacidad para resolver problemas (Manes y Niro, 2014; Anderson, 2002).

El segundo detalle con la teoría de Gardner es que todas sus propuestas de inteligencia son a plena vista fenotípicas distintas, pero están basadas en los mismos pilares cognitivos es decir en las funciones ejecutivas superiores del intelecto, por ejemplo, la percepción, la atención sostenida, la memoria, el lenguaje y la conciencia espacial, además del factor emocional involucrado. Ante este escenario, se ha sugerido que las inteligencias en realidad serían una sola de aspecto multifacético, ya que aún las pruebas que intentan medir la inteligencia han probado que todas las habilidades cognitivas están estrechamente correlacionadas (Peariso, 2008; Calik y Birgill, 2013). La carencia de precisión e interpretación de las múltiples inteligencias y la mensurabilidad de hasta dónde es una de otra, generan anomalías que ahogan la teoría. También es impreciso afirmar que existen habilidades superiores a otras, por ejemplo, que la matemática sea más importante que las habilidades sociales o la educación artística. La Escuela tradicional en México enfatiza en las habilidades del cálculo y manejo de la lengua como pilares de una educación basada en la industrialización, esquema bien debatido. No porque un niño sobresalga en matemáticas o español en la primaria tiene asegurado su futuro, sin embargo y por desgracia esta idea sigue impregnada en algunos sectores sociales, generalmente en las clases sociales baja y media (Klein, 1997; Dillihunt y Tyler, 2006).

Pero ¿qué pasa con la música? por ejemplo, que es una habilidad estudiada por la neurociencia y que atañe al esquema educativo. La música existe para comprenderse y posee un carácter comunicativo, emocional y creativo, por lo que se conforma como aspecto ampliamente estudiado. Existe evidencia que indica que el hemisferio derecho muestra mayor activación en el procesamiento de la información no verbal y en el manejo de la percepción de tonos musicales complejos. La percepción del estímulo musical viaja del sistema auditivo hasta el lóbulo temporal de la corteza auditiva primaria a los lados de las orejas, sin embargo, los estudios identifican una participación muchas partes del encéfalo en el procesamiento musical, incluyendo el hemisferio izquierdo, por supuesto el telencéfalo, diencéfalo y el cerebelo. ¿Por qué sucede esto?, porque en el procesamiento cognitivo musical existe una mezcla de percepción, decodificación, memoria, comprensión, discriminación, emoción, secuencia de patrones, esquema fonemático y prosodia; por esto se precisan de muchos componentes cognitivos especializados y correlacionados (Gaser y Schlaug, 2001; Matute, 2012).

Otra pregunta interesante que no puede faltar sobre este tema: ¿qué pasa en las personas con talento innato para la música?, por su supuesto la respuesta tampoco es simple, ya que el escenario continúa siendo investigado. Brown, et al, (2006) indican que existe evidencia que identifica al hemisferio derecho y su corteza auditiva en el procesamiento de la música, es decir, que escucha las notas; además el músico es muy sensible a las emociones. Las melodías, y no nos referimos a melodías con prosodia, son estímulos complejos estrechamente relacionadas con los procesos mnémicos. El sujeto que disfruta la música relaciona sus experiencias con las melodías, las asocia. El cerebro también recrea una imaginería a partir de la música vinculada con el escenario emocional, para esto debe discriminar los elementos y tonos que interfieran con una representación semántica abstracta coherente. Por lo tanto, no procesamos canciones o melodías completas, sino algunas partes de ellas que son significativas a nuestra experiencia o inclusive a elementos mnémicos que no están en la consciencia presente. Un ejemplo de ello es cuando vamos a dormir y no nos deja una secuencia breve de una canción conocida que escuchamos o recordamos. El patrón rítmico o prosódico parece tan definido que nos cuesta trabajo omitirlo para dormir. Claro que existen algunas técnicas para terminar el patrón, por ejemplo, recordar o imaginar el final de la canción, aunque esto lleva tiempo y esfuerzo, pero es posible.

Como se ha visto, es interesante el estudio de la neurociencia en el escenario que incumbe a la educación, aún con los mitos sobre la mesa. Existe vasta cantidad de literatura y estudios por realizar que el investigador incluso puede darse el gusto de elegir. Sin embargo, cabe reiterar que la neurociencia no es un juego, y se debe velar por realizar estudios precisos y consistentes con la literatura existente. Se pueden llevar a cabo investigaciones interesantes sobre el impacto de la música o las emociones en el aprendizaje, sin embargo, se necesita de suficiente indagación sobre los antecedentes para fundamentarse y no caer en premisas o paradigmas sumamente confirmados o en la pretensión de querer rescatar oraciones descartadas o rebasadas por estudios recientes (Fuster, 2015). Si bien la realización de investigaciones en neurociencia educativa será muy específica y a veces incompleta pues requieren de confirmaciones posteriores o un mayor estudio, la meta es crear metodologías y esquemas formativos que produzcan mejoras en el quehacer educativo. El camino es costoso y longitudinal, los efectos de una investigación realizada por partes pueden tardar mucho tiempo, pero son posibles. Los retos propuestos en este capítulo son solo algunos y no deben desalentar al investigador principiante, al contrario, motivarlo para generar redes de estudio que enriquezcan su tarea investigativa. Aún existe tela que cortar en lo referente a estudios sobre la red neuronal en el reposo, la creatividad, el impacto de las emociones en el aprendizaje y la consolidación del recuerdo. Investigaciones sobre el olvido, la actividad onírica o acto de soñar, los mecanismos de la memoria, la llamada inteligencia emocional o las habilidades sociales. Estudios sobre el aspecto emocional como factor vital en la eficacia política en los líderes o personas influyentes, flexibilidad cognitiva, diferencia respecto a la conectividad cerebral en hombres y mujeres y hasta concepciones filosóficas como el libre albedrío y la toma de decisiones racional, que también atañen al terreno educativo (Haines, 2013).

Como se va mencionado, el primer paso para entrar al escenario es la lectura. La literatura y el conocimiento básico sobre neuroanatomía son los pilares fundamentales. Algunos interesados en el campo de la neurociencia suelen creer se necesita de muchos recursos financieros para realizar investigación, pero se puede empezar por lo básico. Un segundo paso es incorporar herramientas de imagenología del cerebro como lo es el electroencefalograma -*EEG*-, la tomografía por emisión de positrones -*TEP*- y la resonancia magnética funcional -*IRMf*- por mencionar algunos. Habría que indagar también sobre tales herramientas respecto a sus métodos invasivos de exploración, sin embargo, la imagenología proporciona información en tiempo real que permite a los investigadores conocer las pistas para llegar a conclusiones con mayores posibilidades. La formación de redes de investigación y la colectividad fomentarán que los estudios neurocientíficos en educación cobren fortaleza (Waxman, 2011; Lipina, 2016).

Conclusiones

El auge de las neurociencias no se detendrá, ya que se comprende muy poco hasta ahora sobre el conocimiento del encéfalo. La Universidad Autónoma de Tamaulipas precisa ingresar en el trayecto investigativo de la neurociencia y alimentar sus esfuerzos por contribuir a este campo como la máxima casa de estudios en Tamaulipas.

Si bien lo retos son altos, se deben acrecentar los ánimos por el estudio como parte del eje investigador en el estado tamaulipeco. Es necesario motivar a los estudiantes e investigadores en la noble labor de continuar indagando con cautela y diligencia en los terrenos de la comprensión del cerebro para la mejora de la enseñanza y el aprendizaje.

Evaluación del RAL, Desde la Perspectiva de los Estudiantes: "Caso Único en la Universidad Autónoma de Tamaulipas"

Víctor Manuel Ramírez Hernández
Hugo Isaías Molina Montalvo.
Humberto Rodríguez Hernández
Alejandra Alicia Cepeda Hernández

Antecedentes

La Facultad de Ciencias de la Educación (FCE), en sesión de consejo técnico, celebrada, el 18 de junio de 1989, creó la modalidad para cursar algunas de las materias del mapa curricular de las licenciaturas que ofrecía mediante un procedimiento al que denominó sistema de "Régimen de Asistencia Libre", (RAL).

El preocupante incremento en la deserción de la población estudiantil, de los estudiantes que trabajaban y de las alumnas en estado de gravidez, en la entonces Facultad de Ciencias de la Educación, a final de la década de los ochenta, fue el factor determinante que preocupó a los directivos, por el alto índice de deserción, lo que llevó a tomar medidas que culminaron en la creación del sistema RAL.

Al entrar en desuso los planes de estudio denominados Tradicional y Misión XXI entra en implementación los planes Millenium III y, posteriormente, Generación del conocimiento, a la par del cambio veloz en los métodos de enseñanza implementados para la educación superior, es justificada la necesidad de permanencia del régimen de asistencia libre en la ahora Unidad Académica Multidisciplinaria de Ciencias, Educación y Humanidades (UAMCEH), para que continúe ofreciendo a sus estudiantes la opción de elegir cursar materias bajo los regímenes de asistencia continua y asistencia libre.

El reglamento interno de asistencia, en su artículo primero, manifiesta que:

La Facultad de Ciencias de la Educación, ofrecerá a sus alumnos, dos opciones para el desarrollo de los programas por asignatura que correspondan en el semestre y carrera en que se inscriba:

- a) Régimen de asistencia continua (RAC), que ya existía, desde la fundación de la Facultad de Ciencias de la Educación.
- b) Régimen de asistencia libre (RAL), Creado a final de la década de los ochentas. (Facultad de Ciencias de la Educación, 1989).

El programa surge como apoyo a estudiantes que tenían la necesidad de trabajar y posteriormente se extendió a las estudiantes en estado de gravidez.

El RAL, una vez implementado, permitió bajar los índices de deserción por esos motivos.

De manera tal, que al inicio de cada semestre el alumno tenía la opción de elegir a su conveniencia la manera en que quería cursar sus materias, según el artículo segundo del reglamento interno del RAL que dice (Facultad de Ciencias de la Educación, 1989, pág.1):

> "El estudiante deberá optar en cada periodo escolar, por
> el régimen de asistencia libre, a que habrá de someterse,
> en el momento mismo de inscribirse".

Los requisitos solicitados por la secretaria académica de la F.C.E. para quedar debidamente inscrito en el RAL están manifiestos en el artículo sexto del mismo reglamento (pág. 2):

A fin de que el estudiante quede formalmente inscrito en el RAL, deberá cubrir en un plazo no mayor de diez días hábiles a partir del último día de inscripción, los siguientes requisitos:

a) Llenar la forma de solicitud de inscripción al RAL, que se le proporcionará en la secretaria académica.

b) Entregar la forma de solicitud, acompañada por una constancia expedida por la autoridad correspondiente, especificando los motivos que le impiden asistir con regularidad a clases.

c) La validez de la constancia anteriormente señalada, en todo caso estará sujeta a comprobación por parte de la autoridad académica de la F.C.E.

Ante la implementación del RAL, la problemática de la deserción estudiantil parecía resuelta, sin embargo, al inicio, los estudiantes aun no estaban familiarizados con el régimen, y de la misma manera los profesores, algunos de los cuales no estaban muy de acuerdo en la multiplicidad de sus funciones, por una parte, el quehacer en el aula y por otra las asesorías en los cubículos para los estudiantes del RAL.

Al lograr cierta popularidad el RAL entre los estudiantes, se tuvieron que atender las obligaciones a las cuales el estudiante estaba comprometido que se denotan en el artículo quinto del reglamento interno de asistencia:

En todo caso, el estudiante que opta por el RAL estará sujeto a las siguientes disposiciones, (UAMCEH, 2006, pág. 1).

a) Ser estudiante regular.

b) El RAL no es aplicable a aquellas asignaturas que por sus características requieren la asistencia y participación activa de los alumnos, tales como: laboratorios, prácticas pre-profesionales, talleres y seminarios.

c) El RAL tendrá aplicación solamente para aquellas asignaturas que, por el horario en que se ofrezcan, no sean compatibles con las posibilidades de asistencia del alumno.

d) El estudiante inscrito en el RAL deberá, obligatoriamente, presentarse, a asesoría con el maestro titular de cada una de las asignaturas que cursen, cuando menos dos veces por mes.

e) La evaluación del alumno inscrito en el RAL, estará sujeta a lo dispuesto en el régimen respectivo.

Al parecer lo estipulado en el artículo quinto, era suficiente para apoyar a los estudiantes con la problemática ya descrita anteriormente, sin embargo, la realidad era otra, en la mayoría de los casos los estudiantes varones no tenían permiso de faltar a su trabajo y si lo hacían para asistir a sus asesorías se veía afectados en su salario, o llegaban incluso a ser despedidos.

Por su parte, las estudiantes conforme avanzaba su estado de gravidez, cada vez se les hacía más difícil trasladarse a la institución a sus asesorías, problemáticas que aún persisten en la actualidad, y que entra en conflicto con el artículo cuarto del reglamento de asistencia que dice (Facultad de Ciencias de la Educación, 1989, pág. 1).

> "El estudiante inscrito en el sistema RAL pose los mismos derechos y obligaciones que el alumno inscrito en RAC. Con la salvedad de que el régimen RAL reconoce más flexibilidad en lo realizado con la asistencia de clase".

En teoría la idea era excelente, sin embargo en la práctica, la realidad era otra, por una parte las asesorías programadas por los profesores para los estudiantes en RAL, no se repetían cuando el alumno no contaba con permiso en su trabajo para faltar y cumplir con el compromiso del RAL, motivo que era aprovechado por algunos profesores, al aplicar el inciso "a)" del artículo quinto del reglamento interno de asistencia, para dejar de asesorar, situación que conducía al estudiante; en el mejor de los casos dar de baja la materia, o en el peor de los casos a repetirla, si es que aún tenía oportunidades de inscripción en la materia.

En cuanto al "Régimen de asistencia Continua" que de aquí en adelante cuando se necesite mencionar se denotará como RAC, el estudiante tenía la obligación de asistir al ochenta por ciento de sus clases programadas, o sea, que podía faltar al veinte por ciento de sus clases programadas, misma exigencia que aún persiste en el reglamento de las bases generales para los alumnos inscritos en el periodo 2017 - 1, (año en que se realizó el estudio), de las carreras que ofrece la Universidad Autónoma de Tamaulipas.

El inciso "a)" del reglamento interno de asistencia no define la "Regularidad", que es una obligación de los alumnos, quizá pueda ser evidente, sin embargo, no está definida.

Estado actual del Régimen RAL

El RAL en la actualidad se rige por un reglamento aprobado por el consejo técnico de la UAMCEH en 2006, que fue proporcionado por la coordinación de RAL, y que en comparación con el reglamento de origen presenta pocas variaciones y/o actualizaciones según se destaca a continuación.

Reglamento interno del RAL actual (UAMCEH, 2006)

El (la) beneficiario (a) deberá respetar las siguientes clausulas:

1. Recibir asesoría o asistir a clase, una vez por semana, en cada materia en que se inscriba.
2. Asistir el 85% a las asesorías académicas requeridas.
3. Llenar el formato de datos personales.
4. Llevar el control de la asistencia a las asesorías, mediante un carnet.
5. Presentar un informe académico mensualmente, el informe mensual deberá contener:
   A) Datos generales del alumno.
   B) Nombre de la materia.
   C) Título de la unidad.
   D) Objetivo de la unidad.

E) Describir la estrategia de aprendizaje en el trabajo independiente del alumno, la cual está plasmada en el programa de cada materia. Ejemplo: elaboración de cuadros sinópticos, fichas, reportes de lectura, investigación etc. además deberá anexar evidencia de trabajos.

En estas condiciones en las que opera el RAL en la actualidad, no se percibe el uso la implementación de la tecnología, aún impera la cultura del papel, con el uso de formatos impresos, carnet de visitas, fichas, evidencias de trabajos además de la entrega de reportes académico mensuales por parte del estudiante. Además, tampoco es aplicable para los talleres y clases de laboratorio, lo cual hace más de un cuarto de siglo, pudo haber sido justificable ya que no existían los medios de comunicación como en la actualidad, por lo tanto esta idea puede llegar a considerarse, incluso, como obsoleta, ya que, tal como lo señalan Bautista Sánchez, Martínez e Hiracheta (2014, pág. 193), al no usar herramientas tecnológicas en educación "demuestra un grave problema al quedar estancados y obsoletos en los cambios tecnológicos, creando con esto un conflicto entre profesor-estudiante por no contar con los medios tecnológicos competitivos. Dicha situación hace necesaria la evolución en términos tecnológicos.

A su vez, las actividades más importantes en el régimen como lo son, los procesos de registro, los contenidos académicos, la evaluación de la materia y la comunicación con los estudiantes, al realizarse en forma tradicional se disminuye su control. Esto se ha podido verificar en el análisis estadístico básico sobre las preferencias de los estudiantes al elegir cursar una materia en RAL. En el apartado siguiente se explica y se da referencia de los resultados.

Análisis de las preferencias de los estudiantes en la elección de materias en RAL

El presente análisis estadístico sobre las preferencias de los estudiantes al cursar una materia en el régimen de asistencia libre permitió conocer su opinión al respecto, siendo los estudiantes el principal reflejo de las actualizaciones, las modificaciones o el mantenimiento de las situaciones del RAL en términos tradicionales.

El régimen de asistencia libre (RAL) lleva en funcionamiento alrededor de 30 años en la Unidad Académica Multidisciplinaria de Ciencias, Educación y Humanidades. Ésta modalidad de cursar materias con la flexibilidad en la asistencia, durante muchos años, ha sido una opción muy atractiva para aquellos estudiantes que por cuestiones laborales o de gravidez no pueden asistir con regularidad a sus clases programadas. Podemos decir, incluso, que ha sido una opción novedosa, puesto que en ninguna Facultad, Escuela o Unidad Académica de la UAT se cuenta con dicha modalidad.

Para ello, se plantea la necesidad de analizar la opinión en cuanto a las preferencias de los estudiantes acerca de cuatro categorías que se identifican como quehaceres inherentes relacionados con la implementación del sistema RAL como lo son:

a) Los procesos del RAL
b) Los contenidos temáticos
c) El sistema de evaluación
d) La comunicación catedrático-estudiante-coordinador RAL

En toda investigación es necesario plantearse una pregunta, en nuestro caso fue siguiente:

¿Prefieren los estudiantes de la UAMCEH, cursar materias en RAL, si estas se ofrecen, con un eficaz proceso de inscripción y seguimiento, con una actualización de contenidos, con un sistema de evaluación y con una relación catedrático - alumno - coordinador RAL, sustentada en los medios de comunicación modernos?

Esta cuestión es el eje central del análisis de las preferencias que se obtendrá de los estudiantes que cursaron materias en el RAL durante el periodo 2017-1, e ineludiblemente para que esta investigación sea formal se planteó una hipótesis:

Si las materias del RAL se ofrecieran, con actualización de procesos de inscripción y seguimiento, con una actualización de contenidos, con un sistema de evaluación y una definida relación catedrático - estudiantes -coordinador de RAL, más estudiantes preferirán cursar materias en este sistema

---

Asimismo, se plantearon los siguientes objetivos:

Primer objetivo.

Identificar los factores de preferencia en los estudiantes de la UAMCEH, que cursan materias en RAL.

Segundo objetivo.

Analizar las preferencias, partir del comportamiento medio de las variables: Procesos del RAL, Contenidos temáticos, sistema de evaluación y Comunicación catedrático - estudiante - coordinador de RAL.

Tercer objetivo.

Realizar sugerencias de actualización, metodológica para la impartición de las materias en el Régimen de asistencia Libre, fundamentada en las preferencias que los estudiantes de la UAMCEH manifestaron en esta investigación.

Metodología

La metodología es un proceso sistemático que permite lograr los objetivos planteados en el inicio de la investigación, por lo tanto, nos presenta los métodos y las técnicas para realizar la investigación. En otras palabras, la metodología puede considerarse como el instrumento que sirve de enlace al sujeto con el objeto de investigación (Díaz, Escalona, Castro, León y Ramírez, 2015).

Para tal efecto, es fundamental seleccionar una estrategia de investigación que impacte tanto en el diseño de la investigación, como de la muestra, de las técnicas de recopilación de datos y de su análisis estadístico (Choynoswski, 1988). Para el presente análisis, la estrategia de investigación está basada en la sociología empírica, considerando que su objeto de estudio lo constituye un fenómeno socio-educativo, ya que se investigarán las preferencias que consideran los alumnos de la UAMCEH para elegir cursar una materia en RAL.

La estrategia de investigación está basada en la sociología empírica, debido a que hace referencia a la investigación socio-educativa en la cual, se realizó un sondeo acerca de las preferencias que consideran los alumnos de la UAMCEH, para elegir cursar una materia en RAL.

El diseño de esta investigación es con un enfoque cuantitativo, toda vez que este tipo de enfoque "se basa en la objetividad del investigador frente al hecho que se investiga. El investigador es un observador externo a los problemas que analiza…Los datos son hechos conocibles y recuperables en el sentido de que se pueden medir, contar" (Galeano, 2004, pág.14).

Asimismo, se considera una investigación de tipo no experimental, debido a que en este tipo de investigaciones solo se observan situaciones ya existentes sin manipulación de variables ni influencia sobre ellas. En cuanto al diseño, es de tipo transeccional descriptivo, toda vez que estos diseños tienen como objetivo indagar la incidencia de las modalidades de una o más variables en la población y proporcionar su descripción. (Hernández, Fernández y Baptista, 2014).

La técnica seleccionada para la recolección de datos fue la encuesta, la cual es ampliamente utilizada como procedimiento de investigación, ya que permite obtener y elaborar datos de modo rápido y eficaz (Casas, Repullo y Donado, 2003).

Como instrumento se elaboró un cuestionario para determinar, las preferencias en la elección de cursar una materia en el sistema de RAL, el instrumento consta de 40 preguntas en la escala de Likert, para medir las preferencias de los alumnos sobre cursar una materia en RAL, por el método tradicional o por la propuesta basada en las actualizaciones de las categorías identificadas, como: Proceso, Contenidos, Evaluación y Comunicación

Los ítems tienden a facilitar las respuestas de los alumnos, en cuanto a la preferencia. De la misma manera declara las posturas extremas, graduando las intermedias. Así, a medida que la escala gane en sensibilidad, ganará también en precisión.

La distribución de los porcentajes de las categorías del instrumento, están dadas de la siguiente manera.

Para la categoría PROCESO, el 30% del total de los ítems.
Para la categoría CONTENIDO, el 20% del total de los ítems.
Para la categoría EVALUACIÓN, el 20% del total de los ítems
Para la categoría COMUNICACIÓN, el 30% del total de los ítems

La muestra fue de 32 de los 40 estudiantes que cursaron materias en RAL, durante el periodo 2017 - 1, representando éstos el 80% del total.

Resultados

En este apartado se denotan los resultados a los cuestionamientos realizados a estudiantes que cursaron materias en RAL, durante el periodo 2017 – 1.

Primeramente, se da la evaluación de los resultados obtenidos de los ítems de manera individual y agrupada, a partir de su comportamiento en torno a la medida estadística, media aritmética o tendencia media centralizada, del cuestionamiento a los estudiantes, con la finalidad de identificar en promedio las preferencias de los estudiantes encuestados.

Además, se da la interpretación del comportamiento medio de las respuestas obtenidas de los estudiantes en las categorías de análisis, en donde, al analizar mediante el coeficiente Alfa de Cronbach la consistencia interna del instrumento, se obtuvieron los siguientes resultados:

Procesos administrativos del RAL:	0.508
Contenidos temáticos:	0.723
Evaluación de contenidos:	0.671
Comunicación catedrático-estudiante	0.697

Por tanto, siguiendo a Huh, Delorme y Reid (2006) quienes señalan que el valor del coeficiente Alfa de Cronbach debe ser igual o mayor a 0.60 para considerarse confiable podemos decir que el instrumento tiene escalas aceptables, con excepción de la primera categoría, la cual se encuentra un poco debajo de lo señalado por los autores, aunque algunos otros como Ramírez Vélez y Agredo (2012) han considerado que un valor por encima de 0.50 pude llegar a ser considerado solo como débil.

A continuación, se describen las representaciones porcentuales individuales agrupadas de los 40 items de la muestra del 80% de alumnos inscritos en el sistema RAL, donde:

MUY DESF = Muy desfavorable

DESF = Desfavorable

FAV = Favorable

MUY FAV = Muy favorable

Tabla Nº 1.

ÍTEM REPRESENTATIVO. (AGRUPADOS)	MUY DESF	DESF	FAV	MUY FAV
1. ¿Cuándo has solicitado cursar una materia en RAL como te ha parecido el proceso de asignación de materias?	0.00%	9.38%	50.00%	40.62%
2. ¿Cómo consideras la implementación del sistema RAL como medio para cursar una(s) materia(s) solo en la UAMCEH?	0.00%	0.00%	59.37%	40.63%
3. ¿Cómo consideras la conectividad y el acceso a internet de tus equipos de cómputo de tu domicilio, para cursar una(s) materia(s) en línea mediante una plataforma educativa?	0.00%	6.25%	62.50%	31.25%
4. ¿Cuándo has cursado una materia, mediante el sistema RAL como te han parecido las asesorías de los profesores?	0.00%	28.13%	43.75%	28.12%
5. ¿Cómo es la atención a la materia, por parte de los profesores cuando has cursado una materia en el sistema RAL?	0.00%	18.75%	46.87%	34.38%
6. ¿Cómo consideras el tiempo programado por el departamento de RAL, para una materia, cuando la cursas por este sistema?	3.10%	15.63%	53.13%	28.13%
7. Si, se te permitiera cursar más de las materias permitidas en el sistema RAL ¿Te parecería?	6.25%	6.25%	50.00%	37.50%
8. ¿Cómo te parece, recomendar a tus compañeros, cursar alguna materia por sistema RAL?	3.12%	15.63%	37.50%	43.75%
9. ¿Cómo consideras, el incluir los laboratorios, talleres, seminarios, prácticas y servicio social en el sistema RAL?	6.25%	6.25%	34.38%	53.12%
10. ¿Cómo consideras el tiempo, de una asesoría por semana del sistema RAL?	3.12%	21.88%	50.00%	25.00%
12. ¿Cómo defines el desarrollo de las materias, con los tutoriales otorgados en el sistema RAL?	0.00%	0.00%	78.12%	21.88%
13. ¿Cómo consideras los materiales educativos, que te otorgan los catedráticos que te asesoran en el sistema RAL?	0.00%	12.50%	59.38%	28.12%
14. ¿Cómo consideras el proceso de evaluación utilizado por los profesores que te asesoraron una materia en el sistema RAL?	0.00%	25.00%	43.75%	31.25%

15. ¿Cómo crees que fue la calidad de las lecturas, resúmenes, tareas, autoevaluaciones, cuestionarios, glosarios, referencias impresas, entregados o solicitados por los catedráticos que te asesoraron en el sistema RAL?	0.00%	6.25%	59.37%	34.38%
16. ¿Sobre los trabajos que te solicitan los catedráticos para la evaluación de una materia en RAL, como considerarías que estos fuesen totalmente electrónicos?	0.00%	9.37%	46.88%	43.75%
17. ¿Cómo considerarías la comunicación electrónica (email, redes sociales, plataforma educativa) con los catedráticos, para cursar una materia en sistema RAL?	0.00%	15.62%	43.75%	40.63%
18. ¿Te gustaría que los catedráticos que te asesoraron en el sistema RAL, tuviesen página web, con contenido de la materia que imparten?	6.25%	6.25%	37.50%	50.00%
19. ¿En caso de que los profesores que asesoran en RAL, tuviesen página web, como considerarías encontrar en esas páginas materiales, para las asesorías?	0.00%	12.50%	40.62%	46.88%
20. De las plataformas, (Moddle o Black Board) utilizadas por la UAT. ¿Cómo consideras que fuesen utilizadas en el sistema RAL, por los catedráticos?	0.00%	18.75%	50.00%	31.25%
21. ¿Cómo defines la existencia del sistema RAL, solo en la UAMCEH y no en otras facultades?	3.11%	15.63%	40.63%	40.63%
22. ¿Cómo consideras la calidad del conocimiento adquirido mediante el sistema RAL?	0.00%	12.50%	46.88%	40.62%
23. En caso de darse materias en RAL por medios electrónicos (Plataforma educativa), ¿Cómo consideras, el dedicarle como mínimo 4 horas por semana, a cada materia?	3.12%	9.38%	56.25%	31.25%
24. Si se ofertan licenciaturas en línea, aquí en la UAMCEH. ¿Sería?	0.00%	6.25%	25.00%	68.75%
25. ¿Cómo consideras que, si el RAL fuese mediante plataforma educativa, apoyaría en tu economía, al evitar sacar copias y trasladarse a la UAMCEH?	0.00%	3.12%	50.00%	46.88%
26. ¿Consideras que la comunicación electrónica, en una materia cursada en RAL, sería mejor que visitar a los profesores para la firma del formato de asistencia a las asesorías?	0.00%	15.62%	56.25%	28.13%

27. Si las lecturas, resúmenes, tareas, autoevaluaciones, cuestionarios, glosarios, referencias electrónicas y presentaciones, utilizadas en el sistema RAL fuesen totalmente electrónicas ¿Sería?	0.00%	9.37%	46.88%	43.75%
28. ¿Cómo consideras la idea de que las materias en RAL fueran cursadas en las primeras o, las últimas horas del horario asignado?	0.00%	18.75%	56.25%	25.00%
29. Cuándo te han evaluado en RAL. ¿Cómo consideras el proceso de evaluación mediante tareas, investigaciones, exámenes, si estos son realizados en impresiones?	0.00%	21.87%	46.88%	31.25%
30. ¿Qué te parece la idea, de que existiera una "app" que pudiera utilizarse para fines del sistema RAL?	0.00%	18.75%	34.37%	46.88%
31. ¿Cómo consideras la propuesta de que el sistema RAL se otorgara por otras situaciones y no solo por las marcadas en su objetivo de creación, como los son cursar materias por otra situación diferente al trabajo y la gravidez? Ejemplo situación de inseguridad.	0.00%	6.25%	62.50%	31.25%
32. La idea de que el RAL se pudiera impartir en el periodo 02 (verano). ¿Te parecería?	0.00%	6.25%	50.00%	43.75%
33. En caso de cursar materias en RAL, con medios electrónicos y uso de una plataforma educativa. ¿Cómo consideras el tiempo real, que le dedicarías a la materia(s), para realizar las actividades propuestas?	0.00%	6.25%	62.50%	31.25%
34. ¿Consideras que las plataformas son fáciles de utilizar, en el proceso de aprendizaje?	0.00%	9.37%	56.25%	34.38%
35. En caso de no tener equipo de cómputo. ¿Cómo consideras el trasladarte a la UAMCEH para conectarte a la red universitaria para cursar una(s) materia(s) en RAL?	12.50%	28.12%	31.25%	28.13%
36. Al utilizar recursos tecnológicos, en la impartición de materias en RAL. ¿Consideras que sería más fácil para ti acreditarla?	0.00%	9.38%	50.00%	40.62%
37. En caso de utilizar recursos tecnológicos en materias cursadas en RAL. ¿Cómo consideras que sería la relación académica profesor- alumno?	0.00%	3.12%	50.00%	46.88%
38. En la evaluación del docente en el sistema RAL. ¿Cómo supones que sería, mediante una plataforma educativa?	0.00%	0.00%	65.62%	34.38%

39. En relación a la comunicación e interacción con el docente. ¿Cómo te parece el sistema RAL VS RAC?	3.12%	12.50%	43.75%	40.63%
40. ¿Cómo consideras tus equipos de cómputo para cursar una(s) materia(s) en línea mediante una plataforma educativa?	0.00%	12.50%	46.88%	40.62%

Referencias porcentuales de las preferencias de los estudiantes que cursaron RAL en el periodo de 2017-1.

Interpretación del comportamiento medio de las respuestas obtenidas, de los estudiantes de manera individual agrupada por categoría. Identificadas como:

Categoría I Procesos administrativos del RAL

Categoría II Contenidos temáticos

Categoría III Evaluación de contenidos

Categoría IV Comunicación Catedrático – Estudiante

Tabla 2. Indicadores de procesos administrativos del RAL (agrupado)

	Frecuencia	Porcentaje	Porcentaje válido	Porcentaje acumulado
Desfavorable	9	28,1	28,1	28,1
Favorable	23	71,9	71,9	100,0
Total	32	100,0	100,0	

Figura Nº 1

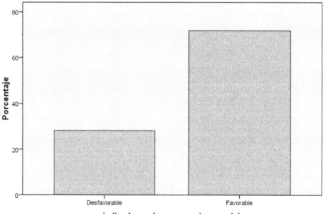

indicadores de proceso (agrupado)

El indicador agrupado de las preferencias de los estudiantes, arroja un sesgo hacia lo favorable en el proceso del régimen.

En ésta categoría se obtuvo una media superior al 2.8 en cada ítem del cuestionario aplicado, si consideramos que el número más alto posible de obtener es de 3, el cual indica una percepción favorable de los estudiantes, podemos determinar que los estudiantes, en todos los ítems de ésta categoría, tienen una percepción favorable a que se realicen teniendo como medio a los recursos tecnológicos.

Tabla N° 3 Indicadores de contenidos temáticos (agrupado).

		Frecuencia	Porcentaje	Porcentaje válido	Porcentaje acumulado
Válidos	Favorable	6	18,8	18,8	18,8
	Muy favorable	26	81,3	81,3	100,0
	Total	32	100,0	100,0	

Figura N° 2

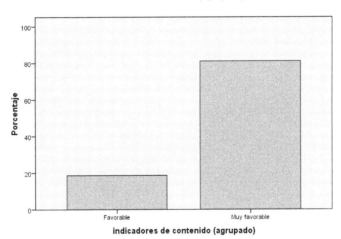

indicadores de contenido (agrupado)

El indicador agrupado de los resultados de las preferencias de los estudiantes marca la tendencia a lo favorable en cuanto a los contenidos temáticos que se ven en las materias cursadas en RAL.

En ésta categoría también se obtuvo una media superior al 2.8 en cada ítem del cuestionario aplicado, si consideramos que el número más alto posible de obtener es de 3, el cual indica una percepción favorable de los estudiantes, podemos determinar que los estudiantes, en todos los ítems de ésta categoría, tienen una percepción favorable a que se impartan los contenidos temáticos utilizando recursos tecnológicos.

Tabla N° 4 Indicadores de evaluación de contenidos (agrupado).

		Frecuencia	Porcentaje	Porcentaje válido	Porcentaje acumulado
Válidos	Desfavorable	1	3,1	3,1	3,1
	Favorable	8	25,0	25,0	28,1
	Muy favorable	23	71,9	71,9	100,0
	Total	32	100,0	100,0	

Figura N° 3

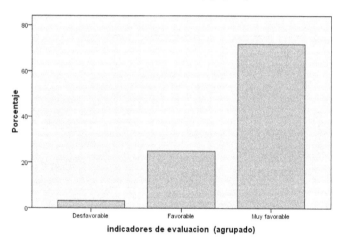

indicadores de evaluacion (agrupado)

Los indicadores medios de las preferencias de los estudiantes en cuanto al indicador evaluación de contenidos presenta un marcado sesgo hacia lo muy favorable.

En ésta categoría también se obtuvieron medias altas, en cuatro de los ítems superiores al 2.9, curiosamente solo uno de los ítems alcanzó una media inferior (2.4) y fue en el que se refiere a trasladarse a la UAMCEH para conectarse a la red universitaria y cursar una materia en RAL, lo cual nos dice que el trasladarse hasta las instalaciones universitarias es una de las opciones que menos agrada a quienes están inscritos bajo el sistema RAL, por lo que la forma de evaluar sus trabajos académicos prefieren sea a través de medios tecnológicos.

Tabla N° 5 Indicadores de comunicación catedrático estudiante (agrupado).

		Frecuencia	Porcentaje	Porcentaje válido	Porcentaje acumulado
Válidos	Favorable	8	25,0	25,0	25,0
	Muy favorable	24	75,0	75,0	100,0
	Total	32	100,0	100,0	

Figura N° 4

indicadores de comunicacion (agrupado)

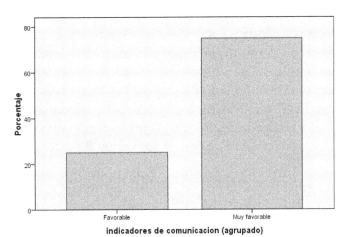

indicadores de comunicacion (agrupado)

Para los estudiantes el indicador agrupado comunicación catedrático estudiante, arroja el 100% hacia lo favorable y muy favorable.

En ésta categoría también se obtuvieron medias superiores al 2.8 en todos los ítems del cuestionario aplicado, si consideramos que el número más alto posible de obtener es de 3, el cual indica una percepción favorable de los estudiantes, podemos determinar que los estudiantes, en todos los ítems de ésta categoría, tienen una percepción favorable en cuanto a la comunicación que pudiera darse con sus catedráticos si las materias se cursaran en línea.

Consideraciones finales

El régimen de asistencia libre (RAL), es un sistema que se está implementado únicamente en la Unidad Académica Multidisciplinaria de Ciencias, Educación y Humanidades, con el objetivo de brindar un servicio académico, a los estudiantes que laboran y a estudiantes en situación de gravidez, que estén interesados en cursar una carrera profesional, para que el estudiante tenga una mayor facilidad para cubrir sus actividades académicas como laborales, la inasistencia de clase no los afectara en sus calificaciones, siempre y cuando el alumno cumpla con los lineamientos establecidos en el reglamento del sistema RAL.

Para realizar la evaluación de las preferencias, se aplicó un cuestionario a los estudiantes que cursan una materia en sistema RAL, que consta de cuarenta ítems, considerando cuatro categorías importantes, las cuales son: Proceso del sistema RAL, Contenidos Temáticos, Evaluación de contenidos y Comunicación Catedrático - Estudiante, para la recopilación de información que fundamenta este análisis, teniendo en cuenta el equilibrio del total de los ítems.

Los resultados que arrojan los análisis de los ítems de manera individual agrupada manifiestan que: los estudiantes están conformes con la estructura actual del RAL, pero prefieren que se implementase actualizaciones en las categorías mencionadas. Se interpretó como resultado, que los alumnos que cursan alguna materia en sistema RAL. Consideran que es de suma importancia la implementación de una plataforma educativa, para poder cursar una materia en línea sin necesidad de asistir a clases presenciales, esto infiere que el estudiante podrá tener participación en las materias otorgadas en RAL, en cualquier día y a cualquier hora, pudiendo accesar en múltiples ocasiones, teniendo en cuenta que la comunicación a distancia es ahora un factor de potencialidad en la educación.

Según los resultados de las preferencias de los estudiantes, se considera a manera de propuesta sugerida, que se implemente el uso de las herramientas tecnológicas con las que cuenta la Universidad Autónoma de Tamaulipas.

En cuanto al contenido los estudiantes prefieren que esto se implemente de manera electrónica, digitalizada, a través del correo electrónico o mediante el uso de alguna plataforma educativa.

Los resultados arrojan que los estudiantes prefieren en cuanto a la evaluación, que esta se dé, a través de plataformas educativas, mediante autoevaluaciones electrónicas cuestionarios, glosarios, referencias electrónicas, lecturas, resúmenes, tareas y presentaciones.

Según las preferencias de los estudiantes la comunicación catedrático estudiante, se sugiere que esta sea mediante herramientas electrónicas, como el correo electrónico, las redes sociales y las plataformas educativas.

Al evaluar las preguntas aplicadas a los estudiantes de la UAMCEH, pero ahora por categoría, se identifica que:

El proceso de asignación de materias en RAL, es adecuado ya que la mayoría de los estudiantes consideran que es un buen medio para cursar alguna materia solo en la UAMCEH, a través de medios electrónicos y así poder dedicarle mínimo cuatro horas por semana, a cada materia cursada, cabe mencionar que los estudiantes ven adecuada la implementación de una licenciatura en línea, ya que la comunicación electrónica es mejor que visitar a los profesores para las asesorías y para la firma del formato de asistencia exigido por el reglamento.

En cuanto al contenido temático de las materias cursadas en RAL, es adecuado, ya que la atención de los catedráticos hacia los estudiantes favorece la interacción y la comunicación, también se presenta en el resultado de las variables que es favorable, que los laboratorios, talleres, seminarios, practicas, y servicio social se incluyan en el sistema RAL. Ya que al existir una gama de aplicaciones para tal efecto es viable esta acepción. Los estudiantes consideran que los profesores deben tener páginas web, para facilitar la obtención de materiales en repositorios, así como para las asesorías.

Los estudiantes inscritos en RAL, consideran que la evaluación del material didáctico, las lecturas, resúmenes, tareas, autoevaluaciones, cuestionarios, glosarios, referencias electrónicas y presentaciones electrónicas solicitadas por los catedráticos, es mejor que fuesen totalmente electrónica ya que les facilitan la entrega de documentos en el horario y fecha establecidos, de igual forma consideran que al utilizar los recursos tecnológicos es más fácil para ellos, la acreditación de alguna materia en este régimen.

La comunicación catedrático estudiante, se manifiesta que es preferible para los estudiantes, si esta es vía electrónica (email, redes sociales, plataforma educativa) de catedrático -estudiante, es buena, pues hoy en día el uso de las tecnologías favorece la comunicación en tiempo real, en cuanto a los contenidos de alguna materia. Teniendo en cuenta la utilización de las plataformas (Moddle o BlackBoard) utilizadas por la UAT, así el estudiante evitaría el trasladarse a la UAMCEH y el sacar copias, dicho esto la mayoría de los estudiantes encuestados consideran que sus equipos de cómputo son adecuados para cursar una(s) materia(s) en línea mediante una plataforma.

Recomendaciones

1) Cursar las materias dadas de alta en el RAL utilizando cualquiera de las plataformas con las que cuenta la UAT, ya sea Blackboard o Moddle. Sin lugar a dudas, el uso del e-learning como modalidad educativa, en el sistema RAL

de la UAMCEH, traería muchas ventajas, no solo para los estudiantes sino también para los mismos docentes, tal como señala Marcelo y Lavie (2000, pág. 537) "la posibilidad de disponer de recursos altamente orientados a la interacción y el intercambio de ideas y materiales entre formador y alumnos, y alumnos entre sí, genera un potencial innovador sin precedentes en la enseñanza a distancia en entornos virtuales". En estos entornos de aprendizaje para los estudiantes, la flexibilidad del tiempo, el uso de los medios y la posibilidad de no truncar su preparación profesional han permitido y permiten configurar escenarios tecnológicos y didácticos emergentes. Algunos estudios, como los de Ramos, Flores, Diniz, Goncalvez, Bautista y De Sousa (2014) demuestran que el e-Learning y sus técnicas mejoran el uso y aprovechamiento de los contenidos incluidos en la enseñanza. Ahora bien, el aprovechamiento de las posibilidades tecnológicas que ofrece el e-Learning únicamente podrá ser si se realiza mediante una concepción constructivista orientada hacia el diseño y desarrollo de "procesos didácticos activos, inductivos (por descubrimiento), cooperativos y significativos (…) que se desarrollen humanamente en ambientes formativos flexibles y versátiles" tal como lo señala Ortega (2003, pág.2).

2) Capacitar a los docentes que impartirán las materias en RAL, en el uso de dichas plataformas, o en su defecto asignarlas únicamente a quienes ya cuenten con ello.

3) No limitar el número de materias que pueden cursarse bajo el RAL. Además, que todos los contenidos, trabajos, actividades y evaluaciones se lleven a través de la plataforma electrónica.

4) Incluir los talleres, seminarios, prácticas y servicio social dentro de las materias que pueden darse de alta en el RAL. Quedando excluidos únicamente los talleres experimentales.

5) Capacitar a los docentes en el diseño y uso de páginas web, para que sea una herramienta más utilizada en las asignaturas, o en su defecto asignar materias en RAL únicamente a quienes ya cuenten con ello.

6) Quitar la exigencia de presentarse al menos una vez por semana de manera presencial con el docente, y en su lugar exigir a los estudiantes cubrir 4 horas de trabajo a la semana en la plataforma donde se impartirá la materia, con lo cual se dejará de llevar un control mediante la firma del carnet actual.

7) En la medida de lo posible, diseñar una "app" que pueda ser utilizada para las actividades del RAL.

8) Que el llenado de formatos deje de hacerse de manera física, y sea totalmente de manera electrónica.

9) Dejar como requisito la presentación de un informe académico mensual sobre las actividades realizadas en el mes, el cual deberá presentarse a la coordinación del RAL.

10) De igual manera, el docente deberá informar sobre todo lo acontecido mensualmente.

Acreditación de Programas Educativos de Licenciatura en México: El Caso de la Universidad Autónoma de Tamaulipas

Noel Ruíz Olivares
María de Jesús Hernández Rangel
Daniel Desiderio Borrego Gómez
Melissa Lizbeth Martínez Hernández

1. Introducción

Existen muchas formas de conceptualizar la evaluación educativa, definirla y entenderla (Bretel, 2002); pues nunca es un hecho aislado y particular, es siempre un proceso que parte de la recolección de información, y se orienta a la emisión de juicios de valor respecto de algún sujeto, objeto o intervención educativa; sin embargo, un proceso evaluativo sería absolutamente limitado y restringido si no estuviera dirigido, explícitamente, a la toma de decisiones en función de la optimización de dichos sujetos, objetos o intervenciones evaluadas. De acuerdo con Lacolutti y Sladogna (S/F), la evaluación es un proceso complejo y de carácter axiológico, que plantea la necesidad de considerar aspectos éticos y técnicos; es fundamentalmente una operación de construcción y de comunicación de un juicio de valor. Siguiendo a los autores antes referenciados, el proceso de evaluación de la educación se compone de diversas etapas, que permiten su comprensión integralmente, desde la óptica de su interacción. Ellas son: la programación, la recolección de evidencias y la interpretación y valoración de las evidencias; a través de ellas se logra analizar e identificar la eficiencia y eficacia del proceso educativo.

A grandes rasgos, la evaluación se entiende como un instrumento por medio del cual se autoanaliza una organización o un programa educativo por medio de procesos y procedimientos, que llevan a cabo actores a través de las funciones sustantivas de la organización en conexión con su entorno. El fin es identificar logros, estados de cosas no deseados o problemáticos de acuerdo con los recursos y medios disponibles, estimular el diseño y puesta en marcha de acciones que corrijan o al menos minimicen problemas detectados; además debe ser un proceso continuo de conocimiento, análisis y corrección.

Se considera como una actividad sistemática y permanente, que deberá aclarar el grado de éxito alcanzado, las modificaciones a realizar en la estructura normativa y las políticas necesarias, para lograr la calidad plena de los procesos y organizaciones Involucradas. En consecuencia, la evaluación y la educación, se constituyen en binomio fundamental para medir el éxito de las instituciones educativas, razón por la cual, el proceso mismo de educación, no debe desvincularse de la evaluación que éste exige. La medición de elementos centrales asociados al aprendizaje del sujeto propiamente, de las instituciones y la eficacia y eficiencia de los procesos involucrados, son aspectos centrales en cualquier institución y país del mundo.

En este sentido, en aras de propiciar la evaluación de la educación y concretar y direccionar propuestas de modernización educativa, México en el año 1979, conformó el Sistema Nacional de Planeación Permanente de la Educación Superior (SINAPPES) y desde el Congreso de los Estados Unidos Mexicanos, decretó la Ley para la Coordinación Nacional de Planeación de Educación Superior (CONPES), cuya organización quedó a cargo de la Secretaría de Educación Pública (SEP) y de la Asociación Nacional de Universidades e Instituciones de Educación Superior (ANUIES). Estas instituciones (en la época de 1988-1994) se dedicarían a evaluar eficiencia, calidad de los servicios y productividad de las instituciones de educación superior, buscando con ello obtener información que permitiera normar el financiamiento del Estado hacia ellas.

El 12 de julio de 1990, en la novena asamblea de la ANUIES en Tampico, Tamaulipas, México, se aprueba la Propuesta de lineamientos para la evaluación de la educación superior, que más tarde se transforma en el documento "Lineamientos generales y estrategias para evaluar la educación superior, enfocados en elevar la calidad de la educación" (Glazman, 2001: 47.).

Son evidentes los esfuerzos desde el gobierno mexicano para propiciar la calidad de la educación. Sin embargo, el Centro Interuniversitario de Desarrollo (CINDA) plantea que "el concepto de calidad en la educación superior no existe como tal, sino como un término de referencia de carácter comparativo en el cual algo puede ser mejor o peor que otro, dentro de un conjunto de elementos homologables, o en comparación con cierto patrón de referencia-real o utópico- previamente determinado" (González & Espinoza, 2008: 252-253).

Según plantean González y Espinoza (2008), la calidad en educación es un concepto relativo, para quien usa el término y las circunstancias en las cuales lo invoca; afirmando los autores que el relativismo tiene otra perspectiva, al ser la calidad de naturaleza similar a la verdad y la belleza; constituye un ideal difícil de comprometer...llegando a concluir que la calidad es, además, un término que conlleva los valores del usuario, siendo así altamente subjetivo.

Esta afirmación conduce a la revisión y análisis de diversas concepciones sobre la calidad, orientadas a su precisión como término subjetivo en el ámbito de las organizaciones, específicamente las educativas. Desde una concepción genérica, las normas ISO (International Organización for Standardization), definen la calidad como el grado en que un conjunto de características inherentes cumple con unos requisitos, mientras que otros autores precisan elementos asociados con la excelencia, cumplimento de estándares, cero defectos, aptitud para el logro de misiones, valor agregado, transformaciones y cambios cualitativos, reducción de varianza con la exigencia de evaluaciones (Deming) entre otros aspectos asociados con la construcción social, en el sentido que deben ser considerados elementos propios de la organización y del contexto en el cual se encuentra inmersa (Días Sobrino, 2006).

2. Procesos de acreditación universitarios en México

La evaluación de la educación, es un proceso fundamental que puede ser asumido desde múltiples aristas. En el caso de Instituciones de Educación Superior (IES), la calidad de la educación y de las instituciones va de la mano con los procesos de acreditación a los caules estas se someten. Estos exigen, entre otros elementos, tanto la autoevaluación, como la evaluación de pares de aspectos centrales que van desde la consideración del contexto institucional, pasando por la evaluación de proyecto académicos, los recursos institucionales y la infraestructura propia del recinto universitario.

El sometimiento a estos procesos de acreditación por parte de las IES, exige el cumplimiento de un conjunto de requisitos mínimos que certifiquen que las instituciones cuentan con las condiciones requeridas para realizar sus funciones académicas peculiares: investigación, docencia y extensión (González y Espinoza, 2006), en síntesis, estos procesos conllevan al aseguramiento de la calidad, en procesos clave de su gestión.

Existen modelos diversos que permiten la medición de la calidad educativa de instituciones universitarias de una manera integral y objetiva. Algunos se concentran en evaluar aspectos vinculados con el contexto institucional (inserción institucional, organización, gobierno, gestión, políticas y programas de bienestar), los proyectos académicos (plan de estudio, procesos de enseñanza aprendizaje, investigación y desarrollo de tecnologías, extensión, vinculación y cooperación), los recursos o talento humano, (Docentes, estudiantes, graduandos, personal de apoyo), infaestructura (infraestructura física, sistema de bibliotecas, laboratorios e instalaciones especiales) (González y Espinoza, 2006).

2.1. Organismos internacionales que promueven la acreditación en México

El desarrollo social y económico de un país se debe, entre otras cosas al desempeño adecuado de sus profesionales. Esto implica brindar condiciones óptimas para que el ejercicio de las profesiones se desarrolle con criterios de calidad, lo que implica tener Instituciones de Educación Superior (IES) en buenas condiciones y con procesos de evaluación claramente establecidos con fines de acreditación para que revisen la pertinencia y eficacia de sus Programas Educativos (PE).

En este contexto, se vuelve necesario contar con organismos que gocen de credibilidad y confiabilidad para evaluar y acreditar los programas educativos (PE) de las IES.

De las propuestas internacionales se encuentran: a) Modelo de los Cuatro Niveles de Kirkpatrick, b) Modelo Sistémico de VannSlyke, c) Modelo de cinco niveles de Evaluación de Marshall and Shriver, d) Modelo de Evaluación de García Aretio, e) Guía de Autoevaluación CALED, f) Modelo V cada uno de ellos analiza diversos criterios como son; Docentes, Materiales didácticos, Estudiantes y Requerimientos Tecnológicos además modelos de aseguramiento de la calidad como el g) Modelo Experimental de Acreditación de Carreras del MERCOSUR (MEXA), h) Modelo de CINDA, i) Modelo Total Quality Management (TQM), y j) Modelo Europeo de Gestión de la Calidad (EFQM), los propósitos que usualmente persiguen los sistemas de aseguramiento de la calidad son tres, control de calidad, garantía de calidad y mejoramiento permanente, además de que tienen impacto en la gestión institucional, los recursos humanos, los aprendizajes institucionales, en la movilidad de profesores y estudiantes.

2.2. Organismos de acreditación de IES en México

La dinámica propició que en México se desarrollaran organismos de acreditación con el objetivo de normar y acreditar los PE que las IES ofrecen. La Subsecretaría de Educación Superior, adscrita a la Secretaría de Educación Pública (SEP) a través del Consejo para la Acreditación de la Educación Superior A.C. (COPAES) es la instancia encargada de regular los organismos que se dedican a esta actividad.

En este sentido, es el COPAES la única instancia acreditada para conferir reconocimiento formal a favor de las organizaciones cuyo fin sea acreditar PE de educación superior, profesional asociado y técnico superior universitario, previa valoración de sus capacidades técnicas, operativas y estructurales (COPAES, 2012). Esto significa que todas las organizaciones acreditadoras oficiales que existen en México deben contar con el reconocimiento y el aval de este organismo acreditador. Como dato histórico del COPAES, la SEP confirió esta autorización el 8 de noviembre del año 2000. Sin embargo, en sus inicios estuvo auspiciado por los CIEES, siendo en el año 2010 cuando la Asamblea General del COPAES (integrada por varias organizaciones) decidió separarlos con el objetivo de crear un Sistema Nacional de Evaluación, Acreditación y Certificación de la Educación Superior.

Entre las funciones principales del COPAES resaltan: (COPAES, 2012).

- Garantizar que las organizaciones que acreditan programas de educación superior, cumplan con mecanismos que aseguren rigor académico e imparcialidad, el profesionalismo de los evaluadores, la pertinencia de los procedimientos, la imparcialidad de la evaluación y, en general, todo lo que propicie su actuación de acuerdo con los principios éticos correspondientes.
- Fungir como órgano de consulta de la SEP, en materia de acreditación de la educación superior.
- Realizar investigación relacionada con su objeto: La calidad de la educación superior.
- Informar a la sociedad a cerca de los organismos reconocidos formalmente por el COPAES y sus actividades, así como de los programas de educación superior acreditados en el país.
- Interactuar con organismos análogos internacionales

Es evidente que las funciones del COPAES se dirigen hacia la vigilancia de las buenas prácticas de los organismos acreditadores en México; pero también hacia el cumplimiento de niveles de exigencia académica que permitan alcanzar estándares de calidad en los PE e informar a la sociedad sobre los resultados alcanzados.

En función de lo anterior y considerando la importancia del COPAES en el proceso de acreditación de los PE en las IES, la Subsecretaría de Educación Superior, asume que "un programa es reconocido por su buena calidad, cuando ha sido acreditado por algún organismo reconocido por el COPAES, o evaluado favorablemente en el Nivel 1, por los Comités Interinstitucionales para la Evaluación de la Educación Superior (CIEES)" (Subsecretaría de Educación Pública); estas últimas instancias de evaluación utilizadas por las IES para conocer el nivel en el que se encuentran sus PE, encaminando acciones, de acuerdo al status en el que se encuentren, para en un ejercicio posterior lograr la acreditación aspirada. El grado en que los CIEES mide la calidad de los programas se divide en 3 Niveles, siendo el Nivel 1 el máximo para después pasar a la acreditación.

Ahora bien, el COPAES, ha designado instancias u organismos encargados de respaldar y vigilar las IES. Estos organismos se identificaron y se organizan por áreas, estableciendo su objetivo principal y el fin para el que han sido constituidos. Resaltan en este sentido: áreas de salud (programas en optometría, farmacia, nutrición, enfermería, educación médica, odontología), sociales y educativas (programas en ciencias sociales y humanidades), ciencias naturales (biología, agronomía, veterinaria y zootecnia), ingeniería (arquitectura y espacios hábitales), administrativa (contaduría y administración, economía) informática (informática y computación), derecho (derecho), Artes, comunicación, ciencias químicas y turismo.

Se compila en cuadros (Cuadros 1 - 7) la información más resaltante al respecto de estos organismos para luego precisar los PE que han sido considerados sujetos de evaluación por parte de estas instancias.

Cuadro N° 1.- Organismos acreditadores en México, Área: Salud

Organismos acreditadores	Objetivos
Consejo Nacional para la Enseñanza e Investigación en Psicología, A.C. (CNEIP)	Orientar la enseñanza e investigación de la psicología a la solución de los problemas sociales que plantea la realidad nacional; contribuir en el campo de la Psicología, a la implementación de las políticas y normas contempladas en la Ley Federal de Educación de la República Mexicana; Impulsar la enseñanza, investigación, difusión y el ejercicio profesional de la psicología científica en las instituciones de enseñanza y/o de investigación de la República Mexicana; otorgar la acreditación a los programas educativos que satisfagan los estándares de calidad en la formación de los profesionales de la psicología, en los niveles de licenciatura y posgrado.
Consejo Mexicano para la Acreditación en Optometría, A. C. (COMACEO) (2010)	Contribuir a elevar la calidad académica de las instituciones educativas que imparten la carrera de Optometría a nivel superior en México. Al igual que los demás organismos acreditadores, el COMACEO puede evaluar PE en universidades públicas o privadas del país en el área que le compete.
Consejo Mexicano para la Acreditación de la Educación Farmacéutica, A. C. (COMAEF)	Evaluar y acreditar los PE del área farmacéutica de los niveles educativos que imparten las instituciones de educación superior, públicas y privadas en México. Así como los programas académicos de educación continua del área farmacéutica que sean impartidos en instituciones educativas, industrias, asociaciones profesionales o cualquier otra instancia de educación continua (Portal del COMAEF).
Consejo Nacional para la Calidad de los Programas Educativos en Nutriología, A. C. (CONCAPREN)	Acreditar los PE a nivel licenciatura en instituciones públicas o privadas, sustentado en un marco ético y humanístico. Los objetivos del CONCAPREN van desde el establecimiento de estándares de calidad, de metodologías para el proceso de acreditación, la difusión de los estándares, garantizar la calidad y el mejoramiento continuo de los programas, hasta otorga el registro de acreditación y brindar las recomendaciones a las IES que ofertan programas de nutriología.
Consejo Mexicano de Acreditación y Certificación de la Enfermería, A. C. (COMACE)	Acreditar y reacreditar los programas de enfermería, de nivel licenciatura, técnico superior universitario o profesional asociado, que son impartidos en universidades públicas o privadas; incorporados a las universidades o a la SEP que cumplan con normas de calidad, con el propósito de incrementar la calidad en la enseñanza de la enfermería (Portal del COMACE).

Consejo Mexicano para la Acreditación de la Educación Médica, A.C. (COMAEM)	Acreditar los programas de estudios de Medicina en todas sus modalidades y emitir un dictamen de acuerdo al proceso que para tal efecto establece. Aplicar un programa para dictaminar la buena calidad del proceso educativo que desarrolla una institución de Educación Superior para la formación de médicos en sus distintas modalidades.
Consejo Nacional de Educación Odontológica, A.C. (CONAEDO)	Contribuir al mejoramiento de la calidad de la educación odontológica en México, de igual forma, se orienta a la finalidad que se concreta, por un lado, a través de la acreditación de programas académicos impartidos por las escuelas y facultades de odontología. Considera en su marco de referencia a la acreditación de un programa académico como un reconocimiento público de su calidad, una garantía pública de que dicho programa cumple con los estándares requeridos para el desarrollo conveniente de las tareas y compromisos encomendados por la sociedad a las instituciones de educación superior.

Fuente: Elaboración propia, a partir de información contenida en CNEIP

Cuadro N° 2.- Organismos acreditadores en México, Área: Sociales y Educativa

Organismos acreditadores	Objetivos
La Asociación para la Acreditación y Certificación de Ciencias Sociales, A. C. (ACCECISO)	Llevar a cabo procesos de evaluación y de acreditación de los programas educativos en las siguientes disciplinas: Ciencia Política, Sociología, Trabajo Social, Relaciones Internacionales, Antropología, Administración Pública, Comunicación, Geografía, Ciencias de la Información Documental y Bibliotecología".
El Comité para la Evaluación de Programas de Pedagogía y Educación, A.C. (CEPPE)	Evaluar y acreditar los PE de pedagogía y educación en México en el nivel de licenciatura en instituciones públicas y privadas. En su misión se plantea la promoción de la calidad y la mejora continua de los PE en las áreas mencionadas anteriormente y otras afines con el objetivo de crear una cultura de la calidad y mejora continua en las IES.
El Consejo para la Acreditación de Programas Educativos en Humanidades, A.C. (COAPEHUM)	Sensibilizar a cada uno de sus miembros para que el ejercicio de sus funciones de evaluación de programas académicos con fines de acreditación, sean realizadas con apego a la honestidad, legitimidad y moralidad, y quede establecida la garantía de que su trabajo será siempre responsable, serio, objetivo e imparcial, y estará orientado a buscar, en beneficio de la educación superior, la mejora de sus programas, la calidad de la enseñanza y de la formación de los egresados". De acuerdo con lo anterior, los valores que plantea el consejo son parte esencial del ejercicio profesional de sus miembros en la relación que establecen con las IES y los programas educativos.

Fuente: Elaboración propia a partir de información contenida en el Portal de ACCECISO, Portal del COAPEHUM

Cuadro N° 3.- Organismos acreditadores en México, Área: Ciencias Naturales

Organismos acreditadores	Objetivos
La Asociación Nacional de Profesionales del Mar, A.C. (ANPROMAR)	Llevar a cabo los procesos de acreditación de PE de la educación superior del área Marítima-Pesquera, Acuícola y de las Ciencias del Mar, así como la formación de evaluadores en dicha área y la emisión de dictámenes finales de acreditación". El objetivo sintetiza de manera clara el quehacer de la asociación en sus áreas de conocimiento.
El Comité para la Acreditación de la Licenciatura en Biología, A. C. (CACEB)	El CACEB es el organismo encargado de llevar a cabo los procesos de acreditación de programas educativos de licenciatura en el área de biología, además de formar evaluadores en esta área, así como la emisión de dictámenes finales de acreditación, tal como se establece en al objetivo de la organización.
El Comité Mexicano de Acreditación de la Educación Agronómica, A. C. (COMEAA)	Atender esta encomienda. Su área de influencia va desde los estudiantes, profesores, instituciones de educación superior, empleadores y los productores de México y hacer vínculos con organismos nacionales e internacionales. El COMEAA compartiendo la visión de calidad que establece el COPAES, está al pendiente de la evaluación continua en las áreas que le competen, dando las acreditaciones y reacreditaciones a los PE que así lo merezcan.
El Consejo Nacional de Educación de la Medicina Veterinaria y Zootecnia, A.C. (CONEVET)	Implementar los procesos que permitan la mejora continua en la Medicina Veterinaria y Zootecnia a través de la Acreditación de planes de estudio de Instituciones de Educación Superior y la Certificación de los profesionales en las distintas áreas de especialización

Fuente: Elaboración propia a partir de Portal de la ANPROMAR, (Portal del CONEVET)

Cuadro N° 4.- Organismos acreditadores en México, Área: Ingeniería

Organismos acreditadores	Objetivos
Acreditadora Nacional de Programas de Arquitectura y Disciplinas del Espacio Habitable, A.C. (ANPADEH)	Este organismo surgió como el Consejo Mexicano de Acreditación de la Enseñanza de la Arquitectura, A.C. (COMAEA). Actualmente la ANPADEH es el organismo encargado de evaluar los programas de arquitectura a nivel licenciatura y busca entre otras cuestiones "la superación de la enseñanza de la arquitectura, mediante la difusión de los beneficios de la acreditación basada en criterios básicos de calidad, sin dejar de reconocer la diversidad de enfoques en la formación del profesional de la arquitectura" (Cabe señalar que el vínculo que tiene la ANPADEH con las instituciones del nivel medio superior es sólo difundir los beneficios que tienen las acreditaciones en el nivel superior, pues las acreditaciones las llevan a cabo en este último nivel.
El Consejo de Acreditación de la Enseñanza de la Ingeniería, A.C. (CACEI)	El CACEI es el organismo que se encarga de acreditar los programas relacionados con las ingenierías y sus áreas afines a nivel superior de grado

Fuente: Elaboración propia a partir del Portal de la ANPADEH.

Cuadro N° 5.- Organismos acreditadores en México, Área: Administrativa

Organismos acreditadores	Objetivos
El Consejo de Acreditación de la Enseñanza en la Contaduría y Administración, A.C. (CACECA)	Es el único organismo en materia de acreditación de programas de contaduría, administración y afines en el país. La evaluación engloba 3 esferas del quehacer universitario, estos son los alumnos, los docentes y la administración académica. En la actualidad CACECA ha acreditado a más de 600 programas educativos, que es equivalente al 49% a nivel nacional de la matrícula de programas en las áreas contables y administrativas. La plantilla de evaluadores supera los 600 miembros, quienes tienen una amplia trayectoria como profesores e investigadores en estas áreas. Es importante mencionar que gracias al arduo trabajo de CACECA y consientes de la influencia de la globalización en el ámbito educativo, ha expandido sus actividades y actualmente tiene presencia en instituciones educativas de Latinoamérica en enfoques de evaluación y de formación docente en: Guatemala, Perú, Bolivia, Chile, Cuba, Ecuador, El Salvador, Nicaragua, Colombia, Argentina, Puerto Rico y Paraguay (Portal del CACECA).
El Consejo Nacional para la Acreditación de la Ciencia Económica, A. C. (CONACE)	El CONACE es una asociación civil creada en el Colegio Nacional de Economistas en México D. F. por iniciativa de catedráticos reconocidos en el área, de diferentes partes del país, que conjuraron el fin principal del consejo: "la acreditación de programas de economía que fortalezcan el nivel académico de los mismos y que contribuyan al mejoramiento de la calidad en los sistemas de educación media superior y superior respecto de la ciencia económica" (Portal del CONACE). Además de lo anterior, el CONACE busca promover la evaluación y acreditación de programas académicos que contribuyan a la búsqueda permanente de la calidad y de conseguir los más altos estándares de calidad educativa.

Fuente: Elaboración propia.

Cuadro N° 5.- Organismos acreditadores en México, Área: Informática

Organismos acreditadores	Objetivos
Consejo Mexicano para la Acreditación de Programas de Diseño A.C. (COMAPROD)	Es el organismo con reconocimiento por el COPAES para acreditar programas de diseño a nivel de licenciatura en México y con reconocimiento internacional.
Consejo Nacional de la Acreditación en Informática y Computación, A.C. (CONAIC)	El CONAIC es el organismo encargado de acreditar los programas educativos de informática y computación a nivel de licenciatura. Este organismo se encuentra comprometido con la calidad educativa de los PE y busca estándares nacionales e internacionales de calidad.

Fuente: Elaboración propia

Cuadro N° 6.- Organismos acreditadores en México, Área: Derecho

Organismos acreditadores	Objetivos
Consejo para la Acreditación de la Enseñanza del Derecho A.C. (CONAED)	Para acreditar los PE en el área de derecho se encuentra el CONAED, el cual fue "creado como un organismo promotor de la superación de la calidad de la enseñanza jurídica y a través de la acreditación habrá de establecer criterios básicos de calidad con el fin de verificar que los esquemas sean acordes con los avances de la ciencia y las técnicas jurídicas, así como con los requerimientos sociales de un ejercicio profesional responsable y ética"
El Consejo Nacional para la Acreditación de la Educación Superior en Derecho, A. C. (CONFEDE)	Un organismo más para la acreditación de programas educativos de derecho es el CONFEDE. Este organismo al otorgar las acreditaciones busca que los programas de derecho cumplan con los objetivos, características, etapas, metodologías, categorías, factores, criterios, indicadores, parámetros y estándares de calidad establecidos por el CONFEDE, así como mantener el cumplimiento de los mismos a través de la reacreditación continua (Portal del CONFEDE)

Fuente: Elaboración propia a partir del Portal del CENAED.

Cuadro N° 7.- Organismos acreditadores en México, Área: Únicos

Organismos acreditadores	Objetivos
El Consejo para la Acreditación de la Educación Superior de las Artes, A.C. (CAESA)	Como su título lo indica, el CAESA es el organismo encargado de evaluar y acreditar los programas educativos a nivel licenciatura y técnico superior universitario de las distintas disciplinas de las áreas artísticas. En la misión de CAESA se establece la contribución para asegurar la calidad y permanente mejora de los programas educativos en cualquiera de las disciplinas artísticas que ofrecen las instituciones de educación superior públicas y privadas de México. Lo anterior por medio de la evaluación y acreditación, además de llevar a cabo otras acciones que resulten en beneficio de la formación artística y el papel de las artes en la sociedad del conocimiento
El Consejo Mexicano para la Acreditación de la Enseñanza de la Cultura de la Actividad Física, A. C. (COMACAF)	El COMACAF es el organismo encargado de acreditar y reacreditar PE de nivel técnico superior y licenciatura en el área de la Cultura de la Actividad Física en México, esto ha sido planteado como objetivo social del mismo organismo. Sin embargo, en su misión no descartan la actividad internacional en relación de acreditaciones.
Consejo para la Acreditación de la Comunicación, A. C. (CONAC).	El propósito esencial del CONAC es brindar certidumbre a los estudiantes, las familias y a los empleadores en el sentido de que quienes se encuentren estudiando en un programa acreditado por este consejo tendrán las condiciones de calidad suficientes ofrecidas por la IES en que se oferta el programa y con eso lograr la calidad educativa.
El Consejo Nacional de la Enseñanza y del Ejercicio Profesional de las Ciencias Químicas A.C. (CONAECQ)	Los objetivos del CONAECQ no son distintos a los demás organismos de acreditación, pues buscan la calidad educativa a través de las acreditaciones a los programas de educación superior, sólo que se ocupa de los programas de las ciencias químicas o áreas afines a éstas. Un aspecto más que busca este organismo es garantizar a la sociedad la calidad de los programas educativos que han sido acreditados en las diferentes instituciones de educación superior del país.
Consejo Nacional para la calidad de la Educación Turística A. C. (CONAET)	La acreditación de los programas turísticos de las IES en México adquiere relevancia por las condiciones, destinos y geografía del país, bajo esta misma línea se creó el CONAET, que es el organismo encargado de evaluar y acreditar los programas de educación turística y afines en el nivel superior. Además, el CONAET tiene como objetivos, capacitar a los profesores encargados de impartir cátedra en los programas educativos de la enseñanza turística, pero también de divulgas el conocimiento referente al área

Fuente: Elaboración propia a partir del Portal del CAESA

Estatus de calidad de programas educativos de licenciatura en la Universidad Autónoma de Tamaulipas al 2017.

Cuadro N° 8
Evaluación CIEES

Dependencia de Educación Superior (DES)	Programas Educativos	Evaluación CIEES Nivel de calidad
Unidad Académica Multidisciplinaria Reynosa Aztlán	Licenciado en Criminología	Nivel 1
Unidad Académica Multidisciplinaria Reynosa Aztlán	Lic. en Nutrición y Ciencia de los Alimentos	Nivel 1
Unidad Académica Multidisciplinaria Reynosa Rodhe	Ingeniero Ambiental y en Seguridad	Nivel 1
Unidad Académica Multidisciplinaria Reynosa Rodhe	Ingeniero en Electrónica	Nivel 1
Unidad Académica Multidisciplinaria Reynosa Rodhe	Ingeniero Petrolero	Nivel 1
Unidad Académica Multidisciplinaria Río Bravo	Ingeniero en Mantenimiento Industrial	Nivel 1
Unidad Académica Multidisciplinaria Matamoros UAT	Lic. en Seguridad, Salud y Medio Ambiente	Nivel 1
Facultad de Ingeniería y Ciencias	Ingeniero Agrónomo	Nivel 1
Facultad de Ingeniería y Ciencias	Ingeniero en Ciencias Ambientales	Nivel 1
Facultad de Ingeniería y Ciencias	Ingeniero en Telemática	Nivel 1
Fac. de Medicina Veterinaria y Zootecnia	Médico Veterinario Zootecnista	Nivel 1
Unidad Académica Multidisciplinaria de Ciencias, Educación y Humanidades	Licenciado en Sociología	Nivel 1
Unidad Académica Multidisciplinaria de Ciencias, Educación y Humanidades	Licenciatura en Lingüística Aplicada	Nivel 1
Unidad Académica de Trabajo Social y Ciencias para el Desarrollo Humano	Licenciado en Trabajo Social	Nivel 1

Fuente: Elaboración propia, a partir de información contenida en el informe rectoral UAT 2017

Cuadro N° 9
Evaluación CIEES

Dependencia de Educación Superior (DES)	Programas Educativos	Evaluación CIEES Nivel de calidad
Unidad Académica de Trabajo Social y Ciencias para el Desarrollo Humano	Contador Público	Nivel 1
Unidad Académica Multidisciplinaria Mante Centro	Ingeniero Agrónomo	Nivel 1
Unidad Académica Multidisciplinaria Mante Centro	Ingeniero Bioquímico Industrial	Nivel 1
Unidad Académica Multidisciplinaria Mante Centro	Ingeniero en Sistemas Computacionales	Nivel 1
Unidad Académica Multidisciplinaria Mante Centro	Licenciado En Enfermería	Nivel 1
Facultad de Derecho y Ciencias Sociales	Licenciado en Ciencias de la Comunicación	Nivel 1
Facultad de Derecho y Ciencias Sociales	Licenciado en Derecho	Nivel 1
Facultad de Derecho y Ciencias Sociales	Licenciado en Psicología	Nivel 1
Unidad Académica Multidisciplinaria Mante Centro	Ingeniero en Sistemas Computacionales	Nivel 1
Unidad Académica Multidisciplinaria Mante Centro	Licenciado En Enfermería	Nivel 1
Facultad de Derecho y Ciencias Sociales	Licenciado en Ciencias de la Comunicación	Nivel 1
Facultad de Derecho y Ciencias Sociales	Licenciado en Derecho	Nivel 1
Facultad de Derecho y Ciencias Sociales	Licenciado en Psicología	Nivel 1

Fuente: Elaboración propia, a partir de información contenida en el informe rectoral UAT 2017

Cuadro N° 10
Programas Acreditados por Organismos
reconocidos por el COPAES

Dependencia de Educación Superior (DES)	Programas Educativos	Organismo
Facultad de Comercio, Administración y Ciencias Sociales	Contador Público	CACECA
Facultad de Comercio, Administración y Ciencias Sociales	Licenciado en Administración	CACECA
Facultad de Comercio, Administración y Ciencias Sociales	Licenciado en Comercio Exterior	CACECA
Facultad de Enfermería Nuevo Laredo	Licenciado en Enfermería	COMACE
Unidad Académica Multidisciplinaria Reynosa Aztlán	Ingeniero Industrial	CACEI
Unidad Académica Multidisciplinaria Reynosa Aztlán	Ingeniero Químico	CACEI
Unidad Académica Multidisciplinaria Reynosa Aztlán	Químico Farmacéutico Biólogo	COMAEF
Unidad Académica Multidisciplinaria Reynosa Rodhe	Ingeniero en Sistemas Computacionales	CONAIC
Unidad Académica Multidisciplinaria Reynosa Rodhe	Licenciado en Comercialización	CACECA
Unidad Académica Multidisciplinaria Matamoros UAT	Licenciado en Enfermería	COMACE
Unidad Académica Multidisciplinaria Matamoros UAT	Licenciado en Psicología	CNEIP
Facultad de Enfermería Victoria	Licenciado en Enfermería	COMACE

Fuente: Elaboración propia, a partir de información
contenida en el informe rectoral UAT 2017

Cuadro N° 11
Programas Acreditados por Organismos
reconocidos por el COPAES

Dependencia de Educación Superior (DES)	Programas Educativos	Organismo
Facultad de Medicina Veterinaria y Zootecnia	Médico Veterinario Zootecnista	CONEVET
Facultad de Comercio y Administración Victoria	Contador Público	CACECA
Facultad de Comercio y Administración Victoria	Licenciado en Administración	CACECA
Unidad Académica de Derecho y Ciencias Sociales	Licenciado en Derecho	CONFEDE
Unidad Académica de Derecho y Ciencias Sociales	Licenciado en Ciencias de la Comunicación	CONAC
Unidad Académica de Derecho y Ciencias Sociales	Licenciado en Turismo	CONAET
Unidad Académica de Derecho y Ciencias Sociales	Lic. en Negocios Internacionales	CACECA
Facultad de Arquitectura Diseño y Urbanismo	Arquitecto	ANPADEH
Facultad de Arquitectura Diseño y Urbanismo	Licenciado en Diseño Gráfico	COMAPROD
Facultad de Comercio y Administración Tampico	Contador Público	CACECA
Facultad de Comercio y Administración Tampico	Licenciado en Administración	CACECA
Facultad de Comercio y Administración Tampico	Licenciado en Negocios Internacionales	CACECA
Facultad de Enfermería Tampico	Licenciado en Enfermería**	COMACE

Fuente: Elaboración propia, a partir de información contenida en el informe rectoral UAT 2017

Cuadro N° 12
Programas Acreditados por Organismos
reconocidos por el COPAES

Dependencia de Educación Superior (DES)	Programas Educativos	Organismo
Facultad de Ingeniería "Arturo Narro Siller"	Ingeniero Civil	CACEI
Facultad de Ingeniería "Arturo Narro Siller"	Ingeniero en Sistemas Computacionales	CACEI
Facultad de Derecho y Ciencias Sociales	Licenciado en Psicología	CNEIP
Fac. de Medicina "Dr. Alberto Romo Caballero"	Médico Cirujano	COMAEM
Facultad de Odontología	Médico Cirujano Dentista	CONAEDO

Fuente: Elaboración propia, a partir de información
contenida en el informe rectoral UAT 2017

Programas Educativos Acreditados Internacionalmente de la Universidad Autónoma De Tamaulipas.

Cuadro N° 13
Organismo Acreditador Red Internacional de Evaluadores (RIEV)

Dependencia de Educación Superior (DES)	Programas Educativos
Facultad de Comercio, Administración y Ciencias Sociales	Contador Público
Facultad de Enfermería Nuevo Laredo	Licenciado en Enfermería
UAM Reynosa Aztlán	Ingeniero Industrial
UAM Reynosa Aztlán	Ingeniero Químico
UAM Reynosa Rodhe	Ingeniero en Electrónica
Unidad Académica Multidisciplinaria Reynosa Rodhe	Ing. en Sistemas Computacionales
Facultad de Medicina e Ingeniería en Sistemas Computacionales de Matamoros	Médico Cirujano
Unidad Académica Multidisciplinaria Matamoros UAT	Licenciado en Enfermería
Facultad de Enfermería Victoria	Licenciado en Enfermería
Unidad Académica de Trabajo Social y Ciencias para el Desarrollo Humano	Licenciado en Psicología
Unidad Académica de Trabajo Social y Ciencias para el Desarrollo Humano	Licenciado en Trabajo Social
Facultad de Comercio y Administración Victoria	Contador Público
Facultad de Arquitectura Diseño y Urbanismo	Arquitecto
Facultad de Comercio y Administración Tampico	Contador Público
Facultad de Enfermería Tampico	Licenciado en Enfermería
Facultad de Ingeniería "Arturo Narro Siller"	Ingeniero Civil
Fac. de Medicina "Dr. Alberto Romo Caballero"	Médico Cirujano
Facultad de Odontología	Médico Cirujano Dentista

Fuente: Elaboración propia, a partir de información contenida en el informe rectoral UAT 2017

Reflexiones sobre las acreditaciones de la Educación a Distancia en México

El problema que surge cuando se implementan los mecanismos de aseguramiento de la calidad en la educación a distancia de México como en otros países es la falta de una normativa para operar, que permita la evaluación, existen modelos, propuestas y experiencias de evaluación, nacionales e internacionales que sirven de marco de referencia para proporcionar orientaciones, lineamientos y políticas que permiten dar respuesta a las interrogantes ¿Qué evaluar?, ¿Quién evalúa?, ¿Cuándo evaluar? y ¿Cómo evaluar?. A nivel nacional en México, son tres los organismos que abordan aspectos sobre las evaluaciones de programas educativos a distancia, sin embargo, es necesario continuar afinando procedimientos para esta modalidad. A continuación, se describe cada uno de ellos:

a) Los Comités Interinstitucionales para la Evaluación de la Educación Superior (CIEES), cuentan con la Metodología General 2010 para la Evaluación de Programas de Educación Superior a Distancia.

b) El Sistema Nacional de Educación a Distancia (SINED) presenta su Marco de referencia, para la evaluación de programas de licenciatura, y

c) El Consejo Nacional de Ciencia y Tecnología (CONACYT) cuenta con el marco de referencia para la evaluación y seguimiento de programas de posgrado en las modalidades a distancia y mixta.

Diferentes problemáticas se pueden presentar cuando se quiere evaluar para incrementar la calidad de la educación a distancia, desde el desconocimiento de las metodologías u organismos que existen para poder evaluar un programa educativo, y con ellos caer en el error de solo establecer un juicio personal sin haber aplicado alguna metodología de investigación o desarrollado indicadores que sirvan de referentes para realizar una comparación.

Para evaluar un programa educativo en línea, se puede utilizar el Marco de referencia del Sistema Nacional de Educación a Distancia (SINED) de México como organismo nacional y el Modelo V como organismo acreditador Internacional ya que en este modelo como lo menciona González (2010), toma como partida que los procesos educativos son complejos, por la diversidad de estructuras, formas de organización y de recursos, que varían de acuerdo al sistema educativo al que pertenecen y que son producto de su historia y de su contexto particular, creemos que los diferentes conceptos clave que incorpora se adecuan a toda organización como: Organización Universitaria, funciones sustantivas y adjetivas, calidad, ejes de calidad, modalidades de evaluación, referentes, niveles estructurales, variables, indicadores, paradigmas de calidad, las preguntas orientadoras, los criterios categóricos, además del análisis preliminar, análisis sectorial y síntesis parcial, análisis integral y síntesis confrontativa y los tipos de problemática, es por ello que el Modelo V puede ser aplicado a cualquier institución y cualquier contexto.

Por otra parte la *educación a distancia* en las empresas e instituciones de educación superior se ha ido incrementando exponencialmente debido a la necesidad de especializarse y acortar las distancia en entre los profesores y estudiantes, la modalidad que en la actualidad tiene mayor desarrollo y aceptación es la que se conoce como educación en línea o virtual y es por ello que se deben crear mecanismos de evaluación para garantizar la calidad en el proceso de enseñanza y aprendizaje, así también garantizar no solamente los procesos administrativos o de tecnología sino que a su vez se debe garantizar la calidad de los contenidos, materiales y diseño instruccional. Es de suma importancia que las Universidades de América Latina y el Caribe trabajen en conjunto con los organismos de acreditación y evaluación de programas a distancia para poder consolidar un marco de referencia común que permita la adecuación de los criterios de acreditación de los programas presenciales a los programas de formación a distancia y que a través de todos los modelos, metodologías y marcos de referencia se pueda realizar un análisis para establecer indicadores comunes y se pueda contar con un marco de referencia más completo sobre la evaluación y acreditación de programas a distancia o modalidades mixtas. Partiendo de lo anterior y analizando el modelo "V" donde las principales características es que es integrativo y que puede aplicarse a diferentes programas educativos, relacionando la planeación y la evaluación como un proceso continuo. Esa planeación, evaluación y acción, como referencia para la evaluación de los programas de educación a distancia, utilizando los diferentes referentes se puede definir lo que se debe realizar. Utilizando los diferentes referentes del modelo V, con el contextual se debe analizar todo el proceso retrospectivo como se ha desarrollado, los alcances, beneficios en los programas de este tipo. Con respecto al referente normativo se debe analizar quien tiene un poco normada esta educación, pero además proponer un marco normativo que rija la educación a distancia de un país o de América Latina, al menos los conceptos básicos de este tipo de educación que tengan la misma intencionalidad, que se cumpla con las características metodológicas, que se cumpla con las funciones sustantivas, también se debe tener claro hasta donde se pretende llegar con la educación a distancia. Con respecto a las estructuras que maneja el modelo "V" para la evaluación de los programas educativos, González (2010) plantea que todas las estructuras son complejas, las formas de organización, los recursos varían dependiendo del sistema de educación. Analizando la caracterización del modelo en sus conceptos clave definimos que cubren en un alto porcentaje todo lo sustantivo para evaluar un programa de educación a distancia solo que se tendría que modificar algunos conceptos que no aplican, dentro de las funciones sustantivas y agregar otros que no se consideran, que son de suma importancia para el buen funcionamiento de la educación a distancia, como toda la parte de las tecnologías, los diseños instruccionales entre otras.

Los organismos acreditadores, independientemente del área de conocimiento que atienden, buscan generar una cultura de la evaluación para elevar la calidad de los programas educativos que acreditan. Las IES adquieren mayor reconocimiento social cuando someten a acreditaciones a sus programas educativos.

Herramientas Digitales, Instrumentos Innovadores y Facilitadores en el Proceso de Enseñanza de Cátedra De Paz

Sandra Milena Yagama Espitia
Rocío Tatiana Sierra Castro

INTRODUCCIÓN

Por décadas Colombia ha estado sometida al conflicto, años de injusticia y opresión para el pueblo colombiano, historia que debe ser transformada y que no se debe repetir, es por esto, que uno de los mejores escenarios para fomentar la cultura de paz, son las escuelas, lo que ha generado la necesidad de crear espacios de paz y reconciliación, e ir cambiando la tradicionalidad de aplicar solo la teoría dentro de las aulas de clase. El Ministerio de Educación Nacional en conjunto con el Gobierno Nacional se encuentran fortaleciendo la estructura curricular, para incluir estrategias que promuevan la construcción de paz desde las Instituciones Educativas, es por esto, que la Cátedra de paz es una de las estrategias que el Gobierno Nacional de Colombia estableció para aplicar en las Instituciones Educativas y así aportar a la construcción de una Colombia en paz, debido a esta estrategia planteada por parte del Gobierno, surge la necesidad de investigar acerca de las herramientas digitales existentes y su importancia como apoyo a las temáticas y secuencias propuestas por el Gobierno Nacional para la implementación de la Cátedra de paz en las instituciones educativas, por consiguiente, se pretende recopilar las mejores herramientas digitales, que permitan desarrollar los temas establecidos en la Cátedra de paz de forma innovadora e interactiva, sin embargo, para la incorporación de las nuevas tecnologías de la información y la comunicación (NTIC), al sistema educativo Colombiano, corresponde, revisar que al hacer uso de las herramientas digitales propuestas en este trabajo, se debe tener claro los objetivos pedagógicos, para así tener mayor efectividad en los resultados y lograr cambios positivos en la forma tradicional de la enseñanza, como ha señalado Elena Carrion (Citado en Marcelo, 2001). "La simple incorporación de las nuevas tecnologías en las escuelas, no garantiza la efectividad de los resultados alcanzados, (…) las nuevas tecnologías deberían incorporar un cambio en la forma de organizar la enseñanza y el aprendizaje, para lograr un uso eficaz en el contexto educativo…". (P.2). El desarrollo de estas capacidades permite: adquirir la competencia para manejar información y la alfabetización digital. Estos avances supondrían un replanteamiento de la orientación y la metodología en la cotidianidad de las Instituciones Educativas.

CULTURA DE PAZ DESDE LAS INSTITUCIONES EDUCATIVAS

Las Naciones Unidas definen la Cultura de Paz, "como un conjunto de valores, actitudes, comportamientos y estilos de vida que rechazan la violencia y previenen los conflictos atacando a sus raíces a través del diálogo y la negociación entre los individuos, los grupos y los estados".

Uno de los mejores escenarios para promover la Cultura de paz es desde las Instituciones Educativas, obteniendo espacios de tolerancia, democracia y de asertividad a la hora de resolver conflictos, para de esta manera, participar en el desarrollo de una sociedad más justa que aporte a la construcción de verdaderos escenarios de paz, como lo refiere el portal Organismo Internacional (2017):

> "La UNESCO sigue fomentando la elaboración de estrategias nacionales de enseñanza formal y no formal que sirvan para consolidar la paz y sensibilizar a la opinión pública sobre la necesidad de adoptar nuevas mentalidades y normas de conducta en aras de la paz. Dentro de la Organización, la División de los Derechos Humanos, la Democracia y la Paz secundan los esfuerzos de los Estados Miembros en ese terreno, ayudándoles a elaborar y aplicar programas nacionales de enseñanza de los

derechos humanos. En estrecha colaboración con el Comité Consultivo sobre la Educación para la Paz, los Derechos Humanos, la Democracia, el Entendimiento Internacional y la Tolerancia, la Organización fomenta la incorporación de innovaciones a los programas y contenidos educativos, así como la mejora de los métodos didácticos." (p.1).

La búsqueda de nuevos modelos pedagógicos que transforme los tradicionales, ha generado la exploración de estrategias que permitan la construcción de paz, para reconstruir la sociedad desde las Instituciones Educativas. El ex-presidente de la República de Colombia, Juan Manuel Santos firmó la Ley Cátedra de paz 1732 de 2014 que reglamenta el decreto 1038, el cual implementa la Cátedra de Paz en todas las instituciones educativas del país, en los niveles de preescolar, básica y media, tanto de carácter oficial como privado, la cual, debe estar incluida en los currículos y planes educativos institucionales.

PLAN NACIONAL DE TECNOLOGÍAS DE LA INFORMACIÓN Y LAS COMUNICACIONES EN COLOMBIA

Todos los colombianos conectados, todos los colombianos informados, visión del plan Nacional de las Tecnologías de la Información y la Comunicación, en el que se planea que para el año 2019 Colombia estará dentro de los tres primeros países de Latinoamérica en los indicadores internacionales de uso y apropiación de las Tecnologías de la Información y la Comunicación (TIC). En lo que respecta a educación el plan Nacional de TIC, establece hacerle seguimiento a la infraestructura para conectar a los estudiantes de los colegios, con el fin de alcanzar la meta del decenio de cinco alumnos y alumnas por computador. Ministerio de Comunicaciones, (2018).

Mencionados planes han permitido que las instituciones educativas cuenten con mayor número de computadoras y sean dotadas y capacitadas en el uso de las TIC, cambios que permitirá que docentes y alumnos cuenten con mayores herramientas tecnológicas para acceder al conocimiento, de este modo, se evidencia que los valiosos aportes por parte del Gobierno Nacional permitirán hacer uso de las mismas y darle mayor provecho como apoyo en la implementación de la Cátedra de paz.

La incorporación de estas tecnologías se ha venido realizando dentro de las instituciones, así como lo contempla el Plan Nacional de Tecnologías de la Información y la Comunicación, (2008):

> *"El país, bajo el liderazgo del Ministerio de Educación Nacional -MEN-, ha trabajado en la utilización de TIC en la educación. Con el fin de incorporar estas tecnologías en los procesos pedagógicos como un eje estratégico para mejorar la calidad y asegurar el desarrollo de las competencias básicas, profesionales y laborales el MEN formuló en el año 2002 el Programa de Uso de Medios y Nuevas tecnologías para instituciones de educación básica, media y superior."*

> *Incorporación que significa un gran avance en el tema de inclusión y que ha permitido mayor accesibilidad a la información, contando así con herramientas útiles dentro de los procesos educativos que facilitarán en gran medida el uso de las diferentes herramientas que en este trabajo se presentan como alternativa de uso para dinamizar el proceso de enseñanza - aprendizaje de la Cátedra de paz.*

PROGRAMA COMPUTADORES PARA EDUCAR

Computadores para educar busca contribuir a que docentes y/o directivos docentes mejoren sus prácticas de enseñanza a través del desarrollo de competencias que contribuya en la transformación de prácticas de enseñanza a través del desarrollo de competencias tecnológicas, pedagógicas, comunicativas, investigativas y de gestión, que repercuten en los aprendizajes de los estudiantes, fortaleciendo el uso pedagógico de los contenidos educativos digitales y las plataformas propuestas por el Ministerio de Educación Nacional. (Página web computadores para aprender).

Programa que ha realizado grandes aportes en la educación desde que inició su aplicación, actualmente son muchas las Instituciones educativas que han recibido Tabletas y computadores, como lo refiere el gobierno Nacional, mediante la página Web computadores para Educar (2018):

> *"Durante los últimos 8 años, Computadores para Educar ha entregado 2,2 millones de equipos (entre computadores y tabletas) a 43.000 sedes educativas de toda Colombia, lo que ha permitido acortar la brecha digital entre estudiantes colombianos: de 24 alumnos utilizando un mismo equipo en el 2010, hoy ese mismo equipo es usado por apenas cuatro estudiantes.*
>
> *Además, 160.000 docentes -la mitad de los que tiene el país- se han beneficiado con las capacitaciones que realiza Computadores para Educar en el uso y apropiación de las TIC en sus aulas de clase. Gracias a esta estrategia, se ha evitado la deserción escolar de cerca de 162.000 niños y otros 136.000 no repitieron año."*

Además de la cantidad de computadores y tabletas que el Gobierno en los últimos años ha aportado se ha puesto en la tarea de brindar capacitación a docentes en el uso de estos equipos, lo que genera mayor accesibilidad y uso de dichas herramientas dentro de las aulas de clase.

DIPLOMADO RURALTIC

Los Ministerios de Tecnologías de la Información y las Telecomunicaciones y de Educación Nacional, a través de Computadores para Educar, en su empeño por reducir la brecha digital en las comunidades educativas, lanzaron el Diplomado RuralTIC, un espacio de formación en el uso pedagógico de la tecnología para los docentes que desempeñan su labor en territorios de reconciliación de todo el país. (Computadores para Educar, 2018).

Esta oportunidad permite a zonas, en especial a aquellas que han sufrido las consecuencias del conflicto gozar de los múltiples beneficios de la incorporación de las nuevas tecnologías como apoyo al los procesos educativos respecto a la cátedra de la paz, estos aportes que realiza el Gobierno Nacional, realmente son significativos en el proceso de educación para la paz, ya que dichas comunidades han sido por décadas las zonas más vulnerables, por ende la inclusión de las TIC facilitarán la construcción de paz, desde las instituciones educativas, como es afirmado por el sitio web Computadores para Educar, (2018):

> *"Este espacio está basado en la Cátedra de la Paz, iniciativa nacida en el marco del Proceso de Paz con las Farc para generar ambientes más pacíficos desde las aulas, y su objetivo es promover la implementación de actividades orientadas hacia la educación para la paz a través del uso de tecnologías y metodologías innovadoras en las clases".*

De esta manera, los docentes fortalecerán las estrategias de enseñanza y potencializarán sus capacidades en el uso de las TIC y así lograr resultados efectivos en la implementación de la cátedra de paz.

¿IMPORTANCIA DE LAS HERRAMIENTAS DIGITALES EN LA IMPLEMENTACIÓN DE LA CÁTEDRA DE PAZ?

Las herramientas digitales han abierto un nuevo camino a todo el mundo y han impactado profundamente la forma de ver el mismo, los programas informáticos que se usan a diario y la gran cantidad de recursos en línea a disposición, constituyen soportes indispensables del método de trabajo que se debe conocer y dominar, ya que de su aprovechamiento puede depender buena parte de la calidad de nuestro trabajo. En nuestros días, quien domina estas herramientas puede contar con una enorme cantidad de fuentes, contribuyendo al proceso de aprendizaje en texto, gráfico, oral, visual y multimedia.

La aplicación de la tecnología dentro del aula de clase, es un factor que requiere de planificación, conocimientos y competencias en el manejo de herramientas digitales, de modo que se logre un aprendizaje de la Cátedra de paz de forma innovadora y motivante para los estudiantes. Vásquez, (2015) afirma: "Existe una premisa fundamental de la aplicación de las herramientas digitales en la educación, es que no se puede invertir en tecnología para seguir haciendo lo mismo en el salón de clase." (P.2) En el proceso de transformación de la educación es muy importante destacar y tener en presente: ¿cuáles son esos valores agregados que las herramientas digitales aportan para la mejora del rendimiento académico?

Pues bien, las herramientas digitales en la educación permiten a los estudiantes interactuar y comunicarse, para así, socializar e intercambiar experiencias de aprendizaje con los compañeros de aula.

Boss y Krauss (2010) afirman, "Existen muy buenas razones para hacer las "cosas visibles" usando herramientas digitales: mostrar en lugar de contar, conceptualizar mediante "mapas mentales", ver las cosas o muy grandes o muy pequeñas o de manera rápida o muy lenta para el ojo humano; examinar la historia mediante artefactos digitales, expresar ideas por medio de fotografía y multimedia; además de conceptualizar, por medio de representaciones gráficas, modelado, animación digital y arte Digital. Una imagen vale más que mil palabras y visibilizar pensamientos e ideas para compartirlos, es el primer paso para que la conversación fluya, herramientas que ayudan a mostrar en lugar de decir.

CLASIFICACIÓN DE HERRAMIENTAS DIGITALES

Existe gran cantidad de software como herramientas digitales, las cuales se clasifican según las necesidades que tenga el usuario y que principalmente son de gran utilidad para los docentes, debido a las ventajas que presentan. Según Tototzin (SF)" Cada estudiante debe comenzar a construir sus propios conocimientos, dándole las herramientas correctas y una buena enseñanza ellos podrán estar preparados y así cuando crezcan ya tendrán las bases para poder salir adelante al conocer las herramientas digitales les será más fácil la comprensión y con el tiempo ir aprendiendo más con un grado de dificultad mayor" (P. 5). A continuación, se presenta una tabla, en esta se proponen herramientas digitales que pueden ser usadas por docentes y estudiantes, se muestra la clasificación y se presenta ejemplos y aspectos que aportan dichas herramientas a la implementación de la cátedra de la paz, dentro de las aulas de clase.

Tabla 1 *Propuesta de herramientas digitales que pueden
ser usadas en la implementación de la Cátedra de Paz.*

Tipo de Herramienta	Características	Ejemplos	Aportación de la herramienta digital al estudiante en el aprendizaje de la Cátedra de Paz.
CMS (Content Management System)	Seguridad Facilidad de uso Rendimiento Interoperabilidad Flexibilidad	-Blogs -Foros -Wikis -Wordpress -Blogger -Pb Works -Wikia.	□ Colaboración □ Participación activa. □ Capacidad de síntesis. □ Creatividad □ Motivación □ Integración
Redes Sociales	-Vínculos y conectividad -Interacción -Personalización -Tiempo real -Inteligencia colectiva	-Facebook -Twitter -Instagram -Yahoo! -Google	□ Interactividad □ Comunicación continua □ Mejora habilidades sociales □ Integración
Lector de RSS	-Sencillo de utilizer. -No requiere ninguna instalación de software en su servidor. -Actualización inmediata -Fuentes de alta disponibilidad.	-Google Reader -RSS Reader -BlogLines -Feed Reader	□ Integración □ Investigación □ Motivación
Marcadores sociales	-Permite compartir los enlaces marcados con otros usuarios interesados que se pueden enlazar con ellos a través de etiquetas o categorías. -Se puede conocer los favoritos de otras personas y usarlos como fuentes de información alternativa a los buscadores. -Al estar almacenados en un servicio que está en Internet nos permite acceder a ellos desde cualquier lugar del planeta	-Digg -Delicious -MisFavoritos -Redcreo	□ Compartir □ Interactuar □ Integración

Edición Multimedia	-Las presentaciones multimedia pueden verse en un escenario, proyectarse, transmitirse, o reproducirse localmente en un dispositivo por medio de un reproductor multimedia. -Una transmisión puede ser una presentación multimedia en vivo o grabada. -Las transmisiones pueden usar tecnología tanto analógica como digital.	-Movie maker -Picassa -Photoshop online -Soundation -Audacity -NeoBook	□ Interactuar □ Compartir □ Integración
Publicar 2.0	-Permite subir contenido digital, como presentaciones o archivos de tema libre a cada usuario.	-Goear -Google docs -Slide share	□ Compartir □ Indagar □ Integración
FTP Gratuitos	-Lo emplean usuarios más avanzados para transferir y compartir ficheros teniendo absoluto control sobre el proceso, permisos de acceso, etc.	-FTP Commander Free -File zilla	□ Compartir □ Interactuar
Acortadores de URL	-Proporcionan información que puede ser útil para llevar a cabo planes de marketing, como por ejemplo la cantidad de veces que se le ha hecho clic y se ha compartido ese enlace, entre otros datos relevantes. -Cuando la navegación se realiza desde un dispositivo móvil, la posibilidad de tener un URL más corto evita incomodidades por el reducido espacio.	-Bit.ly -Ow.ly	□ Interactuar
Disco Virtual	-Crear copias de seguridad (backup) de sus archivos y recuperar los datos en caso de perder los archivos originales. -Compartir archivos en forma individual, grupal o en redes. -Puede publicar los documentos en su página Web. -No necesita darle acceso directo a otras personas a su PC para que puedan acceder a los archivos que desea compartir.	-RapidShare -Megaupload	□ Compartir □ Interactuar □ Integración

Streaming	La capacidad de almacenamiento del streaming se calcula a partir del ancho de banda y la longitud del contenido multimedia. El cliente de streaming puede interactuar con el servidor de streaming utilizando un protocolo de control como MMS o RTSP	-Ustream -Livestream	□ Interactuar □ Conocer

Nota. *Información recuperada de Vásquez (2015).*
Herramientas Digitales en la Educación.

La información de la tabla se elaboró con la intención de dar a conocer los tipos de herramientas que pueden ser usadas por docentes y estudiantes en el aula de clase; estas herramientas pueden ser implementadas en las instituciones educativas de carácter oficial y privadas para facilitar los procesos de enseñanza - aprendizaje de las temáticas establecidas por el Gobierno Nacional para la implementación de la Cátedra de paz.

Actualmente en Colombia, el Gobierno a través del Ministerio de Tecnologías de la Información y la Comunicación, promueve capacitaciones a docentes en cuanto al manejo de las Tecnologías de la Información y la Comunicación a docentes, en especial a docentes de zonas rurales, capacitaciones que permiten que los docentes adquieran mayores habilidades para el uso de las herramientas digitales.

Asimismo, gracias al uso continuo y eficaz de las TIC en los procesos educativos, los estudiantes tienen la oportunidad de adquirir capacidades y habilidades para el uso de estas herramientas en el fortalecimiento de su aprendizaje.

La implementación de los diversos proyectos por parte del Gobierno Nacional, como: Computadores para aprender, Vive Digital y Rural TIC, han transformado los procesos de enseñanza - aprendizaje, logrando además que en la actualidad que las instituciones educativas sean dotadas de herramientas tecnológicas, contribuyendo a que las TIC se hayan transversalizado en las instituciones educativas, y que además sean usadas en jornadas contrarias a las educativas, bajo un modelo de "aula abierta".

¿CÓMO SON APLICADAS A LA EDUCACIÓN?

Los docentes deben tener conocimiento de cómo pueden aplicar el sin número de herramientas digitales que se encuentran a disposición, para así lograr que los procesos de enseñanza sean innovadores. Vazquez (2015) afirma que "las nuevas tecnologías en herramientas digitales pueden emplearse en el sistema educativo de tres maneras distintas:

> "Como objeto de aprendizaje: permite que cada uno de los alumnos familiaricen con el ordenador y adquieran las competencias necesarias para hacer del mismo un instrumento útil a lo largo de los estudios, en el mundo el trabajo o en la formación continua cuando sean adultos.

> Como medio para aprender: cuando es una herramienta al servicio de la formación a distancia, no presencial y del autoaprendizaje o son ejercicios de repetición, cursos en línea a través de internet, de videoconferencias, CDroms, programas de simulación o de ejercicios.

> Como apoyo al aprendizaje: Las tecnologías se hayan pedagógicamente integradas en el proceso de aprendizaje, tienen su sitio en el aula, responden a unas necesidades de formación más proactivas y son empleadas de forma cotidiana. La integración pedagógica de las tecnologías difiere de la formación en las tecnologías y se enmarca en una perspectiva de formación continua y de evolución personal y profesional como un saber aprender". (P. 12).

Dentro del contexto de la educación colombiana, el Gobierno Nacional a través del Ministerio TIC, el Ministerio de Comunicaciones y el Ministerio de Educación Nacional, promueven diferentes programas enfocados en la capacitación y dotación de herramientas tecnológicas a un gran porcentaje de las instituciones de educación del país, en especial a aquellas comunidades que han sido víctimas del conflicto. La integración de estas tecnologías, en las comunidades rurales permitirán reducir la brecha digital, como lo manifestó Fernando Bedoya, Director de Computadores para Educar *"Contribuir con formación en zonas de posconflicto es dar un paso adelante para compartir con esos colombianos que estaban aislados de los avances de la tecnología"*. Sitio web Computadores para Educar (2018).

Por consiguiente, los esfuerzos que los ya mencionados Ministerios vienen realizando con el objetivo de mejorar la calidad de educación y promover una cultura de paz, con la inclusion de las tecnologías supone un camino más abierto para la transformación de las practices pedagógicas, facilita la capacitación docente y permite que el acceso a las TIC, cada vez sea más amplio, abriendo las oportunidades de innovación en los procesos educativos, con el uso de las herramientas digitales que en este trabajo se presentan para la implementación de la Cátedra de paz en Instituciones educativas.

METODOLOGÍA

Este trabajo se está desarrollando con estudiantes de 5°, de la Institución Educativa Gustavo Rojas Pinilla, sede "Club de Leones", de la ciudad de Tunja, utilizando la metodología de investigación básica también denominada investigación pura, teórica o dogmática. Expuesta por Alba Lucía Marín Villada (2008), "Ya que la investigación parte de un marco teórico y permanece en él; la finalidad radica en formular nuevas teorías o modificar las existentes, en incrementar los conocimientos científicos o filosóficos, pero sin contrastarlos con ningún aspecto práctico" (P. 1).

El procedimiento de análisis de esta investigación se divide en 3 fases:

Fase 1: Análisis, búsqueda y selección de herramientas digitales.

Fase 2: Presentación de herramientas digitales recopiladas.

El enfoque que sustentará el material es el enfoque significativo ya que este permite establecer una relación de conocimientos previos.

Fase 3: Aplicar estas herramientas en la Institución Educativa Gustavo Rojas Pinilla de la Ciudad de Tunja, en los grados 5° 01 y 5° 02|.

RESULTADOS

En la Institución Educativa Gustavo Rojas Pinilla sede "Club de Leones" de la ciudad de Tunja se aplicó unas encuestas a los grados 5° 01 y 5° 02, con el fin de conocer los conocimientos de los estudiantes acerca de la cátedra de paz, las herramientas tecnológicas con las que cuentan.

ANÁLISIS DE LAS RESPUESTAS DE LOS ESTUDIANTES ENCUESTADOS GRADO 5° 01

A continuación, se presenta el análisis de las respuestas de los estudiantes del grado 5° 01, de la Institución Educativa Gustavo Rojas Pinilla de la ciudad de Tunja.

¿Se dan a conocer los temas relacionados con la Cátedra de la Paz, en este colegio?

Nunca	Algunas veces	Casi siempre	Siempre
0	11	6	5

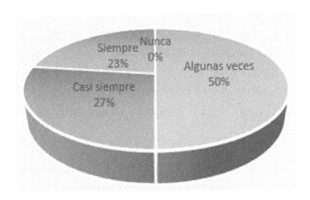

En el gráfico se aprecian los porcentajes de los resultados de las respuestas que los encuestados poseen opinión, acerca de si conocen los temas de la cátedra de paz mediante el colegio. El hecho de que el 50% de los encuestados algunas veces ha escuchado acerca de los temas de la cátedra de paz es un indicio de que en alguna de las asignaturas los docentes han impartido dichos temas.

A que recurso de las Tecnologías de la información y la comunicación (TIC) tienes acceso como uso personal:

Celular	Tablet	Computador	Televisor	Internet	Ninguno de los anteriores
16	11	10	14	14	4

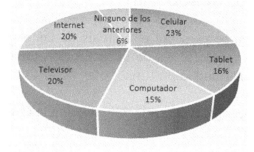

Los resultados de las respuestas de los encuestados permiten evidenciar que recursos como el televisor y el internet, son recursos a los que tienen más acceso los estudiantes, cada uno representado con el 20%, seguidos del celular con el 23%, el computador 15% y las Tablet con el 16%, el 6% restante de los estudiante no cuenta con ninguno de los recursos TIC mencionados, esto indica que la mayoría de los estudiantes cuenta y está relacionado con recursos TIC que le pueden servir para el desarrollo sus actividades escolares.

Consideras que es importante que en el colegio se enseñe a los estudiantes ¿cómo relacionarse de forma amigable con los demás y poder solucionar los conflictos que se presenten?

Nunca	Algunas veces	Casi siempre	Siempre
	3	3	16

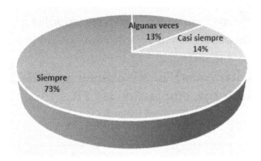

Según la opinión de los encuestados el 73% de los estudiantes, que representa un porcentaje alto, cree que es importante que en el colegio se enseñe a ser amigables y poder solucionar conflictos, junto al 14 % quienes opinan que casi siempre se deben enseñar y el 13% están de acuerdo en que algunas veces se enseñe, de esta manera, se infiere que el 27 % de los encuestados manifiestan que periódicamente se debe enseñar estos temas.

Si en el colegio se realizará un proyecto orientado a mejorar el clima escolar, relacionado con la cátedra de la paz, empleando las TIC para tal fin estarías dispuesto a participar de este.

Si	No
21	1

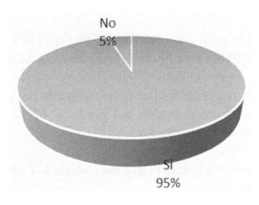

El 95% de los estudiantes, un porcentaje significativo, participaría de proyectos orientados a mejorar el clima escolar relacionado con la cátedra de la paz, empleando las TIC, tal parece que, al hacer uso de estos recursos, esto se convierte en un factor que impulsa a los estudiantes a participar de este proyecto y un 5% afirma que no participaría.

¿Crees que resultará más llamativo poder aprender algunos temas de la cátedra de la paz, empleando las TIC?

Si	No
22	0

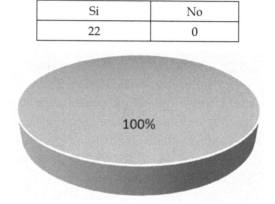

En la gráfica se aprecia que la totalidad de los estudiantes está en total acuerdo en que la inclusión de las TIC, en los procesos de enseñanza - aprendizaje de algunos de los temas de la cátedra de paz, resultaría más llamativo, a lo que se evidencia que los recursos de las TIC, son herramientas que permiten que los estudiantes se motiven y tengan mayor disposición para trabajar en clase.

ANÁLISIS DE LAS RESPUESTAS DE LOS ESTUDIANTES ENCUESTADOS - GRADO 5° 02

A continuación, se presente el análisis realizado para las respuestas de los estudiantes encuestados del grado 5° 02 de la Institución Educativa Gustavo Rojas Pinilla.

¿Se dan a conocer los temas relacionados con la Cátedra de la Paz, en este colegio?

Nunca	Algunas veces	Casi siempre	Siempre
8	8	7	0

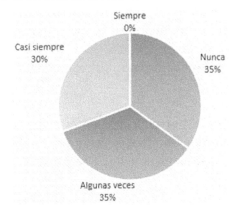

El 35% de los estudiantes refieren que algunas veces les han dado a conocer los temas de la cátedra de paz, el 35% opina que nunca, el 30% opina que casi siempre y un 0% siempre, lo que permite evidenciar que un 65% de los estudiantes que equivale a un poco más de la mitad de los estudiantes alguna vez ha conocido los temas relacionados con la cátedra de la paz en el colegio.

A qué recurso TIC tienes acceso como uso personal:

Celular	Tablet	Computador	TV	Internet	Ninguno
13	1	6	10	11	2

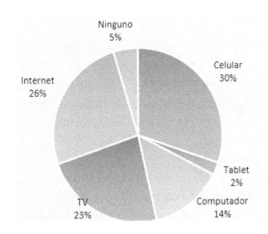

En este caso se generalizaron los recursos con los que cuentan los estudiantes, se observa que hay estudiantes que cuentan con todos los recursos que se nombraron y también un 5% de los estudiantes no cuentan con ninguno de los recursos tecnológicos nombrados, el 30% tienen celular y el 23% televisor, muy pocos cuentan con computador, tan solo el 14%, con internet cuenta el 26% y con Tablet el 2%.

Consideras que es importante que en el colegio se enseñe a los estudiantes ¿cómo relacionarse de forma amigable con los demás y poder solucionar los conflictos que se presenten?

Nunca	Algunas veces	Casi siempre	Siempre
0	3	1	19

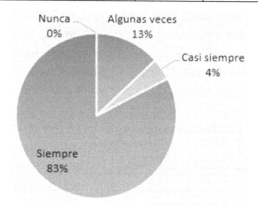

El 83% de los estudiantes piensa que es bueno que el colegio se enseñe como relacionarse con los demás compañeros, el 13% considera que algunas veces, el 4% de los estudiantes opina que casi siempre y el 0% nunca, lo que permite considerar que el 100% está de acuerdo en que se enseñe este tema, unos con menor y mayor frecuencia.

Si en el colegio se realizara un proyecto orientado a mejorar el clima escolar, relacionado con la cátedra de la paz, empleando las TIC para tal fin estarías dispuesto a participar de este.

Si	No
20	3

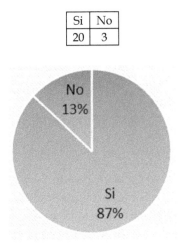

La mayoría de los estudiantes estarían interesados en participar en un proyecto sobre la catedra de la paz empleando las Tecnologías de la Información y la Comunicación, sería una buena estrategia para mejorar el clima en el salón de clase, aunque habría que pensar en alternativas para que el 13% que respondió que no estén interesado en participar en el proyecto.

¿Crees que resultará más llamativo poder aprender algunos temas de la cátedra de la paz, empleando las TIC?

Si	No
18	5

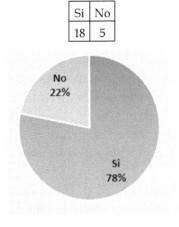

La gran mayoría de los estudiantes que representa el 78%, están de acuerdo en aprender acerca de la Cátedra de paz por medio de las

Tecnologías de la Información y la comunicación, para ellos puede ser algo innovador. El 22% opinan que no sería llamativo. Porcentajes que indican que las TIC para la mayoría de los estudiantes se convierte en una herramienta llamativa para incorporar dentro de su proceso de aprendizaje.

CONCLUSIONES

De la información recopilada se puede concluir que el uso de las herramientas digitales para la implementación de la Cátedra de Paz, permite lograr que la diversión que genera el uso de las herramientas digitales, en los estudiantes, se convierta a la vez en una experiencia de aprendizaje, fortaleciendo los conocimientos de los temas de la cátedra de Paz, con el fin de romper con los esquemas de educación tradicional, de manera que el docente obtenga mayor facilidad de dominio del tema, a fin de lograr clases dinámicas que promuevan la participación de los estudiantes.

Las encuestas realizadas en la Institución Educativa Gustavo Rojas Pinilla, sede "Club de Leones", muestran que la integración de las TIC, representan en un alto porcentaje de interés e importancia para desarrollar la cátedra de la paz, asimismo se evidenció que en promedio la mitad de los estudiantes ha conocido los temas de la cátedra de paz en el colegio y el 100% de los estudiantes de grado 5° 01 está en total acuerdo en que sería llamativo trabajar la cátedra de paz con inclusión de las TIC, frente a un 78% de los estudiantes de grado 5° 02, quienes opinan lo mismo. Respecto a dichos resultados se afirma que las herramientas digitales propuestas en este trabajo alcanzarán resultados efectivos en la educación para la paz y se convertirán en instrumentos innovadores que transformen las prácticas pedagógicas actualmente aplicadas.

La integración curricular de las herramientas digitales en la educación puede brindar a los estudiantes el desarrollo de habilidades y capacidades para lograr un aprendizaje colaborativo, aprovechamiento de los recursos, alfabetización digital y generación de motivación y desarrollo del pensamiento crítico, con la intención de motivar al estudiante en la participación activa de las diferentes actividades acerca de la temática de la Cátedra de Paz.

Para finalizar, las herramientas digitales como instrumentos facilitadores de los procesos de aprendizaje bien usadas promueven en los estudiantes un aprendizaje autónomo y significativo, promoviendo así la construcción de escenarios de paz desde las aulas, que son los ejes fundamentales para la construcción de valores y conocimientos, que con el tiempo el trabajo conjunto de las herramientas digitales y los contenidos temáticos planteados por el Gobierno Nacional Colombiano respecto a la implementación de la Cátedra de paz, dará sus frutos encaminando a las futuras generaciones al logro de un país cimentado en bases de una paz estable.

¿Cómo se Puede Aportar Desde los Derechos Humanos y las TIC a la Construcción de Aprendizajes de Paz?

Rosmira Yasmin Martínez Parra

Antecedentes

En el caso de Colombia deben ejecutar los temas de derechos humanos y la cátedra de la paz, dentro de las aulas de clase, es una buena estrategia motivar a los estudiantes mediante las Tecnologías de la Información y la Comunicación, en este caso se han tomado varios antecedentes donde se realizan proyectos para derechos humanos por medio de herramientas digitales, a continuación, se presentan algunas de las investigaciones realizadas a nivel nacional y tomando como ejemplo algunos casos internacionales.

Se realiza un programa para las aulas de clase en el cual el objetivo principal es la enseñanza de los derechos humanos por medio de estrategias didácticas "el programa aulas en paz fue seleccionado por el ministerio de educación nacional como el primero para ser implementado y cualificado en el marco de este proyecto, por su acertada estructuración, y porque había sido evaluado y mostraba logros concretos en el desarrollo de competencias ciudadanas en el aula de clase" Sotelo, m. R. (2009).

Por medio de la creación de software educativo o recurso digital educativo, donde se implementan en las instituciones educativas, llevando a cabo el proceso de aprendizaje de paz, "la tecnología de los ordenadores refuerza otra unificación: la del software, en la que los mismos programas son usados en todo el mundo como modelo común para la organización y procesamientos de datos

204

e información" Sandoval-Estupiñán, l. Y., Camargo-Abello, m., Vergara, m., Quiroga, c., Pedraza, a., & Halima, f. C. (2008).

Está el derecho a la privacidad de la información, en este caso para que cada uno de los datos de las personas se queden en total confidencial donde, "la posibilidad del entrecruzamiento de la información contenida en los bancos de datos puede facilitar el control y la manipulación de información sensible" Lucrecia Rovaletti, (2010).

Para incorporar uno de los derechos cuando se dice que la persona tiene derecho a libre expresión, de cierta forma en las instituciones se debe tener libertad para que los estudiantes tengan su libre expresión, "la OMC ha incorporado y puede incorporar, según su normatividad interna, compromisos en materia de derechos humanos reconocidos tanto en el derecho nacional como internacional" Burgos, G. (2012)

Marco teórico

¿Qué son las TIC?

Sin duda, las Tecnologías de la Información y la Comunicación, tienen una gran cantidad de definiciones, así que se hace una recopilación de la información más destacada, empezando por lo que plantea Romaní, (2009), afirma que las TIC son:

> *Herramientas que las personas usan para compartir, distribuir y reunir información, y comunicarse entre sí, o en grupos, por medio de las computadoras o las redes de computadoras interconectadas. Se trata de medios que utilizan tanto las telecomunicaciones como las tecnologías de la computación para transmitir información.*

Asimismo (Duarte, 2008) plantea que:

> *Las TIC (Tecnologías de la Información y Comunicaciones) son las tecnologías que se necesitan para la gestión y transformación*

*de la información, y muy en particular el uso de ordenadores y
programas que permiten crear, modificar, almacenar, proteger y
recuperar esa información.*

Por otra parte, citando a Ibañez (2008) indica que:

*Las Tecnologías de la información y la Comunicación (TIC) son
un elemento clave en el desarrollo de la sociedad del conocimiento,
su impacto está alcanzado a todos los sectores, y su influencia es de
tal forma que no sólo afecta a la velocidad con la que nos llega los
información, el volumen que es puesta a nuestra disposición, o la
precisión con la que podemos realizar determinadas actividades;
sino también a la forma como llegamos a procesar la información,
la manera en la cual aprendemos, las diversas formas en que se
nos enseña, y las opciones que tenemos para comunicamos.*

Es un hecho que gracias a las TIC se puede facilitar el proceso de
enseñanza y aprendizaje en cualquier ámbito educativo, ya que, con
el apoyo de estas, se construyen nuevos conocimientos, al igual que
se hace posible el intercambio de saberes, además de ello, pueden
potenciar las capacidades mentales y hacer que se desarrollen otras
formas de pensar. Haciendo una búsqueda generalizada sobre la
concepción que se tienen sobre las TIC entre Colombia y México,
según (OSILAC, 2004):

*Colombia: "Las Tecnologías de la Información y las
Comunicaciones -TIC- pueden definirse como el conjunto de
instrumentos, herramientas o medios de comunicación como la
telefonía, los computadores, el correo electrónico y la Internet que
permiten comunicarse entre sí a las personas u organizaciones".*

*México: "Las Tecnologías de la Información y la Comunicación se pueden
concebir como resultado de una convergencia tecnológica, que se ha producido
a lo largo de ya casi medio siglo, entre las telecomunicaciones, las ciencias
de la computación, la microelectrónica y ciertas ideas de administración y
manejo de información. Se consideran como sus componentes el hardware,
el software, los servicios y las telecomunicaciones"*

En sí, las Tecnologías de la Información y la Comunicación, son un elemento esencial de la sociedad de la información, que hacen que se promueva el intercambio de los conocimientos a nivel mundial, que se encuentran a favor del desarrollo para facilitar los procesos a nivel económico, cultural, social, político, educativo, científico, entre otras.

Derechos humanos y TIC.

Los derechos humanos están basados en valores fundamentales que tiene el ser humano que se refieren a la vida, al bienestar, a la paz, a la justicia, para que todas las personas tengan tranquilidad y una vida digna, son también un privilegio que cada persona debe tener. Cuando se relacionan los derechos humanos con las Tecnologías de la Información y la Comunicación, se contribuye a un desarrollo el cual se divide en dos escenarios según Del Río Sánchez (2009):

> De un lado, en tanto que las TIC han dado lugar a un nuevo espacio público global, el ciberespacio, donde emergen las nuevas formas que cobran los derechos de primera, segunda y tercera generación y su contribución sustantiva a los modelos y procesos de desarrollo centrados en las personas frente a aquellos centrados en la economía y la tecnología. Por otro lado, la concreción de los derechos a la información, la comunicación y el ciberespacio que, en la sociedad de la información, no solo se convierten en derechos humanos fundamentales en sí mismos, sino también en una condición para el ejercicio y la defensa de los demás derechos.

Las tecnologías de la información y la comunicación, han facilitado la información en cuanto a derechos humanos, ya que por medio de ellas se puede compartir más información y en este momento en todo rincón del continente se tiene acceso a información por medio de diferentes maneras. Por el lado de los derechos humanos como tal, al permitirse que las personas tengan acceso a la información, se está respetando el derecho a la información y de ahí se saca fuerzas para dar prioridad a los demás derechos.

Dentro de los últimos años, se ha venido incrementando el uso de las tecnologías de la información y la comunicación, que ha venido resaltando la defensa y promoción de los derechos humanos según (Juárez, 2012):

> Durante este nuevo siglo, el uso creativo de las Tecnologías de Información y Comunicación (TIC) para la defensa y promoción de los derechos humanos muestra que no podemos posponer más la reflexión sobre la importancia y los alcances de estos medios para fortalecer a las instituciones democráticas y difundir los derechos de todas y todos con la finalidad de alcanzar mejores estándares de vida.

Donde se resalta la importancia de estos medios ya que gracias a ellos se fortalecen las instituciones democráticas y se difunden los derechos humanos, con el fin de que todas las personas tengan mejor calidad de vida, gracias a estas tecnologías se mejoran las estrategias políticas que pueden aportar a un mejoramiento en cuanto a derechos humanos a nivel global.

Es importante establecer una estrategia para la comunicación que permita a todas y todos identificarse y hacer reclamos en casos de que tengan algún problema o falta de reconocimiento de sus derechos. "es en esta tarea que las TIC representan la oportunidad de crear redes de empoderamiento y socialización de capacidades para defender y promover los derechos humanos" (Juárez, 2012), a partir de las nuevas tecnologías, se permite ampliar el ambiente para que haya nuevas formas de interacción entre los defensores de los derechos humanos y las personas vulnerables sin importar el lugar donde se encuentren.

¿Qué es aprendizaje de paz?

La formación para la paz y la reconciliación transforma el discurso experto en estas categorías y las que se derivan como justicia transicional, posconflicto, perdón, olvido, entre otras, en actos sentí/pensantes que especialmente el maestro expresa como sujeto del saber pedagógico. Lo contrario, constituido en la aplicación de manuales, cartillas, etcétera, importantes por supuesto, convierte a la pedagogía en una disciplina que se dedica a la trasmisión de planes, programas y teorías o a la reducción de ésta como instrumento limitado a un mecanismo transmisionista, Salcedo (2015).

Construcción de aprendizajes de paz

Para la construcción de aprendizajes de paz, se hace una implementación de estrategias para que contribuya la construcción de una cultura llena de tolerancia, en si llena de paz. Teniendo en cuenta que la paz es la ausencia de la guerra, es decir un estado de tranquilidad y armonía, se tienen en cuenta factores que busquen dar más importancia a la cátedra de la paz donde, "la cátedra de la paz se concibe como una forma de responder a las necesidades formativas de los estudiantes en el contexto del postconflicto"(JAVERIANA, 2016), en la que a partir de la enseñanza de una cultura llena de valores, también por medio de educación, desde las aulas escolares se orienta para que tengan sentido de pertenencia hacia su comunidad y que así mismo exijan sus derechos humanos.

"El principal reto de la agenda de desarrollo post 2015 es asegurar que la globalización se convierta en una fuerza positiva para todos los habitantes del mundo de ésta y de futuras generaciones" (ONU, 2012), es así como se buscan estrategias pedagógicas para lograr el objetivo de que en cualquier entorno social, se capacita a las personas, especialmente en las instituciones educativas para que a través de capacitaciones tanto presenciales como virtuales estén en la disposición de tener resolución de conflictos pacíficamente en su entorno.

"La cultura de paz es un elemento transversal a todos los ámbitos de la vida y propio de las líneas de construcción de paz socio-cultural, económica-productiva y política" (Castellanos; 2016), a partir de las capacitaciones anteriormente mencionadas, se espera que los resultados se resalten en todo aspecto, iniciando desde las aulas de clase, teniendo un buen desempeño en valores en su sociedad, que a partir de nuevas ideas emprenda su vida productiva.

Para tener éxito en cuanto al desarrollo de la catedra de la paz, según la cartilla, (javeriana, 2016), se tiene en cuenta que:

> *Enseñar sobre la paz permite desarrollar competencias en los alumnos que les sirvan para poder convivir en cualquier tipo de sociedad. Por esto se deben fomentar las competencias generales como la comunicación oral, la lectura y la escritura, las competencias de integración social, las actitudinales, las aptitudinales y las lúdicas. En cuanto a las competencias específicas se les deben desarrollar las cognitivas, las emocionales, interpretativas, las analíticas, las argumentativas, las propositivas y las ciudadanas. Como competencias transversales deben adquirir las genéricas, ya que son aquellas que deben aplicar en su vida diaria para resolver conflictos. Por último, las competencias meta-cognitivas, que no pueden faltar en la cátedra de la paz porque permiten desarrollar el espíritu investigativo, base de todo proceso educativo y de transformación científica y social.*

Material digital educativo

Un material digital educativo o contenido digital educativo es una manera de dar a conocer el saber en cuanto a la informática en el mundo de las Tecnologías de la Información y la Comunicación, según (Garcia, 2006), éstas potencian la creación de contenidos, su ideación, construcción, producción, reproducción, y recepción. Ello hace que se generen nuevas estrategias didácticas para la elaboración de contenidos digitales, teniendo como base a los paradigmas tecnológicos. Al digitalizar un material ya sea imagen, Textos, audios, se requiere de fuentes o herramientas para la digitalización, todas estas digitalizaciones se permiten reutilizar y combinar creativamente poniendo a prueba en uso que se le hace a las TIC y los conocimientos del encargado de realizar el material digital educativo, según el autor, la actualización de la virtualidad de los contenidos multimedia depende de las competencias desarrolladas por los autores de la comunicación.

Para el desarrollo de un material didáctico, citando a Moreira (2009), consiste en el desarrollo de cinco grandes tareas o fases que pueden representarse del siguiente modo:

✓ Diseño o planificación del material
✓ Desarrollo de los componentes y dimensiones
✓ Experimentación del material en contextos reales
✓ Revisión y reelaboración
✓ Producción y difusión

Así que teniendo en cuenta estos pasos que nos plantea la autora, se podrá obtener un material digital educativo de calidad para ofrecerla a los educandos que lo requieran.

Material Educativo Computarizado (MEC)

Un Material Educativo Computarizado, según Báez (2018) se refiere a: los programas en computador con los cuales los aprendices interactúan cuando están siendo enseñados o evaluados a través de un computador.

Un ambiente informático que permite que la clase de aprendiz para el que se preparó, viva el tipo de experiencias educativas que se consideran deseables para él frente a una necesidad educativa dada.

Diseño de los MEC: no es difícil, toda persona con algunos conocimientos informáticos lo puede hacer, sin embargo, es necesario conocer todos aquellos elementos que rodean este proceso, para realizar buenos productos con objetivos claros, explícitos y posibles de cumplir, dignos de hacer parte de los escenarios educativos. Para la construcción de un software educativo, es necesario tener en cuenta tanto aspectos pedagógicos como técnicos, su desarrollo consiste en secuencia de pasos que permiten crear un producto adecuado a las necesidades que tiene determinado tipo de alumno, necesidades que deben ser rigurosamente estudiadas por la persona que elabora el material y que se deben ajustar a las metodologías de desarrollo de software educativo presentes en el momento de iniciar dicho proceso.

Para Galvis (1993), Material Educativo Computarizado (MEC) es la denominación otorgada a las diferentes aplicaciones informáticas cuyo objetivo terminal es apoyar el aprendizaje. Así el estudiante interactúa con las TIC y adquiere conocimientos de una manera didáctica e innovadora. Para (Leguizamon, 2006) Es indispensable reconocer las metodologías de desarrollo de software existentes para poder seleccionar la más adecuada. Es de vital importancia que la persona que está desarrollando el MEC sepa específicamente para que población está dirigido, para saber así, con que actividades didácticas estará innovando.

Aprendizaje Asistido por Computadora (AAC)

El aprendizaje asistido por computadora, ha sido una gran ventaja para el aprendizaje entre sí, según, Alonso, Utierrez, Lopez, & Torrecilla (1998) afirman que:

> La enseñanza asistida por ordenador o computadora (EAO), es un tipo de programa educativo diseñado para servir como herramienta de aprendizaje (en inglés, Computer-Aided Instruction o Computer-Assisted Instruction, CAI). Los programas EAO utilizan ejercicios y sesiones de preguntas y respuestas para presentar un tema y verificar su comprensión por parte del estudiante, permitiéndole también estudiar a su propio ritmo. Los temas y la complejidad van desde aritmética para principiantes hasta matemáticas avanzadas, ciencia, historia, estudios de informática y materias especializadas. EAO es sólo uno de la multitud de términos, la mayoría con significados equivalentes, relacionados con uso de las computadoras en la enseñanza. Otras expresiones son aprendizaje asistido por computadora, aprendizaje impulsado por computadora, aprendizaje basado en computadora, formación basada en ordenador o computadora e instrucción administrada por computadora.

Con el aprendizaje asistido por computadora, se logran ampliar más los conocimientos, solo se requiere tener una computadora a la mano para poder consultar y a sea documentos, imágenes, videos, mapas, juegos, simulaciones, entre otras cosas que pueden ayudar con el aprendizaje; además que, si el tema que se está consultando no queda claro, se pueden tomar otras alternativas de búsqueda. Otra de las ventajas que tiene este tipo de aprendizaje es que se puede hacer en tiempo real, siguiendo las instrucciones que se dan al otro lado de la pantalla. De esta manera el estudiante puede mejorar su rendimiento y su nivel de aprendizaje.

Importancia de aportar desde las TIC a la construcción de aprendizajes de paz

Un punto a favor de las Tecnologías de la Información y la Comunicación, es que se construyen aprendizajes de paz y que a la vez se resaltan derechos del ciudadano, según Acevedo (2004) las TIC tienen, por un lado, el valor de la información para el ejercicio de derechos, como por ejemplo el valor que pueda tener la información sobre sus derechos para la población inmigrada, o bien el valor que puede tener la disposición de información sobre opciones políticas, mecanismos de votación o derechos laborales. Es donde se resalta la importancia que tienen las Tecnologías de la Información y la Comunicación, porque brinda beneficios en este caso para la persona que está recibiendo la información y también se resalta el derecho al trabajo. Por otra parte, la comunicación se ve como un punto a favor de las redes, de expresar y recibir también puntos de vista, tomándolo de diferentes puntos de vista, ahí está el derecho a la política y el derecho a la libre expresión.

"El acceso a la información facilita la participación en la sociedad, en la economía, en el gobierno y en los mismos procesos de desarrollo" (del Río sánchez, 2009), cuando se tiene acceso a la información se hace un acercamiento a los temas que están sucediendo a nivel global, al igual se tiene una participación más activa en cuanto a la economía, socialmente se está más activo y asimismo se encuentra al tanto de lo que suceda en el gobierno.

¿Cómo se desarrollará el proyecto?

Para la realización del proyecto de aportar desde los derechos humanos y las TIC a la construcción de aprendizajes de paz, se realiza un software educativo, elaborado a partir de los conocimientos previos que se tienen en HTML 5, adoptando las teorías de Ausubel (1989), donde destaca la importancia del aprendizaje por recepción, así que como docente y diseñadora el producto se tiende a recopilar, organizar y estructurar la información para luego diseñar el producto para que el estudiante lo reciba y mejore su aprendizaje en el tema. El software se entrega de una manera portable en un CD, el cual se abre y ejecuta en cualquier navegador sin necesidad de tener conexión a internet.

Software

Al realizar un software educativo debe constatar que la necesidad de la institución tenga motivos concretos para el desarrollo del mismo.

Urbina Ramírez (1999), afirma que:

> El software educativo puede ser caracterizado no sólo como un recurso de enseñanza/ aprendizaje sino también de acuerdo con una determinada estrategia de enseñanza; así el uso de un determinado software conlleva unas estrategias de aplicación implícitas o explícitas: ejercitación y práctica, simulación, tutorial; uso individual, competición, pequeño grupo, con el fin de dar una solución conveniente en el aula y generar un mejor desempeño del estudiante respecto a los contenidos y lo que el docente le brinda. Este software tiene una finalidad y es apoyar al estudiante por medio de estrategias didácticas.

Una estrategia para la enseñanza de diversos temas un método sería a partir de un software educativo, (Gros, 2000), plantea que: "El diseño del software condiciona la forma de utilización, pero lo realmente importante es el contexto real de aplicación" (p.3)

Los contenidos

El software se realiza de una manera didáctica, plasmando en este los contenidos de Derechos humanos que se encuentran en la Cartilla de derechos humanos y cultura de paz. El software tiene tres momentos, en el primero se presentan los temas a los estudiantes, en el segundo el estudiante hace interacción con las actividades y el tercer momento es el de evaluación, se evalúa al estudiante los temas aprendidos en los dos primeros momentos. Este material tiene actividades interactivas por medio de historietas, videos, animaciones, juegos y demás, dónde las experiencias de la vida real se plasman en este software. El software como tema principal es el de los derechos humanos, se divide en tres temas y esos temas luego se dividen en sub temas; a continuación, se presenta la definición de los temas que se encuentran en este software.

Los temas

Con base en la cartilla de Derechos Humanos y cultura de paz, se toman los siguientes temas:

Tema 1: Derechos Fundamentales, civiles y políticos.

- *Derecho a la vida:* conforma el preámbulo de la constitución, esta se expidió, entre otras cosas para asegurar a los integrantes de la nación la vida; además, no siendo la constitución una ley penal sino un código político se prohíbe imponer la pena de muerte, por lo tanto, según el art. 11 de la Constitución el derecho a la vida es inviolable, no habrá pena de muerte.

- *Derecho a la igualdad:* Según el art. 13, todas las personas son libres e iguales ante la ley, recibirán la misma protección, trato y gozarán de los mismos derechos y libertades; el Estado protegerá a las personas que se encuentren en circunstancias de debilidad manifiesta.

- *Derecho libre desarrollo de la personalidad:* toda la persona tiene derecho al libre desarrollo de su personalidad sin más limitaciones que las que imponen el derecho de los demás Se prohíbe la esclavitud, la servidumbre, la trata de seres humanos en todas sus formas.

- *Libertad de cultos:* toda persona tiene derecho a profesar libremente su religión y a difundirla de forma individual o colectiva ni que nadie pueda molestarlo por ello, ya que sería un medio de discriminación.

- *Libertad de expresión:* todas las personas pueden expresar y difundir su pensamiento y opiniones, por cualquier medio, aunque puede haber responsabilidad posterior por los daños o delitos causados.

- *Derecho de petición:* todas las personas tienen derecho de presentar de forma respetuosa una petición a las autoridades y ésta debe obtener pronta resolución.

- *Libertad de locomoción:* toda persona puede desplazarse a donde quiera según su voluntad dentro del territorio.

- *Derecho de trabajo:* todas las personas tienen derecho a un trabajo en condiciones dignas y el Estado ésta en la obligación de garantizarlo.

- *Libertad de profesión:* todas las personas tienen la facultad de escoger la profesión u oficio y ejercitar la actividad que se escoja.

- *Libertad de enseñanza, aprendizaje, investigación y cátedra:* es la facultad que tienen las personas para establecer institutos de enseñanza, los maestros de decir su cátedra sin restricción alguna y a los padres de dar a sus hijos la enseñanza más convincente.

- *Libertad:* nadie puede ser molestado, ni arrestado, ni su domicilio registrado sino en virtud de mandamiento escrito por autoridad competente.

- *Derecho al debido proceso:* nadie podrá ser juzgado sino conforme a leyes preexistentes, todas las personas son inocentes hasta que se demuestren lo contrario y quien sea sindicado tiene derecho a la defensa durante el proceso.

- *Habeas corpus:* siendo el derecho concedido al detenido para pedirle al juez que verifique si su captura se llevó a cabo con garantías constitucionales o legales o de manera violenta.

- *Derecho de asilo:* en caso de persecución las personas tienen derecho de refugiarse en otro país y disfrutar de él.

- *Derecho a la paz:* la paz es un derecho y un deber de obligatorio cumplimiento clasificado según la Declaración Universal de los Derechos Humanos, es un derecho colectivo y por ello, busca incentivar el progreso y elevar el nivel de vida de los pueblos en el marco de la igualdad jurídica.

Tema 2: Derechos económicos, sociales y culturales.

- *Igualdad y protección de la mujer:* la mujer no debe ser sometida a ninguna clase de discriminación, el Estado debe darle especial asistencia durante el embarazo, el parto y después de él si estuviese desamparada y desempleada; y tiene igualdad de participación en la vida política.

- *Derechos fundamentales de los niños y adolescentes:* a la vida, integridad física, alimentación equilibrada, familia, amor, educación y cultura, recreación, libre expresión, participación, entre otros

- *Derecho a seguridad social:* como medio para garantizar la protección de las personas ante riesgos en sus ingresos y condiciones de vida. Incluye el derecho de todos a una pensión digna.

- *Derecho a la salud:* que incluye la promoción de la vida sana y la atención a la enfermedad mediante la salud pública, familiar y de comunidad.

- *Derecho a la educación que es una función social y será gratuita y obligatoria.*

Tema 3: Derechos colectivos y del medio ambiente.

- *Derecho a un ambiente sano:* las personas deben gozar de un ambiente sano, diverso y conservar las áreas de importancia ecológica.

- *Defensa del ambiente:* queda prohibida la fabricación, importación, posesión y uso de armas químicas biológicas y nucleares; así como la introducción al territorio de residuos nucleares y desechos tóxicos, debido a que el medio ambiente se está deteriorando y éste es un mecanismo para solucionar esta degradación.

- *Protección al espacio público:* se debe proteger el espacio de uso común que satisfacen las necesidades colectivas superando los intereses individuales.

- *Derecho de una vivienda digna:* el Estado fijará planes de vivienda de interés social y la forma de financiación.

- *Derecho de asociación sindical:* los trabajadores poseen derecho de construir sindicatos y en ellos proteger y defender sus intereses.

- *Derechos a la tierra y a la producción de alimentos a los campesinos o trabajadores agrarios.* Podrá ser de propiedad individual o colectiva.

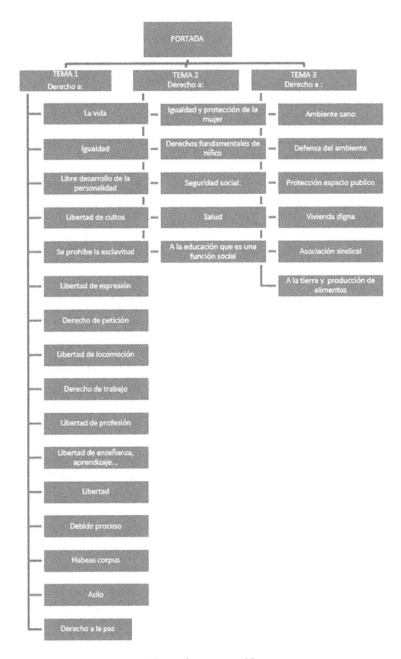

Mapa de navegación

Diseño

En la portada se encuentra principalmente el cabezote
que contiene el logo de la universidad, en este caso la
Universidad Pedagógica y Tecnológica de Colombia,
posteriormente está el nombre del software y el logo de
la carrera Licenciatura en Informática y Tecnología. En la
parte de abajo, se encuentra el nombre y la contraseña del
usuario para acceder al software.

Fig. 1 Portada

Como segundo pantallazo, se encuentra el cabezote igual que en
el primer pantallazo, pero se agrega el usuario, adicionalmente
aparecen unos nuevos botones que son:

Objetivos: aparecen los objetivos que tiene el software como tal.

Ayuda: Contiene un demo de como se hace uso del material.

Créditos: Universidad y carrera donde se realiza en material, junto con
el nombre de quien diseña el material, al igual que los asesores de éste.

Juego: Esta parte se encuentra un juego, en el cual las historias de la vida
real se llevan a lo didáctico, además de la evaluación de todo el tema.

También se encuentran los tres temas que contienen el material y una evaluación; en la parte de abajo están los botones para volver atrás y para regresar al inicio.

Fig. 2 Temas

En esta parte, al igual que los primeros pantallazos está en cabezote junto con los botones de ayuda, créditos, juegos, objetivos, los botones de atrás e inicio. Pero ya entrando en el primer tema, aparecen las opciones para escoger cualquiera de los derechos fundamentales que se presentan.

Fig. 3 Temas

Una vez se haya escogido alguno de los derechos, aparece una actividad interactiva en la que se pueden dar conceptos, ejemplos y demás, el estudiante interactúa y aprende sobre este tema.

Fig. 4 Actividades

Finalmente se encuentra un apartado que es la parte de la evaluación, dónde se evalúa cada uno de los temas con los cuales el usuario interactuó, finalmente se hará una recapitulación de lo visto y aparece un mensaje de agradecimiento y motivación.

Fig. 5 Evaluación

Software "CUBO" Como Herramienta de Apoyo Didáctico a los Procesos de Enseñanza y Aprendizaje

José Guillermo Marreros Vázquez
Nallely Contreras Limón

Introducción

Actualmente, el mundo que nos rodea es posible entenderlo como un sistema complejo en constante movimiento y desarrollo; todo ello a partir del progreso tecnológico y la globalización, la generación del conocimiento se ha acelerado de manera vertiginosa, dando como resultado que las fuentes de información y las vías de socialización se hallan multiplicado de igual forma. La rapidez en el flujo de la información que nos ofrece internet y los dispositivos inteligentes, cada vez más presentes en todos los contextos y grupos de edad, hasta hace pocos años era algo impensable. Por lo anterior, las transformaciones en la construcción, transmisión y socialización del conocimiento han modificado las formas de pensar y relacionarse de las personas. En este contexto y como parte de los fines de la educación obligatoria en México, se establece como reto "formar individuos que sean capaces de adaptarse a los entornos cambiantes y diversos, manejen información de una variedad de fuentes impresas y digitales, desarrollen un pensamiento complejo, crítico, creativo, reflexivo y flexible, resuelvan problemas de forma innovadora en colaboración de otros, estableciendo metas personales y diseñando estrategias para alcanzarlas" (SEP, 2018).

El sistema educativo mexicano está regulado por la Secretaría de Educación Pública y se divide en 3 bloques principalmente: educación básica, media superior y superior.

Por su parte la educación básica a su vez se divide en 3 niveles: preescolar, primaria y secundaria, en este último nivel es donde se ubica el presente trabajo, enfocándose hacia el modelo de educación a distancia exitoso denominado "Telesecundaria".

El modelo pedagógico de Telesecundarias en México

El modelo de Telesecundaria consiste en que un mismo profesor imparte las diferentes asignaturas a su grupo. La demanda educativa se enfoca principalmente en zona rurales e indígenas donde por causas geográficas o económicas resulta incosteable establecer escuelas generales o técnicas (Santos, 2001). Desde su creación, en 1968, el sistema de telesecundarias se apoyó principalmente en trasmisiones televisivas. A partir de 2006, se renovó su modelo pedagógico para dar mayor libertad a los profesores de utilizar materiales audiovisuales con una planeación propia y no con una pauta de transmisión nacional.

En el caso de las escuelas de educación básica y en particular de las telesecundarias por localizarse en su gran mayoría, en contextos de vulnerabilidad; es de suma importancia que se disponga de una amplia diversidad de materiales educativos de calidad; adicional a los libros de texto gratuitos, el acceso a materiales educativos en formatos diversos y pertinentes es esencial para lograr los propósitos de aprendizaje. Es importante mencionar, que el profesor de nivel telesecundaria dispone de una serie de herramientas y materiales didácticos en formato digital (programas televisivos) para llevar a cabo los procesos de enseñanza y aprendizaje con sus alumnos; lo cierto es que la gran mayoría de estos materiales carecen de interacción con el contenido y no permiten evaluar por si solos el nivel de comprensión obtenido por parte del alumno.

En este contexto se propone el uso de nuevos materiales didácticos que incorporen las TIC y que permitan al profesor enriquecer sus procesos de enseñanza y aprendizaje mediante el uso de un software interactivo de rápida consulta y fácil distribución.

La incorporación de las TIC en los planes y programas de estudio para la Educación Básica.

La función de la escuela es contribuir a desarrollar la capacidad de aprender a aprender, que significa aprender a pensar; a cuestionarse acerca de diversos fenómenos, sus causas y consecuencias; a controlar los procesos personales de aprendizaje; a valorar lo que se aprende en conjunto con otros; y a fomentar el interés y a la motivación para aprender a lo largo de toda la vida (SEP, 2017).

De acuerdo a lo señalado, la escuela debe atender el enorme desafío de inclusión y equidad al generar las condiciones para que los alumnos puedan adquirir las habilidades de pensamiento cruciales en el manejo y procesamiento de información, así como el uso consciente y responsable de las TIC.

Para justificar el diseño de nuevos materiales educativos en el nivel de telesecundaria basados en TIC, a continuación, se mencionan los lineamientos establecidos en documentos normativos vigentes.

Plan Nacional de Desarrollo 2013-2018

3.1. Desarrollar el potencial humano de los mexicanos con educación de calidad.

3.1.3. Garantizar que los planes y programas de estudio sean pertinentes y contribuyan a que los alumnos puedan avanzar exitosamente en su trayectoria educativa, al tiempo que desarrollen aprendizajes significativos y competencias que les sirvan a lo largo de la vida.

- Instrumentar una política nacional de desarrollo de materiales educativos de apoyo para el trabajo didáctico en el salón de clase.
- Fomentar desde la educación básica los conocimientos, las habilidades y las aptitudes que estimulen la investigación y la innovación científica y tecnológica.

3.1.4. Promover la incorporación de las nuevas tecnologías de la información y comunicación en el proceso de enseñanza-aprendizaje.

- Desarrollar una política nacional de informática educativa, enfocada a que los alumnos desarrollen sus capacidades para aprender a aprender mediante el uso de las tecnologías de la información y la comunicación.
- Intensificar el uso de herramientas de innovación tecnológica en todos los niveles del Sistema Educativo.

Programa Sectorial de Educación 2013-2018

1.3. Garantizar la pertinencia de los planes y programas de estudio, así como de los materiales educativos.

1.3.8. Asegurar la suficiencia, calidad y pertinencia tanto de los materiales educativos tradicionales, como de los basados en las tecnologías de la información.

1.7. Fortalecer la relación de la escuela con su entorno para favorecer la educación integral.

1.7.6. Alentar la producción de materiales que faciliten la comprensión de la tarea escolar por parte de madres y padres de familia.

Plan Estatal de Desarrollo Tamaulipas 2016 – 2022

2.5.1.4 Diseñar e instrumentar acciones para la intervención en los niveles de educación obligatoria, con el fin de reducir la deserción y el rezago educativo.

2.5.1.5. Promocionar y difundir el acceso a una educación de calidad, mediante incentivos y acciones formativas que contribuyan a disminuir el rezago educativo, aumentar la eficiencia terminal y mejorar el aprovechamiento escolar.

25.1.1.5. Impulsar la incorporación planificada de las tecnologías de acceso al conocimiento en el sistema educativo estatal.

Modelo Educativo Capítulo Tamaulipas 2016 - 2022

Enmarcado en el Perfil de Egreso de la educación obligatoria y específicamente en el ámbito de habilidades digitales se establece:

Que al término de la secundaria:

El alumno compara y elige los recursos tecnológicos a su alcance y los aprovecha con una variedad de fines de manera ética y responsable. Aprende diversas formas para comunicarse y obtener información, seleccionarla, analizarla, evaluarla, discriminarla y organizar.

Del Acuerdo 07/06/17 se destacan los siguientes artículos.

Artículo primero. -

La reforma educativa busca mejorar la calidad y la equidad de la educación a través de la transformación del sistema educativo nacional, fijando el modelo para que todos los niños, niñas y adolescentes de México tengan profesores mejor preparados, mejores escuelas y contenidos educativos más pertinentes.

Artículo segundo. -

La reforma educativa es requisito fundamental para alcanzar una equidad en la educación y mejorar su calidad. En este trayecto se organiza el plan y los programas de estudio correspondientes a los niveles de preescolar, primaria y secundaria, que integran la educación de tipo básico. Dicho plan y programas son aplicables y obligatorios en los Estados Unidos Mexicanos; los mismos se enfocan a la formación académica, el desarrollo personal y social y la autonomía curricular para lograr el desarrollo del aprendizaje, en los siguientes términos:

Perfil de egreso de la educación obligatoria

Esta concepción de los mexicanos que queremos formar se traduce en la definición de rasgos que los alumnos han de lograr progresivamente, a lo largo de los quince años de su trayectoria escolar. En el entendido de que los aprendizajes que logre un alumno en un nivel educativo serán el fundamento de los aprendizajes que logre en el siguiente, esta progresión de aprendizajes estructura el perfil de egreso de la educación obligatoria, el cual se rescata lo siguiente:

- Emplea sus habilidades digitales de manera permanente.
- Compara y elige los recursos tecnológicos a su alcance y los aprovecha con una multiplicidad de fines. Aprende diversas formas para comunicarse y obtener información, seleccionarla, analizarla, evaluarla, discriminarla y construir conocimiento.

El Centro Estatal de Tecnología Educativa

El Centro Estatal de Tecnología Educativa (CETE), es la instancia de la Secretaría de Educación en Tamaulipas (SET) encargada de reorientar e impulsar la consolidación de un sistema educativo estatal y a partir de una estructura educativa eficaz, ofrezca servicios educativos de calidad que fortalezcan la capacidad individual y colectiva, con conocimientos y habilidades pertinentes (Gobierno de Tamaulipas, 2010), además de fortalecer el uso de las tecnologías de información y comunicación en los planteles educativos.

El CETE actualmente cuenta con 13 coordinaciones distribuidas en el estado, con presencia en los municipios de: Aldama, Hidalgo, Mante, Matamoros, Miguel Aleman, Nuevo Laredo, Padilla, Reynosa, San Fernando, Tampico, Tula, Valle Hermoso y Victoria.

Entre sus funciones específicas se encuentran promover el desarrollo de nuevas tecnologías aplicadas al proceso de enseñanza-aprendizaje, investigando y participando en los diversos foros científicos y tecnológicos para seleccionar las mejores alternativas tecnológicas.

Así mismo, el CETE ha sido la instancia responsable de implementar los distintos programas federales de modernización educativa en todas las instituciones educativas de nivel básico en Tamaulipas, algunos de los principales programas se describirán en el siguiente apartado.

Los Programas de Modernización Educativa en México

Las tecnologías de la información y las comunicaciones han entrado a formar parte fundamental en nuestra vida cotidiana y más en el contexto educativo en donde todo gira alrededor de los nuevos avances, nuevas políticas y reformas educativas (Cabero 2007).

A lo largo de la historia moderna se han conformado diversas instancias con el propósito de impulsar el mejoramiento de la educación. De ahí la creación del Instituto Latinoamericano de la Comunicación Educativa (ILCE), cuya tarea primordial fue aprovechar los recursos tecnológicos para modernizar y satisfacer las carencias educativas de la región.

El ILCE en su búsqueda de alternativas que apoyen a la educación, ha evolucionado desde impulsar la utilización de carteles, filminas, acetatos, franelógrafo, títeres de mano; a pasar a inicios del siglo XX al uso de las primeras películas educativas.

La Secretaría de Educación de México y el ILCE en 1985 suscribieron un convenio de colaboración para incorporar los medios electrónicos como apoyo al proceso enseñanza y aprendizaje e introducir la impartición del cómputo en la educación básica.

Posteriormente, se creó la Coordinación del Proyecto "Introducción de la Computación en la Educación Electrónica Básica (CoEEBa-SEP)", para desarrollar el modelo de aplicación de la microcomputadora con fines didácticos y una metodología para el diseño del software educativo.

Con este enfoque en México se dio impulsó al Programa de Modernización Educativa (1989 - 1994), cuya visión fue diseñada para que el profesor empleara las nuevas tecnologías como un apoyo didáctico para enriquecer la exposición de su clase, con el desarrollo de material educativo multimedia de los temas de su asignatura. En este modelo de trabajo los alumnos cuentan con laboratorios de cómputo, en donde trabajan con los profesores para reforzar los temas expuestos en el salón de clase; por su parte los profesores cuentan con aulas de medios, equipadas con las herramientas necesarias para aprovechar las ventajas que ofrecen los adelantos tecnológicos.

En 1994 el Programa CoEEBa-SEP se modernizó conforme a las nuevas exigencias pedagógicas y surgió el Programa Informática para la Educación, cuyos objetivos estaban encaminados a fortalecer el proceso de enseñanza - aprendizaje, realizar estudios y diseñar estrategias para la incorporación de la tecnología multimedia.

Otro esfuerzo destinado a enriquecer el medio escolar fue la creación de la Red ILCE (inicialmente Red Escolar), infraestructura informática que hace uso de una plataforma educativa, basada en una red de computadoras con el uso de Internet y de la televisión educativa (EDUSAT), integrando el cómputo educativo, el video didáctico y el trabajo pedagógico de colaboración a través del uso interactivo de un portal, correo electrónico y consulta a páginas Web. La metodología se basaba en el trabajo participativo e investigación que combinan los medios de audio, video, informáticos, impresos y de telecomunicaciones, para apoyar y complementar la tarea educativa.

Se continuó la búsqueda creativa de seguir incorporando los beneficios de las TIC a la enseñanza pública, en el ciclo escolar 2003 - 2004 la SEP implementó una herramienta multimedia para interactuar con los libros de textos gratuitos de quinto y sexto de primaria, denominada Enciclomedia.

Enciclomedia permitió diferentes acercamientos a los objetos de aprendizaje (OA) lo que implica distintos modos de aprender y responder a las distintas necesidades de enseñanza y aprendizaje de los alumnos del nivel primaria.

En este orden de ideas, en el año 2009 se da paso al Programa de Habilidades Digitales (HDT), a fin de contribuir a mejorar el aprendizaje de los alumnos de educación básica propiciando el manejo de TIC en el sistema educativo mediante el acceso de aulas temáticas. El profesor puede proyectar los objetos de aprendizaje (OA) en el pizarrón electrónico y los alumnos trabajar con ellos directamente en el pizarrón. Así mismo, los alumnos pueden ser evaluados a partir de las actividades que plantean los mismos OA o bien utilizando los reactivos contenidos en el portal de salón. Una de las ventajas del software del Programa HDT es que administraba el acervo de materiales educativos disponibles en la escuela (objetos de aprendizaje creados para HDT, así como recursos recuperados de Enciclomedia, Telesecundaria, Red Escolar y Sepiensa).

Actualmente, el gobierno federal puso en marca el portal @prende 2.0, que tiene como objetivo continuar con la incorporación y el uso de las TIC en la educación básica, promoviendo el desarrollo de habilidades digitales y el pensamiento computacional de manera transversal en el currículum de acuerdo al contexto y nivel de desempeño que permitan la inserción efectiva de las niñas y los niños en México en la sociedad productiva y democrática del siglo XXI. (SEP, 2016) Considerando la existencia del material didáctico de los programas antes mencionados y con el fin de continuar aprovechando su contenido para el proceso de enseñanza y aprendizaje, se llevó a cabo un proceso de selección, revisión y ubicación de los OA conforme a las asignaturas y lineamientos enmarcados en el nuevo plan de estudios de Telesecundarias, por parte del personal del Centro Estatal de Tecnología Educativa (CETE), área dependiente de la Secretaria de Educación en Tamaulipas (SET) para el diseño y desarrollo del software denominado Cubo Didáctico.

Los Objetos de Aprendizaje (OA)

El paradigma actual de la educación demanda posibilitar la autonomía del aprendizaje para lo cual, éste debe estar estructurado de tal manera que facilite los contenidos y sean asimilados por los alumnos. Una de las iniciativas que dio lugar a este tipo de enfoques son los denominados objetos de aprendizaje (OA), a continuación, se describen sus antecedentes y principales definiciones.

Algunos autores señalan que Wayne Hodgins (1992) al observar a su hijo jugar con bloques de plástico interconectables (LEGO), se le vino a la mente la idea de desarrollar estrategias de aprendizaje que pudieran interconectarse entre sí para lograr el aprendizaje de forma sencilla y que, a su vez, tuvieran como característica su reusabilidad y la interconectabilidad entre diferentes objetos de aprendizaje.

De 1992 a 1996 fue un periodo de tiempo activo en el tema, muchas organizaciones líderes en asuntos de tecnología se dedicaron a realizar avances sobre asuntos relevantes relacionados con los OA, sobre todo con aspectos de tipo tecnológico procurando una refinación del tema en movilidad, interoperabilidad y automatización. En el año de 1996 el Comité Learning Technology Standards (LTEC) definió a los objetos de aprendizaje (OA) como "cualquier entidad, digital o no digital, que pueda ser utilizada, reutilizada o referenciada durante un proceso del aprendizaje mediado por la tecnología". El lapso comprendido entre 1998 y 2003, se caracteriza por una explosión de definiciones y aproximaciones al concepto de objeto de aprendizaje, sin embargo, todavía persistía una gran ambigüedad en la definición conceptual, lo cual hizo que la búsqueda generalizada continuara en proceso.

Por su parte, L'Allier (1998) indicó que un objeto de aprendizaje "debe tener un objetivo de aprendizaje, una unidad de instrucción que enseñe el objetivo y una unidad de evaluación que mida el objetivo". Los OA representan tópicos, los cuales conjuntan lecciones, que a su vez integran unidades y conforman cursos.

Durante ese tiempo surgió la definición de Cisco Systems "un Objeto de Aprendizaje Reutilizable (RLO) es una colección de entre cinco y nueve Objetos Informativos Reutilizables (RIO) agrupados con el propósito de enseñar una tarea laboral asociada a un objetivo de aprendizaje en particular. Para hacer de la colección de RIO una verdadera experiencia de aprendizaje o lección, se debe adicionar al paquete una descripción, un resumen y una evaluación". (Cysco Systems, 1999).

En tanto que el IEEE (Institute of Electrical and Electronics Engineers) en 2002 define un objeto de aprendizaje como una "entidad, digital o no digital que puede ser utilizada para el aprendizaje, la educación o el entrenamiento". En los años posteriores continuaron surgiendo diversas definiciones y se avanzó mucho en el tema. En el mundo entero se han realizado foros y eventos relacionados con el fin de estudiar la importancia que han adquirido. En este contexto, en el año de 2006 se conformó la Comunidad Latinoamericana de Objetos de Aprendizaje (LACLO), en Guayaquil, Colombia. Foro activo para la discusión de las alternativas tecnológicas existentes en la región. Realizando eventos anuales en diferentes países de la zona donde México ha sido sede varias veces, con el fin de dar a conocer alternativas tecnológicas desarrolladas para apoyar y mejorar el proceso de enseñanza y aprendizaje. Todo lo anterior, representa una oportunidad para la búsqueda creativa de soluciones educativas mediante el uso de estas tecnologías para el aprendizaje y el conocimiento, en una era educativa donde aún existen muchos paises en vías de desarrollo.

Desarrollo del Proyecto: Cubo Didáctico

Como parte de los proyectos que se llevan a cabo el departamento de materiales digitales del CETE, en octubre de 2017 se inició el proyecto denominado "Cubo Didáctico" para desarrollar nuevo material de apoyo en las asignaturas de: Español, Matemáticas, Inglés, Ciencias, Formación Cívica y Ética, Geografía y Artes enfocado principalmente a las escuelas Telesecundarias en Tamaulipas.

Para su elaboración, se analizaron los programas de estudio de las asignaturas que integran el nuevo plan de estudios de telesecundaria. Posteriormente se revisaron los objetos de aprendizaje (OA) creados para el Programa Habilidades Digitales, así como materiales recuperados de Enciclomedia, Red Escolar y Sepiensa.

Los objetos de aprendizaje (OA) se encuentran distribuidos de la siguiente manera: 327 de primer grado, 388 para segundo grado y 392 de tercer grado, para dar un total de 1107 objetos de aprendizaje que posibiliten diversificar y elevar la calidad del proceso enseñanza y aprendizaje en este nivel de educación básica.

Objetivo

Contribuir con una amplia cantidad de objetos de aprendizaje (OA) clasificados y organizados conforme a las asignaturas que integran el nuevo plan de estudios de Telesecundaria, a fin de incorporarlos en el salón de clase y mejorar el proceso enseñanza y aprendizaje mediante el uso de las TIC.

Cobertura

El software "cubo didáctico" se implementará en 311 telesecundarias en el estado y beneficiará a una población de 16,450 alumnos y 1,041 profesores.

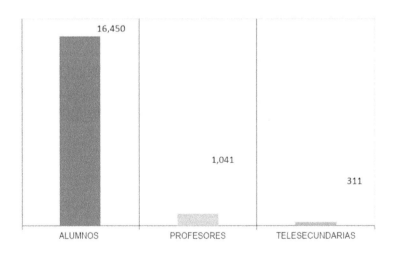

Figura 1. Población beneficiada

234

Principios Pedagógicos presentes en el Software Cubo Didáctico

Dentro de este contexto innovador de aprendizaje, el software permitirá al profesor facilitar los procesos de enseñanza aprendizaje con la ayuda de la Educación Asistida por Computadora (EAC) y sustentado bajo los siguientes principios del constructivismo:

1. **La participación activa del alumno, mediante la interacción con los contenidos de forma sencilla y rápida, haciéndose participe de su propio aprendizaje.**

Al ingresar a cada objeto de aprendizaje la información se presenta de forma breve en pantallas para establecer relaciones entre conceptos y proposiciones en la memoria del alumno, la información puede ser consultada el número de veces que el desee, con el fin de despejar dudas y resolver los ejercicios incluidos. La navegación dentro del software no requiere capacitación alguna para su manejo por parte del profesor y alumno, lo que le permitirá utilizarlo de forma casi inmediata. Al ingresar a cada tema se muestran las fichas técnicas donde se especifican con claridad los aprendizajes esperados de cada objeto de aprendizaje, al mismo tiempo que ofrece un hipervínculo para visualizarlo en una nueva ventana del navegador web.

Se incluye desde el inicio un buscador de temas en la parte superior derecha de la pantalla para facilitar su consulta.

2. **Uso de la motivación, basada en los intereses del alumno para el lograr un aprendizaje más significativo de los contenidos.**

El diseño de la interfase integradora de los OA ha sido creado con base en los intereses de los propios alumnos y acorde a la edad promedio en educación básica, los colores, fuentes fueron adaptados al manual de identidad del gobierno de Tamaulipas vigente.

En su elaboración se utilizó el paquete de diseño y programación web denominado Dreamweaver de la empresa Adobe Systems.

Mientras que para cada objeto de aprendizaje reutilizado, se incorporaron desde su origne diferentes recursos multimedia para la presentación de los contenidos y ejercicios, tales como: textos, imágenes, animación y video para despertar el interés en el alumno, dichos elementos fueron creados mediante los programas Adobe Flash, Adobe Photoshop y Adobe Ilustrator.

3. **El trabajo colaborativo entre el profesor y el alumno, para lograr un mejor aprovechamiento del software didáctico.**

Es posible que el material pueda ser consultado en equipos de trabajo que el propio profesor organice, dependiendo de las temáticas que se pretendan abordar en el salón de clase.

El software cumple con varios propósitos que permitirán propiciar el trabajo colaborativo, sirviendo de complemento en la explicación de los temas y como guía de repaso a los propios alumnos al revisar los temas varias veces y así aumentar su nivel de comprensión. Una vez que el alumno, revise los temas es posible que surjan algunas dudas, para ello el profesor deberá resolverlas en el salón de clase de forma rápida logrando establecer una comunicación más eficiente. Es importante mencionar, que el éxito en el uso del software dependerá en cierta medida de la incorporación adecuada en los procesos de enseñanza y aprendizaje cuando el profesor lo crea conveniente para reforzar los temas del programa.

4. **El papel del profesor como guía o facilitador del aprendizaje, asegurando la transferencia del conocimiento a todos los alumnos atendiendo sus diferentes estilos de aprendizaje.**

El software cubo didáctico permitirá al profesor también atender de forma personalizada el estilo de aprendizaje de todos sus alumnos, ya que la información se transfiere a través de los diferentes canales de percepción: auditivo, visual y kinestésico mediante la ayuda de la tecnología multimedia. Además, el profesor podrá utilizar mejor el tiempo en el salón de clases para asesorar dudas de forma individual a los alumnos sobre los temas vistos en clase, en vez de explicarlo nuevamente a todo el grupo.

Metodología para el desarrollo del software

A continuación, se enlistan las etapas que se llevaron a cabo en la elaboración del software cubo didáctico:

Etapa 1.- Planeación del proyecto

Se conformó un equipo multidisciplinario de técnicos pedagógicos y especialistas en tecnología educativa para realizar un estudio de factibilidad de la propuesta. Se analizaron los nuevos programas de estudio de las materias del nuevo plan de estudio de Telesecundarias. Con los referentes obtenidos se elaboró la solicitud para su correspondiente aprobación. Para finalizar esta etapa, se estructuró un cronograma de actividades a realizar, incluyendo probables tiempos de ejecución.

Etapa 2.- Acopio de los OA

Se realizó una búsqueda exhaustiva de materiales digitales, reutilizables con fines educativos, se localizaron los utilizados en diferentes proyectos como: HDT, Enciclomedia, Red Escolar, Sepiensa, entre otros.

Posteriormente, se seleccionaron los que se consideraron útiles.

Etapa 3.- Clasificación de los OA

Esta etapa constituye la base académica del software, se realizó un análisis detallado del contenido de los OA que fueron recopiladas a fin de, realizar el correspondiente cruce curricular, clasificándolas de acuerdo con los temas que conforman los nuevos programas de estudio de telesecundaria, enmarcados en el Acuerdo 07/06/17.

La información recabada se integró en fichas técnicas, diseñadas con el fin de proporcionar información útil para el profesor, la cual contiene datos tales como el grado escolar, asignaturas, ejes, temas y aprendizajes esperados. Así, al momento de realizar su planeación didáctica, puede identificar rápidamente el objeto de aprendizaje que le sea apropiada para presentar o reforzar algún contenido del programa.

Etapa 4.- Asignación de claves a los OA

Después de que los OA fueron seleccionados y clasificados, se le otorgó una clave a cada uno de ellos; para identificarlos con mayor facilidad, partiendo de la base que para abordar un tema es posible utilizar varios objetos de aprendizaje.

Etapa 5.- Integración de materiales en carpetas por asignatura

Los materiales disponibles fueron organizados en carpetas por asignaturas. Se compiló en un archivo, considerando como ventaja, su fácil transportación (USB) e instalación en las escuelas telesecundarias.

Etapa 6.- Diseño y Programación Web

El diseñador gráfico participó en la elaboración de los distintos elementos visuales del software, tales como logotipo, botones y pantallas, mismos que posteriormente fueron convertidos en archivos HTML, que se utilizaron para la creación de las fichas técnicas de cada objeto de aprendizaje en cada grado escolar. Los programadores web, crearon los enlaces a las distintas páginas web y los OA, así como la caja de búsqueda y la creación del instalador autoejecutbale (.EXE) para el sistema operativo windows en sus diferentes versiones (XP, 7, 8 y 10).

Etapa 7.- Depuración del software

En esta etapa se procedió a instalar en software en varias computadoras del CETE con el propósito de encontrar errores en los enlaces, así como asegurar que cada objeto de aprendizaje correspondiera al grado escolar, asignatura, ejes y temas establecidos. Así mismo se hicieron pruebas en los distintos navegadores web (Google Crome, Mozilla Firefox, Opera).

Etapa 8.- Documentación

Para presentar paso a paso los detalles de instalación del software, se elaborarán dos manuales, uno para Windows XP y otro para Windows 7,8 y 10. Y para mostrar detalladamente cómo se navega en el sistema, se elaboró un manual para el usuario.

Etapa 9.- Prueba piloto y Evaluación

En esta etapa, se pretende seleccionar una muestra de telesecundarias de la entidad con el fin de realizar una prueba piloto. Se instalará el contenido en computadoras de las escuelas seleccionadas, esto con el objetivo de evaluar el funcionamiento del material y su utilidad en el salón de clases.

Etapa 10.- Capacitación del personal

Se llevará a cabo una capacitación al personal técnico de las coordinaciones del CETE, para darles a conocer el software, el contenido, instalación, navegación y aplicación en el proceso enseñanza y aprendizaje.

Etapa 11 - Distribución e Implementación

El CETE producirá y realizará la distribución del material a las telesecundarias del estado, a través de las 13 Coordinaciones de Tecnología Educativa, quienes, a su vez, lo harán llegar a las telesecundarias de la entidad, copiando el archivo en una USB o bien estará disponible para su descarga en la dirección web: http://cete.online/

Finalmente, el profesor responsable de cada Telesecundaria instalará el software en las computadoras de la escuela a su cargo, siguiendo las instrucciones del manual correspondiente.

Mapa de ubicación de los OA

Figura 2. Ubicación de los OA en el software cubo didáctico

Figura 3. Pantalla inicial del software cubo didáctico

240

Conclusiones

Las tecnologías de la información y de la comunicación (TIC) son una herramienta útil para incorporar nuevos materiales didácticos que favorezcan la creación de ambientes de aprendizaje motivadores en el nivel básico. Además, su uso correcto en el salón de clases permitirá que los alumnos desarrollen las competencias requeridas en el siglo XXI para que puedan desenvolverse adecuadamente en la llamada "sociedad del conocimiento". De acuerdo a los resultados derivados de la prueba piloto que se aplicará al inicio del ciclo escolar 2018-2019, es posible realizar algunas mejoras del software con la intención de que pueda implementarse a finales de 2018 en una muestra representativa de las escuelas y para el segundo trimestre de 2019 se pretende opere en la totalidad de las 311 escuelas telesecundarias del estado. El software cubo didáctico, contribuirá como herramienta de apoyo didáctico para lograr que los resultados del proceso enseñanza y aprendizaje prosperen significativamente, ya que el material de clase se encuentra desarrollado bajo los principios de las teorías constructivistas y apegado a los nuevos planes y programas de estudio del nivel de telesecundaria.

Diseño, Desarrollo e Implementación de Recorrido Virtual en 3D Como Fortalecimiento Académico y Tecnológico en Campus Universitario

Diana Laura Martínez Fernández
Apolinar Mariano Francisco

Introducción

Existen diferentes problemáticas en el área de estudio de Ingenierías en México, una de ellas es la baja demanda de estudiantes en el área de Electrónica y Comunicaciones. De acuerdo a estudios realizados por la Asociación Alianza FiiDEM (Alianza para la Formación de Investigación en Infraestructura para el Desarrollo de México A.C.) en el periodo escolar 2013-2014 se ofrecieron 4084 carreras para 16 Ingenierías seleccionadas, en donde la Ingeniería en Electrónica y Comunicaciones tiene una evaluación de 8.6 en escala de 0 al 10 por parte de empresas en México, y esto como parte retroalimentaría en cuanto a la calidad educativa profesional, sin embargo de acuerdo a la SEP en el formato 911.9° hace un análisis comparativo de diversas carreras integrando dos periodos escolares 2007-2008 al 2013-2014 donde las Ingenierías con poco incremento fueron: Electromecánica, Electrónica y Comunicaciones, Eléctrica con menos de 15% de crecimiento. Actualmente el sistema educativo superior en México atiende a un poco más de tres millones de estudiantes en todo el país, esto significa que únicamente un poco más de la tercera parte de los jóvenes que deberían estar cursando estudios superiores realmente lo hace.

De acuerdo con datos de la UNESCO este tipo de problemáticas en los jóvenes de nivel medio superior enfrentaban países como: Argentina, Corea del Sur, Francia y España en la década de los 80´s y en países latinoamericanos como: Chile o Colombia en los 90´s, es por ello que es prioritario que la educación de nivel superior en México amplíe su cobertura de forma notable en los siguientes periodos.

En la ANUIES (Asociación Nacional de Universidades e Instituciones de Educación Superior de la República Mexicana) han propuesto, en el documento "Inclusión con Responsabilidad Social" que publicaron en 2012, que la cobertura en educación superior en México deberá ser, para el ciclo escolar 2021-2022, no menor al 60%, de la cual la modalidad escolarizada deberá ser no menor al 50%. Actualmente la distribución de la cobertura de educación superior es muy heterogénea a nivel estatal y regional. Esto significa que los esfuerzos que se hagan en materia de cobertura, además de ser de gran cuantía, deberán considerar las disparidades de nuestra realidad nacional. Otra problemática asociada a la cobertura es la relativamente escasa demanda de los jóvenes por incorporarse a programas educativos innovadores, pues en nuestro país existe concentración de matrícula en carreras como administración y otras, que además son poco remuneradas en el mercado laboral, debido a la saturación del mercado de trabajo.

La incorporación de estudiantes de educación media superior a las aulas universitarias de ingenierías también se puede lograr motivando el interés de los jóvenes con la utilización de herramientas y estrategias tecnológicas a su alcance, como lo es el uso de la realidad virtual. Así lo demuestran algunos estudios realizados, por ejemplo, Universum afirma que uno de cada tres jóvenes en estudio internacional cree que la realidad virtual revolucionará en las próximas décadas. A la par el portal web PuroMarketing reveló que el 79% de los adolescentes (de entre 10 y 18 años), aseguran estar interesados en las posibilidades de esta tecnología.

Analizando la problemática el equipo de trabajo que integra la Facultad de Ingeniería en Electrónica y Comunicaciones ha realizado algunas actividades destinadas a promover los programas educativos que se imparten, no obstante, a lo anterior, los índices de inscripción a los programas educativos no son satisfactorios, por lo que es necesario utilizar otras estrategias. Por lo tanto, se considera relevante y pertinente resolver la necesidad que existe de aumentar la demanda de aspirantes en la FIEC, a través de la implementación de un Recorrido Virtual en 3D, dado que esta tecnología está de moda en los jóvenes; los aspirantes podrán realizar un recorrido interactivo (como si estuvieran jugando un videojuego) en los espacios simulados virtualmente de la Facultad, durante el recorrido virtual conocerán información de su interés sobre los programas educativos de Ingeniería en Tecnologías Computacionales e Ingeniería en Electrónica y Comunicaciones. Con esto se espera comprobar la hipótesis que dice: la estrategia de implementar un Recorrido Virtual en 3D, fortalecen los mecanismos tecnológicos de difusión para la atracción estudiantil en la Facultad de Ingeniería en Electrónica y Comunicaciones.

Instituciones de Educación Superior con recorridos virtuales

Realizando una búsqueda detallada de los recorridos virtuales que existen en las Instituciones de Educación Superior (IES), nos encontramos con algunas instituciones que han implementado recorridos virtuales y que mantienen una vanguardia educativa y tecnológica de acuerdo a los sitios web de cada institución.

Tabla 1. Recorridos virtuales de las IES en México.

Características / Instituciones	Vista virtual en 360°	Adaptable en cualquier dispositivo	Es visible mediante una página web	Utiliza texto para indicar el uso del recorrido virtual	Utiliza una galería de imágenes
Instituto Tecnológico de Monterrey	✓	✓	✓	✓	
Universidad Nacional Autónoma de México	✓	✓	✓	✓	
Universidad del Mar		✓	✓	✓	✓
Universidad Mexicana	✓	✓	✓	✓	
Universidad de las Américas Puebla		✓	✓	✓	
Universidad de la Sierra Sur		✓	✓	✓	
Universidad Tecnológica de México	✓	✓	✓	✓	
Instituto Nacional de Antropología e Historia		✓	✓	✓	

Es preciso mencionar sobre las bases del concepto de la realidad virtual, éstas se asentaron con el artículo que publicó Ivan Suttherland "The ultimate Display" en 1965, en él describía este concepto como: "La pantalla es una ventana a través de la cual uno ve un mundo virtual. El desafío es hacer que ese mundo se vea real, actúe real, suene real, se sienta real".

La utilización de gráficos a través del ordenador tuvo que esperar aún algún tiempo, y se debe al trabajo realizado en el MIT (Massachusetts Institute of Technology) por Roberts y Sutherland. Roberts escribió el primer algoritmo para eliminar superficies oscuras y ocultas de una imagen, abriendo así el camino a la utilización de gráficos 3D [6].

Podemos confirmar que nuestro trabajo se trata de un Recorrido Virtual del tipo no inmersivo, en el que el usuario podrá interactuar con el entorno virtual a través de la pantalla de la computadora, teclado, mouse y audio.

Metodología usada

De acuerdo a la IEEE, la ingeniería del software es la aplicación de un enfoque sistemático, disciplinado y cuantificable al desarrollo, operación y mantenimiento de software; es decir, la aplicación de la ingeniería del software.

Todo desarrollo utiliza un proceso para elaborar software de cómputo. El proceso puede ser caprichoso o ad hoc; quizá cambie a diario; tal vez no sea eficiente, eficaz o incluso no sirva; pero sí existe un "proceso". Se sugiere que afín de cambiar un proceso personal ineficaz, un individuo debe pasar por las cuatro fases, cada una de las fases requiere capacitación e instrumentación cuidadosa.

El modelo PPS (Proceso Personal del Software), es el modelo que se sigue para documentar este software con enfoque a la hipótesis, la cual define cinco actividades estructurales: planeación, diseño de alto nivel, revisión del diseño de alto nivel, desarrollo y post mórtem, que continuación se detalla.

Planeación

El diseño del recorrido virtual está dividido en dos etapas, la que se refiere al desarrollo del Recorrido virtual y la que se refiere al desarrollo de la página web en la cual se alojará el Recorrido Virtual, es importante saber que para fines de este artículo solo se documentará la etapa del desarrollo del recorrido virtual.

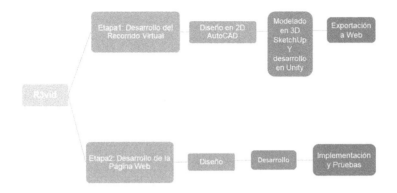

Figura 1. Etapas del proyecto.

Diseño y revisión del diseño de alto nivel

El diseño del recorrido virtual se inició a partir de un recorrido por las instalaciones, tomando fotografías de los diferentes espacios con los que cuenta la facultad, haciendo uso de algunos croquis del campus, se realizaron bocetos hasta obtener un diseño final deseable y posteriormente se pasó el croquis del papel a un software de modelado.

Desarrollo

Procedimiento para la construcción del escenario virtual

Se modeló el plano 2D del campus en el software AUTOCAD versión 2015, esta fue la primera etapa del desarrollo en un entorno computacional.

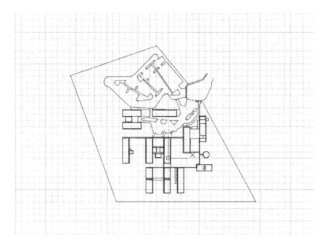

Figura 2. Plano en 2D del campus universitario.

La primera fase del desarrollo en 3D se realizó en el software SketchUp versión 2015, por su variedad de herramientas y material de consulta, a partir de los trazos en 2D, es decir, a través de la importación del plano en 2D de AutoCAD a este software.

Para el modelado en 3D, se inició colocando un plano cuadrado, con medidas en metros, después de ello se realizó un levantamiento simulando el terreno del área perimetral de las instalaciones, así como de las estructuras, como se observa en la figura siguiente.

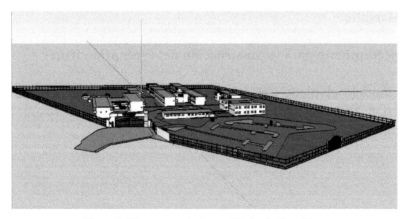

Figura 3. Vista panorámica en 3D desde SketchUp.

248

Las dimensiones de las paredes fueron las siguientes:

o   0.15 m de grosor de pared.
o   40 m de largo por cada edificio.
o   40m de largo para cada banqueta perpendicular al techo.
o   10 m de ancho de cada ala del edificio.
o   6.30 m de altura de cada edificio.
o   2m de ancho para cada pasillo.
o   3.05 m de altura para edificios de una sola planta
o   0.15 m de altura para pisos interiores a cada edificio.
o   0.20 m de altura de banqueta, pisos externos.

Posteriormente se exporta el proyecto con la extensión FBX, que se refiere a que el dibujo 3D es guardado en formato Autodesk FBX, mantiene la fidelidad total y la funcionalidad del archivo original y puede ser manipulado por múltiples programas. El resultado de la exportación FBX menciona las entidades de SketchUp procesadas y las entidades FBX exportadas.

Es importante saber que al realizar la exportación del proyecto, el archivo debe ser compatible con el siguiente software a utilizar, es por ello que el archivo es exportado con la extensión requerida (.fbx), dando paso a la siguiente etapa.

Para poder trabajar en el archivo que anteriormente se exportó desde sketchup, el archivo (.fbx) lo abrimos desde Unity obteniendo la vista del proyecto, brindando ajustes de medida en este caso ampliándolo de manera que esté visible en pantalla, y dentro del terreno plano en Unity.

A continuación, se brinda una explicación del proceso que se llevó a cabo para realizar el proyecto desde cero en Unity.

Para descargar este admirable motor de videojuegos, nos dirigimos a la página oficial de Unity [38]. Después de entrar a la página se deberá seleccionar la versión que el usuario desee, para el desarrollo de este proyecto utilizamos una versión estable (freeware) 5.4.3 para sistema operativo Windows 8.1. Ya instalado Unity en una computadora se inicia el programa y se procedemos a realizar un nuevo proyecto, eligiendo las características deseables del proyecto, también se eligen los assets (complementos) del proyecto para que este tenga las características deseables para el desarrollo del proyecto.

En la figura 4 se muestra la estructura que presenta la interfaz del programa, es muy importante que se familiarice con cada uno de los elementos de la interfaz y sus principales herramientas, por ejemplo, la interfaz cuenta con cuatro ventanas siendo la ventana de escena en donde se visualizará el proyecto, menú de aplicaciones, botones de control (o de manipulación) estos botones son los más usuales para editar el proyecto por esta razón se explicarán en el siguiente párrafo, modos de visualización (manipula la vista hacia alguno de los tres ejes cardinales). cabe mencionar que en internet se encuentra suficiente material de ayuda para iniciarse con este software.

Botones de control

Debajo del menú de Unity vienen definidos los botones de control tal y como se ven en la siguiente imagen, dichos botones son los más usuales para la manipulación del modelo:

Figura 4. Botones de manipulación.

Este botón permite moverse alrededor de la vista de escena:

ALT permite rotar.

COMMAND/CTRL permite hacer zoom.

SHIFT incrementa la velocidad de movimiento mientras se usa la herramienta.

Permite mover los objetos seleccionados en la escena, el movimiento se puede realizar en los ejes X, Y y Z.

Permite rotar los objetos seleccionados en la escena, la rotación se puede realizar en los ejes X, Y, Z.

Permite escalar los objetos seleccionados en la escena. En este caso también se puede escalar en cualquiera de los ejes X, Y y Z.

En Unity se puede reproducir el juego sin salir del editor con los controles de reproducción, el primer botón permite lanzar el juego y visualizarlo, el segundo permite pausarlo y el último a la derecha permite saltar adelante en el juego. Se puede visualizar el videojuego en la vista de juego tal como está o maximizando la pantalla.

También tenemos una herramienta para los Modos de visualización En la esquina superior derecha de la vista de escena se encuentra el Gizmo que se puede observar a continuación. Este Gizmo permite ver la escena desde diferentes puntos de vista. El modo de visualización por defecto es en perspectiva 3D y se obtiene haciendo clic sobre la caja central gris.

Figura 5. Modos de visualización.

- El cono verde "y" permite pasar al modo Top-Down (Vista aérea de la escena)
- El cono rojo "x" permite pasar al modo Side (derecha)
- El cono azul "z" permite pasar al modo Front (frontal)

251

También están los 3 conos grises que llevan a los siguientes modos: Back (atrás), Left (Izquierdo) y Bottom (Abajo).

Esta es la interfaz principal que en este caso muestra la vista panorámica del modelo en 3D de las instalaciones de la facultad.

Figura 6. Interfaz de usuario de Unity.

Procedimiento para la construcción de edificios

Desde que se trabajó en el diseño en 3D en el software SketchUp, se hizo el levantamiento de cada uno de los edificios y partes fundamentales de la Facultad de Ingeniería y Ciencias Químicas.

Al momento de importar el archivo (.fbx) al motor de videojuegos Unity pierde las características solidas del diseño, por lo que se procede a realizar lo siguiente para solidificar los objetos; se selecciona la herramienta cubo desde el menú *GameObject/3d Object/ Cube*, el cubo se coloca en cada uno de los objetos en la que el avatar (Identidad virtual que elige el usuario de una computadora) no debe de traspasar, esto hace que choque al momento de aproximarse o en alguno de los casos acercarse al límite del diseño en 3D.

Procedimiento para la iluminación, el cielo y complementos del escenario

Desde el diseño en SketchUp, se trabajaron aspectos fundamentales para que el usuario observará el diseño en 3D de forma panorámica, después, los aspectos del escenario en el Recorrido Virtual se complementan en Unity, donde se puede desarrollar gran parte del videojuego. Cada uno de los elementos que se utilizan en el desarrollo del Recorrido Virtual lo localizamos en el apartado Project Assets, para ello mencionaremos solo los aspectos más relevantes en el desarrollo.

Iluminación:

La iluminación del terreno es fundamental para observar y realizar el recorrido correctamente, para ello lo que realizamos es anexar cuatro directional light (Luces direccionales);

- 1 en el norte
- 1 en el sur
- 1 en el lado superior
- 1 en el lado inferior

De manera que se encuentre totalmente iluminado y tenga una vista adecuada para el usuario final.

En la siguiente figura se muestran los pasos para insertar las luces que sirven para iluminar el proyecto.

Árboles:

Durante el desarrollo de R3VID (nombre del proyecto) buscamos diseños de árboles dentro de la tienda de Unity (Asset Store), y descargamos algunos árboles que se adecuarán al espacio real como se muestran en la siguiente figura.

Objetos Complementarios:

Algunos de los objetos con los que cuenta la facultad fueron un poco complicados diseñarlos, uno de los casos fueron los objetos del espacio de ejercicios al aire libre; en consecuencia, se hizo una búsqueda dedicada en la web free de SketchUp.

Elevaciones del terreno

Las elevaciones del terreno fueron aplicadas de manera fácil directamente en el motor de videojuegos, con las opciones: terrain/ Inspector/ elegir diseño de elevación/ elevación del terreno.

Cielo:

La vista del cielo la podemos realizar desde un diseño free obtenido desde la Asset Store (tienda de Unity), o a partir de una imagen prediseñada o configurando un par de opciones en window dentro de Unity, alojando la imagen dentro de la carpeta Assets, ambos procesos son aceptables, la única limitante son las propiedades que se requieren dentro del proyecto.

Después de aplicar los elementos mencionados al proyecto queda como se muestra en la imagen:

Figura 7. Vista panorámica del cielo virtual.

Proceso para la navegación por el escenario.

Llevamos a cabo un análisis para saber cuál era la manera en que el usuario podría recorrer libremente el espacio virtual y poder identificarse dentro de él.

Por esta razón, adaptamos un avatar (representación gráfica de un personaje que se asocia a un usuario para su identificación) en primera persona con la intención de que cada usuario se asocie directamente con el entorno.

Por default en Unity se puede colocar un avatar sin necesidad de diseñar uno desde cero, para esto como en las opciones anteriores, lo encontramos dentro de la ventana Project/Assets/ Standard Assets/ Characters /FirstPersonCharacter / Prefabs…FPSController

Solamente lo arrastramos al entorno virtual, ajustamos altura, acercamiento a objetos e incluso aspectos de seguimiento (flecha).

Procedimiento para la incorporación del audio

Dentro de las opciones para incorporar audios en R3VID, se decidió integrar el audio a la ventana Project, y alojarlo dentro de una de las carpetas destinadas en Assets, es aquí donde en el apartado de Camera del avatar, adecuamos la música de fondo ya que el avatar permanecerá activo durante todo el recorrido en R3VID.

En la ventana Inspector, en la opción: audio source colocaremos la música y seleccionaremos Loop para que el audio no se detenga hasta cerrar completamente R3VID.

Cuando ya se ha concluido con los aspectos de diseño y animación en 3D del proyecto, podemos exportarlo a diferentes medios de almacenamiento/Ejecución. Este proyecto se exportó a la plataforma web para que el usuario final pudiera interactuar con el recorrido virtual y de esta manera se pudieron realizar las pruebas pertinentes.

Post Mortem

Esta etapa es sustancial porque se prueba la hipótesis, a través de la evaluación del recorrido virtual por parte de los aspirantes. Se eligió una institución en la que personal de la facultad asistió a promocionar, definimos como población a los alumnos de sexto semestre del plantel, de acuerdo al paradigma de investigación para investigaciones cualitativas, se seleccionó una muestra probabilística y luego se utilizó un procedimiento de listado "ad hoc" para seleccionar a los alumnos que interactuaron con el recorrido virtual.

Todo el contenido del recorrido virtual se pudo ver e interactuar a través de la página web.

Cuando se conoce el tamaño de la población N, entonces tenemos la siguiente fórmula para conocer el tamaño de la muestra:

$$n^{·} = \frac{n^{'}}{1 - n^{'}/n}$$

Tabla 2. Simbología de la fórmula.

Símbolo	Correspondencia	Símbolo	Datos
N =	Población.	N =	30
Ÿ=	Valor de una variable determinada (Y) que nos interesa conocer = (1) una encuesta por cada alumno.	Ÿ=	1
Se=	Desviación estándar de la distribución muestral.	Se=	0.03
V=	Varianza de la población con respecto a determinadas variables = al cuadrado del error estándar.	V=	0.0009
S2	Varianza de la muestra. Como la probabilidad de ocurrencia de Ÿ.	S2	0.09

$$n' = \frac{S2}{V2}$$

S2 = p(1-p) = .9 (1-.9) = 0.09

V = (0.03)2 = 0.0009

$$n' = \frac{0.09}{0.0009} = 100$$

Y ajustando tenemos que:

$$n' = \frac{n'}{1 - n'/n} = \frac{100}{1 + 100/30} = 23.07$$

Los aspirantes seleccionados respondieron una encuesta con 7 preguntas, en las cuales se plantearon 3 variables, lo anterior después de interactuar con el recorrido virtual.

Variable	Pregunta
Evaluación del Recorrido Virtual en cuanto al diseño, comprensión de las instrucciones y experiencia del usuario.	1, 2 y 3
Interés de los alumnos en el uso de las visitas virtuales en 3D.	4 y 5
Interés de los alumnos para estudiar un programa educativo en la FIEC.	6 y 7

Tabla 3. Variables evaluadas.

Resultados del experimento

El resultado fue favorable, más del 60% de los alumnos respondieron positivamente a cada variable después de explorar con el recorrido virtual, es decir, calificaron a la estrategia con un buen diseño, una experiencia del usuario positiva y de su interés. En las siguientes gráficas se evidencía de manera general la evolución de la oferta y demanda de los últimos 6 años, existe un pequeño incremento en la demanda de estudiantes del PE de Electrónica y Comunicaciones en el año 2017, considerando que es el que se encuentra en estado más crítico; con los resultados de la evaluación de la estrategia podemos confirmar que se debe al fortalecimiento de las estrategias de promoción como lo es la implementación del recorrido virtual.

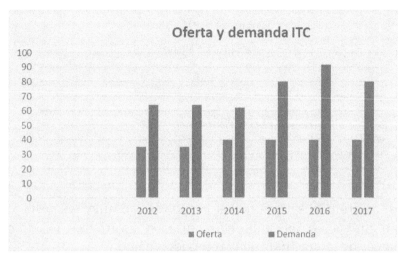

Figura 8. Oferta y demanda ITC

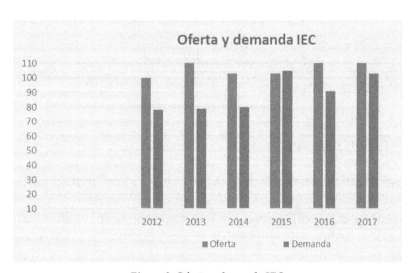

Figura 9. Oferta y demanda IEC

Conclusiones

En este Proyecto se ha estudiado y analizado la falta de demanda de estudiantes en los Programas educativos de la facultad de Ingeniería en Electrónica y Comunicaciones de la Región Poza Rica-Tuxpan. Nuestros resultados favorecen positivamente a la implementación de un recorrido Virtual en 3D, mismo que interesa a los aspirantes universitarios para conocer más sobre el área de la Electrónica y Comunicaciones, así como el de las Tecnologías computacionales, además fortalece los mecanismos de difusión de la Facultad con el uso de herramientas novedosas para los jóvenes como lo es el recorrido virtual de este proyecto.

En resumen, se puede concluir que la hipótesis planteada que se enuncia: la estrategia de implementar un Recorrido Virtual en 3D, fortalecen los mecanismos tecnológicos de difusión para la atracción estudiantil en la Facultad de Ingeniería en Electrónica y Comunicaciones, sí se cumple.

Como recomendaciones para mejorar el proyecto, optamos por trabajar en el rediseño del RV para poder hacerlo público de manera web con los permisos correspondientes de la Institución, de esta manera será posible dar a conocer el recorrido virtual a más aspirantes, además de mejorar las escenas del proyecto.

Los MOOC Como Alternativa de Formación Docente en las Instituciones de Educación Superior

Emilio Zúñiga Mireles
Alfredo Mariano Francisco

Introducción

En la época actual las tecnologías de la información y la comunicación (TIC) se han convertido en herramientas esenciales de la vida diaria en las Universidades, esto nos ha empoderado en la forma de relacionarnos y de acceder al conocimiento y a la información, transformando la Sociedad de la información dando un paso a la sociedad del conocimiento estableciendo un paralelismo entre las mismas, esto nos lleva a hablar de tecnologías de aprendizaje y del conocimiento (TAC).

Pasando de las TIC a las TAC se abre un nuevo panorama donde docentes de la Universidad y Sistemas educativos deben de replantear nuevos espacios formativos y por lo tanto nuevos contenidos, desarrollando nuevas metodologías que impacten en los procesos de enseñanza aprendizaje, para garantizar una educación y formación de calidad de los futuros profesionales es por eso darle relevancia a los contenidos digitales y su incorporación en las aulas. Dentro de estas Metodologías disruptivas encontramos la incursión de los MOOC (Massive Open Online Courses) al ámbito Universitario esto es un sueño alcanzable para muchos educadores, y a la vez para el ser humano lograr una educación de alta calidad, es decir pasar de un sistema educativo para miles a un modelo educativo para millones. Educar al mundo entero ya es una realidad como una posibilidad real. La revolución que presentan los MOOC será un impulsor fundamental en la aparición de la nueva sociedad del aprendizaje (TAC) dentro de ella el ser humano estará aprendiendo de los MOOC y otros recursos para estar mejor preparado y así tomar las mejores decisiones que demanda un mundo globalizado, dinámico y complejo.

La revolución educativa de los MOOC empezó a ser vista desde una perspectiva más académica cuando diferentes universidades de reconocido prestigio iniciaron sus actividades masivas, entre otras, Stanford, Harvard, MIT, Universidad de Pennsylvania y la Universidad de Toronto. Existe un consenso en la comunidad científica sobre la importancia y popularidad de los MOOC, principalmente, por su alcance Internacional y la oportunidad de ofrecer una formación de calidad a través de prestigiosas instituciones a cualquier persona, lo que hace muy poco parecía estar destinado a las élites. Al mismo tiempo, existen discrepancias y cuestionamientos sobre el valor pedagógico y el alcance que tendrá el movimiento de los MOOC en la Educación Superior.

En la Universidad es tiempo que nuestros docentes se sigan preparando y tomando estos cursos MOOC como iniciativa de mejora en su desempeño docente y su internacionalización, esta iniciativa se fundamenta en que es preponderante que cada alumno y Docente se sigan actualizando para afrontar el reto educativo en las Universidades y que mejor oportunidad se tiene con la oferta educativa por medio de las Plataformas que ofertan MOOC como son MIRIADA X y COURSERA entre otras.

Dentro de este análisis de temas relacionados a tecnologías disruptivas conoceremos algunas características de los MOOC este es un acrónimo que en ingles significa (massive open online courses) y en español se describe como COMA esto significa cursos en línea masivos y en abierto, este término apareció en el 2008, pero se reafirmó en el 2011 cuando se inscribieron 160 000 alumnos de 190 países a tres cursos de Ciencias computacionales que se ofrecieron por la universidad de Stanford entre tanto de ahí en adelante este tema ha sido tema de discusión en Estado Unidos de Norteamérica y el Mundo.

TRANSITANDO DE LAS TIC A LAS TAC EN LOS PROCESOS DE CAPACITACIÓN DEL PROFESORADO UNIVERSITARIO

De acuerdo a la demanda que el profesor universitario requiere desarrollar en su práctica educativa haciendo uso de las Tecnologías de la información y comunicación TIC como principal herramienta de acceso a la información y de comunicación, que permita el intercambio de experieriencias de aprendizaje mediadas por la tecnología, se plantea la enorme necesidad de capacitar a los profesores de la Universidad Autónoma de Tamaulipas en la utilización de las mejores estrategias y métodos de enseñanza que les permita integrar de mejor manera las TIC en las asignaturas que imparten, dicho proceso se conoce actualmente con el nombre de TAC (Tecnologías del Aprendizaje y del Conocimiento), logrando con ello que los profesores puedan diseñar experiencias de aprendizaje enriquecedoras y que los alumnos puedan transitar con éxito de la sociedad de la información a la sociedad del conocimiento. Afirma Lozano (2011) que las TAC van más allá de aprender a usar las TIC y estas deben de estar al servicio del aprendizaje y de la adquisición de conocimientos utilizando nuevas Metodologías para la formación principalmente del profesorado para que ponga en práctica la digitalización al servicio del estudio y el trabajo, y sepan trasmitir estos conocimientos digitales a sus alumnos. De las TIC a las TAC estas han abierto un nuevo panorama ante el cual los profesores y los sistemas educativos deben replantearse y buscar nuevos espacios de formación, donde se incluyan también recursos didácticos digitales y herramientas de comunicación innovadoras para el aprendizaje, todos estas adecuaciones deberán estar acompañadas de metodologías adecuadas que incidan directamente en los procesos de enseñanza-aprendizaje, para poder garantizar una educación y formación de calidad a los alumnos universitarios. La aplicación de dichas metodologías de aprendizaje, permitirá que las aulas tradicionales se conviertan en espacios abiertos, dinámicos y flexibles que motiven a los alumnos a desarrollar tareas que involucren un tratamiento de la información digital y desarrollar competencias digitales que les permita aprender a aprender; dentro de estas metodologías disruptivas están los MOOC, (cursos en línea masivos y abiertos).

¿QUÉ SON LOS MOOC?

MOOC es un acrónimo que significa en inglés (massive open online courses,) es decir, cursos en línea masivos y abiertos:

Curso: un MOOC tiene una estructura y unos contenidos determinados por personas expertas.

En línea: las personas participantes estudian a distancia a través de Internet y la mayoría de materiales son accesibles en la Red.

Masivo: permite la participación de un número de personas mucho mayor que un curso presencial. Abierto: los MOOC son gratuitos (aunque hay excepciones como los que cobran por consultar al/a la docente o por la acreditación obtenida). Abierto también significa que incentiva la participación activa del alumnado en un proceso de aprendizaje colaborativo y que se suelen utilizar materiales sin licencias restrictivas.

El término MOOC lo creó, en 2008, David Cornier director de Comunicaciones Web e Innovaciones de la Universidad de Prince Edward Island y por Bryan Alexander del Instituto Nacional para la Tecnología en Educación Liberal (http://www.openuped.eu/), mientras que el Tsunami originado por los MOOC´s comenzó, formalmente, en el otoño de 2011. En ese momento alrededor de 160,000 estudiantes de 190 países se inscribieron en tres cursos de ciencias computacionales ofrecidos por la Universidad de Stanford Pence (2012-

2013) y, desde entonces, los MOOC han sido el tema de más impacto en las discusiones sobre educación superior en los Estados Unidos de Norteamérica.

Ni Stanford ni sus profesores involucrados en los MOOC´s tuvieron idea de lo que vendría. Sebastian Thrun, uno de los profesores de Stanford incluidos en el programa, se dio cuenta del tremendo potencial de los MOOC´s. Thrun abandonó la Universidad de

Stanford, instauró su propio MOOC educativo privado y lo denominó Udacity, cuyo objetivo era y continúa siendo la democratización de la educación, la cual fue ofrecida sin costo.

TIPOS DE MOOC

Se hace mención que no todos los MOOC son iguales. Se visualizan en la actualidad varios tipos de MOOC en sus contenidos existen diferencias en sus metodologías, objetivos y resultados esperados.

No todos los MOOC son iguales. Podemos visualizar varios tipos de MOOC. Existen diferencias en los objetivos, metodologías y resultados que se esperan. Vamos a considerar los siguientes:

xMOOC: Se basan en cursos universitarios tradicionales que parecen reproducir la pedagogía de la tecnología del aula‖. Según la entrada Tipos de MOOC‖ de Martí (2012) Son de los que últimamente se está hablando más a nivel educativo. Los de mayores matrículas en cuanto al número de alumnos matriculados‖. —…Normalmente son llevados a cabo por profesores universitarios presentan una serie de pruebas automatizadas y poseen una gran difusión mediática. Están basados en la adquisición de contenidos y se basan en un modelo de evaluación muy parecido a las clases tradicionales (con unas pruebas más estandarizadas y concretas).‖

cMOOC: Está postulado en las ideas de George Siemens sobre el aprendizaje conectivista. Se basan en que el aprendizaje se genera gracias al intercambio de información y la participación en una enseñanza conjunta y mediante la interacción intensa facilitada por la tecnología

MOOC son comunidades discursivas que crean conocimiento juntos (Lugton, 2012). Puede llevar a un choque cultural al principio, pero tras la adaptación puedes comenzar a disfrutar de la experiencia.

Según Jordí Martí, son un modelo que se basa en personas y no en instituciones. Un modelo donde la evaluación tradicional se hace muy difícil y el aprendizaje fundamentalmente se centra en la adquisición de habilidades por las conversaciones que se generan. Estaríamos hablando de este modelo como una red social de aprendizaje. Después, contamos con un híbrido entre estos dos anteriores. Que es el centrado en las tareas.

En palabras de Martí (2012), estos MOOC hacen hincapié en las habilidades de los alumnos en la resolución de determinados tipos de trabajo. El aprendizaje se halla distribuido y en diferentes formatos, pero hay un cierto número de tareas que es obligatorio hacer para poder seguir avanzando. Unas tareas que tienen la posibilidad de resolverse por muchas vías, pero, cuyo carácter obligatorio hacen que sea imposible pasar a nuevos aprendizajes hasta haber adquirido las habilidades previas. La comunidad se hace secundaria y su uso fundamental es para comentar y resolver dudas puntuales. Lo realmente importante es el avance del estudiante mediante diferentes trabajos (o proyectos). Este tipo de MOOC´s suelen ser una mezcla de instrucción y constructivismo.

¿CUÁLES SON LOS BENEFICIOS DE ENTRAR A UN MOOC?

Llegados a este punto, ¿qué cosas buenas nos aporta un MOOC? Dejando a un lado las virtudes‖ que nos ofrece la enseñanza online en general, como por ejemplo la flexibilidad espacio-temporal, aprendo dónde quiero y cuándo quiero, el MOOC consigue democratizar el conocimiento. Hace que el conocimiento llegue a todas las personas del mundo y que éstas, puedan ser ilustradas por expertos de renombre procedentes de Universidades como Harvard o Stanford, inalcanzables anteriormente. Ya no son sólo los alumnos de estas universidades los privilegiados en ser instruidos por los mejores, sino que ahora toda persona con inquietud y ganas de aprender, puede acceder a los contenidos y el saber de estos maestros.

Los MOOC, en definitiva, dan un acceso universal a la educación de alta calidad. Además, gracias a este acceso universal y gratuito, las personas que realizan estos cursos, valoran el conocimiento a pesar de no tener que pagarlo. Se borra el tópico lo bueno es caro‖.

Por otra parte, la Soledad que tiene un aprendiz a distancia siempre ha sido foco de inquietud en el mundo del e- learning. Este aislamiento en el que se encontraban estos estudiantes se ha ido paliando en un alto grado con el aprendizaje a través de internet.

Pero con la llegada de los MOOC y su objetivo, nos atrevemos a decir que se aprende en comunidad, este aislamiento en el que se encontraba el estudiante, ha quedado reducido. Además, son excelentes para trabajar la formación permanente. Da mucha flexibilidad a las personas que quieren completar su formación en un determinado tema, o bien a quienes quieren aprender nuevos contenidos sobre temáticas esenciales, como idiomas, diseño, programación, estadística, tecnología…Hay que tener en cuenta, que el público objetivo al que se dirigen los MOOC es gente con formación alta previa‖ que están acostumbrados a trabajar autónomamente y que tienen un proceso formativo previo, acorde a los requisitos mínimos del MOOC

Además, los MOOC proporcionan novedades a la institución a las que antes no tenía acceso, como por ejemplo datos de la interacción de los alumnos o la operatividad de su plataforma. Le hace posicionarse con otras entidades y esto hace que se cree una mayor responsabilidad corporativa. Se piensa más en la imagen de la Universidad al tener más visibilidad a nivel global.

El valor añadido que le aporta a un alumno, además del aprendizaje en sí, es la empleabilidad que le puede generar la consecución del curso. Además, le da oportunidad de estar en conexión con personas que comparten los mismos intereses o perfiles profesionales, para a partir de ahí crear nuevos grupos y generar nuevas ideas con el fin de conseguir nuevos proyectos o emprender vías con diferentes objetivos.

¿QUIÉNES ESTÁN DETRÁS DE UN MOOC?

No contamos con una figura de tutor como tal, debido a que sería imposible que respondiera a correos y preguntas de miles alumnos. Pero no es necesario. La metodología MOOC se ha credo dado con esta idea, y para ello, contamos con otras figuras que lo compensan. Pero ¿quién está detrás de un MOOC? En la creación de un MOOC involucra a muchos profesionales. Se establecen Seis tipos de profesionales diferentes que hacen que se lleve a cabo esta labor. Los diferenciamos en dos bloques. Por un parte están los profesionales de la tecnología que ofrecen un soporte tecnológico y que son: los informáticos que crean y mantienen las plataformas, los diseñadores que se encargan de la maquetación e imagen del curso y de la imagen de la plataforma y los profesionales de los contenidos digitales que graban, editan y producen los videos para los cursos.

Este soporte tecnológico no siempre lo vemos, o al menos no con la suficiente claridad. Quedan en la sombra respecto al otro ámbito, que es el que hemos llamado soporte para el aprendizaje. Éste consta de tres pilares que son los encargados directos del contenido y aprendizaje.

Docentes: Los docentes, tienen el papel más importante y de más peso en este proceso de creación de un MOOC. Son los encargados del diseño instruccional, de elaborar los videos, los contenidos escritos, la autoevaluación y en ocasiones, contenidos complementarios. Los cursos MOOC suelen estar desarrollados por varios profesores. Muchos de ellos incluso cuentan con más de 3 o 4. Algo que enriquece la temática y el aprendizaje, al tener una gran variedad de puntos de vista o diferentes maneras de exponer los contenidos. La creación de los MOOC no sustituye el trabajo en el aula de los docentes. Éstos son insustituibles.

Curadores: La figura de los curadores como apoyo al eje docente-contenido llevan el control académico de lo que sucede en el curso. Es un experto en el contenido del curso y además, actúa como portavoz del equipo docente en la plataforma. Los curadores son los encargados de resolver dudas sobre la materia del curso, que en un tiempo prudencial‖ (Marauri, 2013), no hayan sido resueltas por los propios participantes o a través de los facilitadores.

También resolverán actividades que no se comprendan o reclamaciones que se expongan en los foros. Su principal vía de comunicación son los foros.

Facilitadores: Es la persona que lleva a cabo el último control de calidad sobre el funcionamiento del curso antes de su apertura. Además, como objetivo principal dinamiza los foros para lograr la participación de todos los alumnos e incentivarlos para que completen el curso. Resuelve dudas de funcionamiento de la plataforma y potencia la reputación del curso de cara a los alumnos. Además, reporta a los curadores del curso incidencias o quejas respecto a los contenidos y posibles propuestas de mejora. Los facilitadores son el apoyo técnico de los alumnos, con lo cual deben estar familiarizados con la plataforma e informar de conceptos como badgets‖, karma, credenciales, certificados... Además, deben fomentar el trabajo autónomo explicando las herramientas de las que disponen los participantes. Algo con lo que también tendrán que lidiar es la moderación de los foros, para que en estos se fomente el respeto y la convivencia. Tendrán que tener una hoja de incidencias que compartirá con los cinco agentes que hemos mencionado para solventar los problemas que superen sus competencias.

En su presentación, Marauri (2013) expone las rutinas de trabajo aconsejables para los facilitadores:

- Iniciar la jornada entrando en el foro de coordinación
- Revisar la hoja de reportes de incidencias del día anterior.
- Acceder y revisar el curso.
- Detectar en los comentarios nocturnos problemas técnicos de funcionamiento y comprobarlos por sí mismo.
- Leer todos los mensajes del foro y determinar si existe algún mensaje que deba enviarse al curador del curso.
- Completar la hoja de incidencias con los errores detectados.
- Si el curso dispone de wiki revisarla y ayudar a estructurarla, (no todos los cursos tienen wiki).
- Añadir alguna pregunta frecuente si vemos que se repite periódicamente.

¿CÓMO APRENDEMOS EN UN MOOC?

La letra M de su nombre hace referencia a Masivos. No es un curso dirigido a 50 o 100 personas, sino a miles. La base en la que se asienta el aprendizaje en los MOOC, es social, el llamado Social Learning, que se basa en el concepto de comunidad. En los MOOC aprendemos de y con la comunidad que se genera en el curso.

Bernardo Díaz, en el focus Group de SCOPEO, menciona que la sigla C de MOOC, no es sólo de Course (curso) sino también lo es de Community (comunidad). Así pues, como hemos mencionado antes, las dudas son resueltas por los propios alumnos del curso en los foros de discusión. Si en un determinado caso, estas dudas no son resueltas en un tiempo concreto, el curador de contenidos entra en el foro orientando y resolviendo problemas. De esta manera, a medida que participas y ayudas a la comunidad, vas ganando medallas que hacen que incremente tu karma. Este Karma es el que te da reputación dentro del curso. Gracias a estas colaboraciones de los alumnos, se crean enlaces con contenidos suplementarios y de apoyo, contando siempre con el beneplácito del curador que es quien dice si ese contenido es de calidad.

En palabras de Marauri (2013) en el eMadrid sobre MOOC: primeros resultados (17 de Mayo de 2013) los enlaces de alguno de los cursos se han llegado a quintuplicar‖ gracias a la colaboración de los participantes que consiguen hacer más rico y variado el proceso de aprendizaje del MOOC. Una vez que completas las actividades propuestas durante el curso y el visionado de todos los videos, llega el momento de hacer la evaluación. Por lo general, los MOOC suelen tener un test de autoevaluación, el cuál realizas y obtienes una puntuación y una evaluación entre pares donde los compañeros otorgan una calificación.

LOS MOOC COMO MODELO DE NEGOCIO

Las Universidades, como cualquier organización, necesitan ingresos monetarios para subsistir, ingresos de muy diversas procedencias. En épocas de crisis, se les está presionando a las Universidades para captar fondos y poder así sustentarse.

Siguiendo esta línea argumental, se dice que los MOOC son un negocio para las Universidades. Según Román, (2013), las Universidades pueden comenzar a generar ingresos por los MOOC de varias maneras que pasamos a enumerar:

- Dando un crédito o la primera parte de un curso gratis, para que el resto de los créditos o las siguientes partes del curso, se consigan pagando a esa institución.
- Cobrando los certificados.
- Cobrando por las tutorías de los profesores.
- Vendiendo libros y otros materiales asociados al curso

La mayoría de las instituciones ha comenzado por la segunda opción. Cobrar los certificados a las personas que completen el curso y quieran certificarlo. Pero como podemos leer en Publishers See Online Mega-Courses as Opportunity to Sell Textbooks‖ (Howard, 2012) ya hay editoriales y profesores que ven en los MOOC un negocio de venta de sus libros de texto.

Pero, ¿es rentable mantener los MOOC? Detrás de un solo curso, como hemos visto, hay muchas personas trabajando en él y, hoy por hoy, como comentaban los expertos en el focus group de SCOPEO, no es rentable. Será rentable cuando comiencen a expedirse certificados en grandes cantidades. La crítica que se le está haciendo a los MOOC en este sentido, es que inicialmente se consideraba que la formación era gratuita, debido a la segunda vocal O de su nombre, Open. En realidad, es gratuito el acceso a esta formación, no la certificación.

ACREDITACIONES Y DIPLOMAS CON LOS MOOC

Certificado de Participación.

Este certificado se emite en todos y cada uno de los cursos que se imparten en Miríadax y lleva asociado un badge o insignia identificativa que se presenta en la página de inicio de todos los cursos.

Se consigue de forma gratuita cuando el alumno ha superado, al menos, un promedio del 75% de los módulos del curso. Este promedio se calcula dividiendo la suma del número de módulos superados entre el número total de módulos del curso. Reconoce la participación del alumno en el mismo. El certificado puede descargarse como un diploma en formato PDF y como un badge que, además, se muestra en la plataforma y puede exportarse a "Mozilla Open" Badge.

Contiene:

- Nombre y apellidos del estudiante.
- Indicación de que el estudiante ha participado en el curso.
- Fecha de emisión.
- Título del curso que ha seguido y una descripción del mismo.
- Duración del curso y horas estimadas de estudio.

No incluye imagen de la universidad, ni firma del docente o responsable del equipo docente.

Certificado de Superación

Podrán obtener este certificado, previo pago de su coste, aquellos inscritos que lo soliciten y que hayan superado la totalidad de las actividades obligatorias incluidas en el curso, dentro del plazo establecido en cada una de ellas. Se consideran superadas las actividades obligatorias incluidas en el curso cuando el usuario haya completado el 100% de sus módulos.

El Certificado de Superación de Miríadax ha pasado de ser un PDF descargable a ser una INTERFAZ WEB.

Este nuevo formato aumenta su valor, ya que permite:

- Añadirlo a tu cuenta de LinkedIn.
- Añadirlo a tu firma de correo corporativo.
- Descargar el diploma como un documento pdf.

- Compartirlo a través de las Redes Sociales (Twitter/ Facebook/GoogleMail)

Y además contiene el siguiente contenido interactivo:

- Video de presentación del curso.
- Temario del Curso (Títulos de módulos y fechas de realización).
- Participación del alumno a través de las herramientas habilitadas (foro, blog, wiki…).
- Claustro de profesores del curso.
- Percentil del alumno (situación en el colectivo de alumnos).
- Rendimiento (calificación basada en el progreso obtenido).
- Añadir pruebas o evidencias (datos relevantes de tu participación en el curso).
- Añadir referencias (solicita a tus profesores tu referencia a través de LinkedIn).

La UNED en su plataforma UNED COMA y junto con el Centro Superior para la Enseñanza Virtual, CSEV, emiten un certificado propio que cuenta con un código de verificación único con el que se puede comprobar la autenticidad del mismo. La UNED como mencionábamos antes, tiene dos tipos de certificaciones como podemos ver en su web Portal UNED y son:

- Una credencial, que se otorga a quien pide expresamente un reconocimiento, previo pago de una tasa de inscripción y la superación de una prueba on-line
- Un certificado, que se obtiene como en el caso anterior, pero implica la celebración de una prueba presencial que se puede realizar en cualquiera de los centros habilitados de la UNED.

El caso de Coursera

En este caso también se diferencia la Universidad desde la que se ha hecho el curso MOOC. Además, cuentan con la diferencia de que la acreditación va firmada por el profesor encargado del MOOC.

En los tres casos de ejemplo, tanto en Miradax, como en la UNED y Coursera, dejan claro que se está dando un esfuerzo para que la acreditación y certificación tenga valides para el usuario de estos cursos y sea motivo de para que sega superándose.

Recordemos que estamos ante un proyecto novedoso que se está dando dentro y fuera de las Universidades y por lo tanto sujeto a cambios. Toda mejora y crítica constructiva, será aceptable. Lo mejor en estos casos, es tener paciencia e ir viendo los avances y modificaciones que se irán dando desde las entidades para ir evolucionando en estos aspectos en beneficio de todos los usuarios de estos cursos.

PROBLEMAS Y RETOS CON LOS QUE SE HAN TOPADO LOS MOOC

Consideramos hablar de los problemas que se están generando a medida que vamos conociendo los MOOC. Hemos hablado hasta ahora de qué son, cómo funcionan y qué nos aportan. Ahora vamos a ver qué cosas se han complicado y qué retos tienen por delante. Se trata de la típica problemática que se ha tenido desde que comenzó la enseñanza online, que es garantizar que la persona que se matricula en el curso, es decir, ¿cómo demuestro que soy yo quien hace la evaluación e interactúo en el curso? En la UNED de España lo están solucionando con la posibilidad de hacer el examen online en una de sus sedes presenciales (video min 1:15). Sin embargo, desde SCOPEO, se considera que debido al perfil de las personas interesadas en hacer MOOC y que éstas lo hacen por mera formación y por querer crecer como profesionales, no sería muy coherente el hecho de intentar una suplantación a la hora de realizar el test.

Esta suplantación o trampa, se podría dar en otros niveles formativos, pero en cursos como los MOOC, que están dirigidos a personas que quieren completar su formación y ampliarla de una manera totalmente desinteresada, (gratis y sin requerimiento de créditos) y que, además, lo hacen por su propio autoaprendizaje,

¿Por qué iban a querer que alguien les suplantase?

Becerra (2013) hace mención de esta idea argumentando que los MOOC no están dirigidos a las personas que están dispuestos a hacer trampa, sino a quienes están dispuestos a aprender. Al margen de esta reflexión, creemos necesario el desarrollo de herramientas que acrediten que eres tú la persona que te matrículas y completas el curso.

FUTURO DE LOS MOOC

Entonces, ¿se trata de algo que puede perdurar en el tiempo o por el contrario es algo efímero? Se trataría de algo temporal, si los empleadores o empresas, no valoraran que sus empleados tengan esta modalidad de formación. En el momento en el que las empresas valoren que sus trabajadores o sus futuros empleados, cuenten en su currículum con este tipo de cursos, estaremos ante algo más duradero.

"Los expertos aconsejan, por lo tanto, que para que resulte efectivo en la búsqueda de empleo hay que elegir el curso atendiendo al prestigio de la escuela que lo imparte, a la alineación del contenido con la preparación ya adquirida y a la duración del programa."

Es difícil concebir los MOOC como sustitución a la enseñanza superior universitaria reglada. Pero, sin embargo, sí le encontramos cabida a los MOOC cuando nos referimos a la formación permanente, los MOOC son ideales para personas en activo o universitarios que están acabando o han acabado su formación, y quieren complementarla o ampliarla.

Desde SCOPEO se considera que los MOOC tendrán futuro si se cumplen los objetivos que se dan en estos tres ámbitos: pedagógico, si el alumno considera que con esta metodología aprende y le sirve para formarse; empresarial, si las empresas valoran que los empleados se hayan formado con esta modalidad de aprendizaje; e Institucional si las Universidades, empresa y plataformas que gestionan los MOOC ven que se consiguen resultados de posicionamiento frente a la competencia de atracción a nuevos clientes-alumnos y si la relación Inversión Vs. Resultado resulta satisfactoria.

CONCLUSIÓN

Podemos concluir diciendo que la Universidad Autónomo de Tamaulipas tomara en consideración la actualización docente por medio de los MOOC que son considerados como nueva modalidad de formación online, calificados como un nuevo espacio de autoaprendizaje donde se aprende de y con los participantes que forman esa comunidad, donde se aportan una serie de contenidos inicialmente pero esos contenidos son complementados por todos los participantes, con distintos recursos, ya sean imágenes, citas, videos, artículos, etc. Esta nueva modalidad hace que nos replanteemos la manera en la que hasta hoy se hacen las cosas, nos impone un reto para transformar nuestra forma de HACER para lograr una nueva forma de APRENDER dentro de todo ámbito educativo.

Algunas preguntas que se hacen en cuestión ¿Los MOOC sustituirán la formación universitaria? en esta reflexión diremos que los MOOC no sustituirán la educación Superior, sino que son un complemento perfecto para la misma. La inclusión de los MOOC al ámbito universitario es un tema de reciente actualidad que pondremos en práctica en nuestra institución la Universidad Autónoma de Tamaulipas para que nuestros Alumnos y Docentes se Internacionalicen de acuerdo a su perfil educativo y adquieran certificaciones y conocimientos necesarios acordes a los nuevos retos de las Universidades por la inclusión de las TIC que se trata de la Sociedad de la información y pasando a la Sociedad del conocimiento con las TAC esto es motivo de realizar nuevas Metodologías aplicables en el aula y fuera de ella.

Entre tanto algo que en un principio se veía como lejano en el futuro, la integración de los MOOC en la educación tradicional, ya es una realidad en algunas Universidades que ofrecen la posibilidad de realizar un curso en una plataforma a través de un MOOC que luego se puede convertir en créditos oficiales.

Algunos autores piensan que el futuro de los MOOC está en ofrecer pequeños cursos, muy personalizados para atender a las necesidades particulares de cada persona. En este sentido, los MOOC, más que competir con la enseñanza tradicional que tiene como objetivo la obtención de un título, estarían orientados a satisfacer las necesidades de conocimiento que surgen en el día a día y en especial en el entorno laboral. Mencionamos que carácter disruptivo de los MOOC se verifica aplicando nuevas metodologías, nuevas tecnologías y nuevas formas de organizar la educación.

Creemos que falta mucho por hacer en cuestión de la Educación en todos los ámbitos principalmente en el Universitario, pero una manera de seguir aprendiendo y estar actualizado es acceder a este tipo de cursos MOOC donde seguirás preparándote y refrescando tus conocimientos para afrontar los retos que el futuro educativo nos depara en el Mundo Globalizado.

Aprendizaje Centrado en el Estudiante y las Tecnologías del Aprendizaje y el Conocimiento

Carmen Lilia de Alejandro García
Elsa Guadalupe Pérez Amaro
Daniel Desiderio Borrego Gómez

Introducción

La práctica educativa a través de los años se ha centrado en el contenido de la materia que se imparte y se ha centrado también en la trasmisión del conocimiento, además se tiene la creencia de que en un entorno educativo la fuente principal de conocimiento es el profesor y que es el docente quien trasmite la información o el conocimiento dirigiendo lo que se aprende y seleccionando lo que es valioso aprender, dejando de lado al actor principal que requiere la educación y el conocimiento que es el alumno; Collis, B. & Moonen, J. (2006) piensan que en lugar de decir: «Haremos un curso», «Daremos un curso», debemos de decir: «Ayudaremos a los que aprenden a encontrar y crear cosas por sí mismos». Collis, B. & Moonen, J. (2006) ven al que aprende no como un agente pasivo o alguien que recibe material, sino como el que tiene una responsabilidad compartida de contribuir con la comunidad de aprendizaje.

Pasar de decir: «Aquí está el curso y esto es lo que tienen que hacer» a decir: «¿Qué opciones les gustaría tener para trabajar en el aprendizaje de este curso?, ¿Qué tipo de actividad?; aquí tenemos tres o cuatro opciones, ¿Cuál es la mejor para usted?». En lugar de hablar, entregar y leer, el énfasis se pone en lo que van a hacer.

Donovan, M.S. & Bransford, J.D & Pellegrino J.W (2000), mencionan que el aprendizaje activo es el nuevo desarrollo en la ciencia de aprendizaje, enfatiza la importancia de ayudar a la gente a tomar el control de su propio aprendizaje.

Es por ello que en el presente trabajo se abordan aspectos generales de medios de instrucción con tendencia constructivista, en donde el aprendizaje se centra en el estudiante, como lo son: el estudio de caso, el aprendizaje cooperativo, aprendizaje basado en problemas portafolio electrónico, los mapas mentales y algunas herramientas de TAC que apoyan la implementación de dicho enfoque.

La enseñanza centrada en el estudiante es un enfoque que ha tomado fuerza y se está utilizando en la educación cada vez con más frecuencia, sin embargo los profesores al utilizar este enfoque no emplean un único método de enseñanza, pues hacen hincapié en una variedad de métodos que se centran en quienes están aprendiendo, básicamente modifican el papel del profesor, convirtiéndose en un proveedor de información que facilita el aprendizaje de los estudiantes. La enseñanza tradicional a menudo forma a estudiantes como aprendices pasivos que no asumen la responsabilidad de su propio aprendizaje, por lo que el aprendizaje centrado en el alumno pone énfasis en la persona que aprende (Weimer, 2002).

El método de caso, el Aprendizaje Basado en Problemas (ABP), el Aprendizaje Cooperativo, el Portafolio de Aprendizaje, el Mapa Mental y el Mapa Conceptual, son algunas de los medios de instrucción en donde el aprendizaje está centrado en el estudiante y que todo profesor debiera conocer y dominar para que pueda conducir al estudiante a que construya su propio conocimiento, a través de estas técnicas basadas en el constructivismo.

Constructivismo

Existen varias teorías del aprendizaje como los son, la teoría del Cognoscitivismo, Conductismo y Constructivismo, es en esta última en donde el aprendizaje se centra en el estudiante, según Escamilla, J. (1998), no existe en realidad solamente una teoría Constructivista única, sino varias teorías emparentadas, que pueden clasificarse como constructivistas. Éstas son las teorías Gestalt, constructivistas de Piaget, el enfoque socio histórico de Vigotsky, teoría del aprendizaje significativo de Ausubel y la psicología cognitiva contemporánea de Bruner, que son las teorías que se enfocan en los procesos mentales internos que intervienen en el aprendizaje, de igual manera que la teoría de la modificación estructural cognitiva de Reuve Feuerstein. Por otra parte, Escamilla, J. (1998). Menciona que el constructivismo se basa en una epistemología subjetivista y que en esta teoría los estudiantes deben de ser capaces de descubrir el conocimiento e interactuar socialmente para lograr el desarrollo intelectual. Existen dos extremos opuestos en cuanto a la naturaleza del conocimiento estas son el objetivismo y subjetivismo, en el objetivismo la autoridad la da el conocimiento, hay que presentar la realidad al alumno, enseñar es trasmitir al estudiante esa realidad lo más fielmente posible, y en el subjetivismo, el mundo de la enseñanza, es construir una realidad, es el producto de los significados que la gente da con su interacción con otros y los estudiantes no solo reaccionan al mundo, le imponen significado y valor y lo interpretan de manera que éste corresponda o tenga sentido para ellos. Por lo que es necesario tomar en cuenta los elementos mencionados para seleccionar métodos y técnicas que orienten al estudiante a construir su propio conocimiento.

El método de caso

El método de caso es una técnica en la cual los alumnos participan activamente en el análisis de un conjunto de hechos que se refieren a situaciones o problemas producidos en la realidad, con la finalidad de que discutan las causas del mismo, prevean sus consecuencias y propongan posibles soluciones; constituye un medio idóneo para superar algunas deficiencias de la enseñanza convencional porque permite vincular la teoría con la práctica, además de que exige la participación activa, la toma de decisiones y el uso de la imaginación por parte de los miembros del grupo. De igual manera permite la aplicación de los conocimientos adquiridos y facilita la interacción profesor-grupo. Escamilla considera el método de caso como un procedimiento de instrucción seleccionado para ayudar a los estudiantes a alcanzar los objetivos de aprendizaje y lo menciona como tecnologías intangibles.

Tomando en cuenta que el método de caso estimula las habilidades de toma de decisiones, es cooperativo, exige la construcción del conocimiento y relacionar experiencias nuevas con la problemática que se enfrenta, mismo que puede ser utilizado en diversos ámbitos profesionales, se retomaron algunos autores que lo dividen como se presenta a continuación:

Según Paul Pigors. - Sindicados de Henley, Casos Vivos

Según Jesús Andrés Vela. - Suspenso Profesional, Situación en el transcurso del tiempo, Persona en una situación embarazosa, Incidente significativo, Caso de valores, Caso Incidente, etc.

Según Antonio Colom. - Caso problema o decisión, Caso Ilustración, Caso Evaluación.

Núñez (2003), cita a Gustavo F.J Cirigliano y Anibal Villaverde quienes destacan que *"el grupo estudia analítica y exhaustivamente un caso dado con todos los detalles, para extraer conclusiones ilustrativas. Una de las características del estudio de caso consiste en que cada uno de los miembros puede aportar una solución diferente de acuerdo con sus conocimientos, experiencias y motivaciones es decir no hay una única solución."*

Aprendizaje Basado en Problemas (ABP)

Ayape (2005) señala que es una técnica de resolución de problemas, que el problema y la solución se convierten en el binomio que abre y cierra la actividad en donde se reclama un protagonismo sin precedente del alumno en el momento de analizar y resolver el problema. De igual manera hace hincapié que como profesores no debemos aceptar una solución sin búsqueda, esto es dar por bueno una solución que se haya hecho por casualidad o por haber recibido la respuesta de sus compañeros o incluso del propio profesor. El ABP es una metodología que aporta la certeza de estar caminando por el sendero correcto, esta técnica fundamenta su razón en la acción del alumno, permitiendo que el alumno construya su conocimiento y a la vez desarrolle un buen número de habilidades, convirtiendo la acción en medio y a la vez, en fin.

Por otra parte, Ayape (2005) señala que no se puede concebir una actividad de ABP sin que también el profesor tome un papel protagónico activo, ni tampoco sin la dirección que debe brindarles a sus alumnos y es por ello que el ABP refuerza todavía más la presencia del docente y acaba descubriendo al buen o mal maestro, es decir no significa que el profesor deba pasar a la inactividad y convertirse meramente en espectador del proceso.

La problemática a analizar puede presentarse bajo formas diversas, desde un texto, mapa, imagen o archivo de audio mediante el cual el profesor presenta a sus alumnos el problema o problemas que se desean plantear y serán los estudiantes quienes deberán de resolverlo, éste será por lo tanto el punto de partida y la presentación y solución del problema el punto de llegada.

El ABP se divide en siete pasos los cuales se presentan a continuación:

1. Presentación y lectura comprensiva del escenario
2. Definición del problema
3. Lluvia de ideas clasificación de las ideas
4. Formulación de os objetivos de aprendizaje
5. Investigación
6. Presentación y discusión de los resultados.

Aprendizaje Cooperativo

Ferreiro & Calderón (2000), mencionan que el aprendizaje cooperativo, hace posible que la igualdad de derechos se convierta en igualdad de oportunidad al descubrir por ellos mismo el valor de trabajar juntos y de comprometerse y responsabilizarse con su aprendizaje y el de los demás, en un ambiente que favorece la cooperación desarrollándose así la solidaridad, el respeto la tolerancia el pensamiento crítico y creativo, la toma de decisiones, la autonomía y la autorregulación. El aprendizaje cooperativo es en escénica el proceso de aprender en grupo, pero el ser capaz de inducir y dirigir el aprendizaje en equipo implica, primero tener la vivencia de esta forma de apropiación del conocimiento a través de una comunidad de aprendizaje.

Una comunidad de aprendizaje es el conjunto de personas que reunidas que en un lugar y tiempo determinado se ocupan de una tarea que les exige asumir funciones e interactuar para el logro de una meta, los equipos no son una finalidad en sí misma, sino que son un medio a través del cual se favorece el crecimiento de sus miembros por múltiples razones entre ellas, estas comunidades de aprendizaje favorecen el crecimiento y desarrollo humano, las relaciones interpersonales que favorecen el aprendizaje y el complemento y enriquecimiento que se da entre sus miembros. El maestro debe propiciar la autorganización y autogestión grupal, así como el contacto de los compañeros entre sí, con la propia institución y con el medio social de esta.

Ferreiro & Calderón (2000), menciona que como modelo innovador el aprendizaje cooperativo se caracteriza por tener, carácter sistémico, universalidad, apertura, flexibilidad, respecto al que enseña y al que aprende, es un modelo innovador que propone una manera distinta de organizar la educación escolar a diferentes niveles. El aprendizaje cooperativo implica agrupar a los alumnos en equipos pequeños y heterogéneos para potenciar el desarrollo de cada uno con la colaboración de los demás miembros del equipo, además intensifica la interacción entre los estudiantes, miembros del grupo, con el profesor y los restantes equipos, de manera que cada uno aprenda el contenido asignado y a su vez, se asegure de que todos los integrantes del grupo lo aprendan de igual manera.

Portafolio de Aprendizaje

Charlotte D. & Leslye A. (2002) tratan el tema de portafolios, señalan que es un concepto relativamente novedoso en el contexto de la educación, ellos los definen como una colección organizada de evidencias utilizadas por el maestro y alumno, o como reunión sistémica de materiales de los alumnos, también los describen como la selección deliberada de los trabajos del alumno y consideran que estos portafolios pueden servir para ayudar a los alumnos a adquirir las habilidades de reflexión y autoevaluación, y pueden servir también como base para examinar el esfuerzo, progreso, proceso y logros de los alumnos. De igual manera consideran que los portafolios comprometen al alumno con el contenido del aprendizaje y demuestran el dominio de cualquier área del programa o materia y documentan el aprendizaje de los alumnos, entre los beneficios que pueden tener los portafolios son los siguientes: Desarrollo Profesional, Investigación-Acción, los alumnos llegan a comprometerse con su propio aprendizaje y reflexionan acerca de aprendizaje.

Los portafolios se utilizan en diversos ámbitos, pero en el ámbito educativo específicamente existen distintos tipos, ya que depende de la intención de quien lo realiza y de quien lo solicita, mayormente son requeridos para evaluación y en ellos se documenta el aprendizaje del alumno por medio trabajos determinados por el contenido del programa y documenta el desarrollo de habilidades y/o conocimiento. También se utiliza para la presentación de los que son considerados los mejores trabajos del estudiante o del profesional como proyectos, ideas, trabajos escritos, etc. y actualmente tienen usos innovadores en empleos, los solicitan para ingresar a universidades o maestrías y para evidenciar habilidades específicas.

Mapa Mental

Según Tony Buzan el mapa mental es considerado como "una poderosa técnica grafica que aprovecha toda la gama de capacidades corticales y pone en marcha el auténtico potencial del cerebro" (1966)

Dicha técnica según Cervantes (1999) surgió cuando Buzan se enfocó en los problemas más comunes a los que se enfrentaban los estudiantes: el cerebro comienza a doblegarse ante la cada vez más abrumadora actividad académica que supone la habilidad para aprender, memorizar, redactar y analizar cifras y datos en grandes cantidades. Por lo que al estructurar las ideas centrales de un tema y colocarlos en una base desde donde se establezcan relaciones con los temas secundarios, se logra jerarquizar, organizar y asociar los principales elementos de un tema, mismos en los que se integrarán imágenes, formas y colores que facilitará el establecer los procesos mnemotécnicos.

Lo anterior se fundamenta en la teoría de la Gestalt, la cual considera que el todo es más que la suma de sus partes y el pensamiento irradiante es un término utilizado cuando se realizan asociaciones y cadenas de relaciones que tienden a crecer hacia todas direcciones a partir del concepto o idea central.

Tony Buzan (1996) se refiere al mapa mental como "un método de análisis que permite organizar con facilidad los pensamientos y utilizar al máximo las capacidades mentales", lo cual facilita el acceso al potencial del cerebro, gracias a las visualizaciones y organización de los pensamientos que se tienen respecto al conocimiento previo y el que se está adquiriendo; la utilización de palabras clave y ramificaciones conceptuales, le permiten al alumno exteriorizar el pensamiento irradiante.

La utilización del mapa mental como elemento iconográfico, refleja el funcionamiento y las habilidades del cerebro que trabaja con modelos mentales y redes de asociación entre los mismos, por lo que ésta es una técnica de aprendizaje adecuada para que el alumno generare ideas eficaces y conexiones relevantes entre los conceptos que ya conoce y los que integra de forma reciente, utilizando para su elaboración ideas clave e imágenes representativas. En resumen, al generar una imagen mnémica se unifica de forma coherente y eficaz el conocimiento acerca de un tópico determinado. Algunas de los beneficios de utilizar el mapa mental como técnica en el proceso de aprendizaje son: Tener una visión global de los temas, organizar eficientemente la información y los pensamientos, generar jerarquías planas, aclarar ideas, potenciar la creatividad y la evocación, crear nuevos marcos y referencias conceptuales, por nombrar algunos.

Mapa Conceptual

Sánchez, J. A., & Rodríguez, M. S. (2009) señalan que un mapa conceptual es una representación gráfica a partir de conceptos que forman redes, en las que los nodos o centros son los elementos conceptuales que se van uniendo con las relaciones que pueden ser asociativas, causales o temporales.

Por otra parte, Novak (1998) lo define como un recurso esquemático que gráficamente ayuda a representar un conjunto de significados conceptuales incluidos en una estructura de proposiciones, que sirve como una herramienta para organizar y representar conocimiento y para el aprendizaje. Cervantes, V. L. (1999) lo define como un recurso que se utiliza particularmente en las áreas de pedagogía, para ilustrar conceptos y mostrar sus relaciones que son diagramas lógicos en los cuales puede no existir un elemento preponderante y los conceptos que presentan no son necesariamente palabras clave o ayudas mnemotécnicas, sino la definición o descripción de conceptos presentados en notas lineales que se colocan en recuadros individuales y se asocian.

Novak (1998) considera que las palabras son etiquetas que representan un concepto en particular que se tiene acerca de las "cosas" y son estos conceptos los que permiten representar internamente el conocimiento que se tiene acerca de algo. Una vez establecida la representación interna, los conceptos pueden ser utilizados de forma generalizada para comprender un conocimiento similar o construir nuevo aprendizaje.

Los conceptos de un estudiante crecerán y se volverán mas complejos a medida que genere más aprendizaje, por lo que la técnica del mapa conceptual le permite al alumno mostrar relaciones entre conceptos siguiendo jerárquicamente la relación que se tiene con el concepto principal o tema.

Por último, debe destacarse el uso adecuado de las palabras "enlace", que se utilizan para establecer la relación que se tiene entre conceptos, mismas que determinan el proceso de lectura y secuencialización del mapa conceptual.

Tecnologías del Aprendizaje y el Conocimiento (TAC)

Con respecto a las TAC Lozano (2011) menciona que "Tratan de orientar las tecnologías de la información y la comunicación (TIC) hacia unos usos más formativos, tanto para el estudiante como para el profesor, con el objetivo de aprender más y mejor. Se trata de incidir especialmente en la metodología, en los usos de la tecnología y no únicamente en asegurar el dominio de una serie de herramientas informáticas.

Se trata en definitiva de conocer y de explorar los posibles usos didácticos que las TIC tienen para el aprendizaje y la docencia. Es decir, las TAC van más allá de aprender meramente a usar las TIC y apuestan por explorar estas herramientas tecnológicas al servicio del aprendizaje y de la adquisición de conocimiento." Es por ello que a continuación se presenta una tabla con los datos recabados, los cuales incluyen algunas técnicas de instrucción y herramientas que se pueden utilizarse para facilitar el proceso de enseñanza y aprendizaje y con ello hacer más eficiente el trabajo docente.

TÉCNICA	HERRAMIENTA
El método de caso	• Foro
Aprendizaje Basado en Problemas (ABP)	• Foro
Aprendizaje Cooperativo	• Wiki
Portafolio de Aprendizaje	• Cloud Computing (Drobox, Onedrive y Google Drive) • Blog
Mapa Mental y Conceptual	• Xmind • SmartDraw • Creately • Inspiration • CmapTools

Fuente: Elaboración Propia

Foro

En las clases presenciales se realizan debates en donde los alumnos y el profesor intercambian ideas, exponen algún problema, realizan alguna actividad de reflexión además de cuestionar el tema que el profesor señala, con ello se crea un espacio de reflexión e interacción entre todos los que participan, lo anterior moderado por el profesor, al final se da una retroalimentación. El foro es una herramienta que nos ayuda a realizar esta dinámica, pero en un espacio virtual, es una herramienta de comunicación asíncrona, que en la actualidad se encuentra en todas las plataformas de aprendizaje, tanto de paga como gratuitas.

Perazzo, (2015) en su artículo, la importancia de los foros virtuales en los procesos educativos señala algunas propuestas para el trabajo docente en los foros como los siguientes:

- Establezca con claridad qué propósito le asigna al foro: intercambiar información y experiencias; resolver un problema, caso o interrogante; plantear hipótesis; describir situaciones o ejemplos sobre un eje conceptual o procedimental; negociar significados para re-elaborar un concepto; elaborar un proyecto colaborativo; comparar puntos de vista y argumentos; etc.
- Permita que fluya el debate, el intercambio, las opiniones divergentes y convergentes entre los estudiantes, sin responder a cada uno de los aportes que se realicen, ya que ello podría interferir, influir o cercenar opiniones que pueden ser objeto de discusión.
- Aliente la participación de todos los alumnos cuando se trata de una experiencia nueva para ellos.
- Fomente la "escucha" y comprensión de las distintas voces que discurren en el foro para generar una genuina trama dialógica.
- Modere el flujo de contribuciones personales cuando los comentarios o ideas se aparten del tema del debate o dispersen la discusión, señalando que es necesario ajustarse a la consigna.

- Intervenga si los aportes generan conflictos cognitivos o posturas no adecuadas, para lo cual podrá plantear interrogantes, reflexiones o categorías conceptuales que permitan encauzar o re-encauzar el debate.
- Propicie una síntesis o un resumen de los aportes realizados, dando cuenta de acuerdos y desacuerdos, convergencias y divergencias, negociación de significados, sugerencias y reflexiones. Esta tarea podrá realizarla el docente o delegarla en los alumnos de modo rotativo.
- Promueva una comunidad de aprendizaje que progresivamente resulte menos dependiente del docente tutor para aportar ideas y elaborar conclusiones.
- Presente consignas específicas, sin margen de ambigüedades, en relación al tema/problema/interrogante y a la forma de participación en el foro (por ejemplo: una o más intervenciones por alumno, no superar determinada cantidad de renglones, con o sin archivo adjunto).
- Haga cumplir ciertas normas de etiqueta: cortesía, respeto, apertura al diálogo.
- Asigne tiempos (días, semanas) de inicio, desarrollo y cierre del foro.
- Explicite el número de participaciones obligatorias de cada estudiante.
- Indique cómo y quién hará el cierre "provisorio" del debate (a cargo del docente o de los cursantes). Esta tarea puede ser delegada en fases más avanzadas del curso a los propios estudiantes si es que consideramos que la actividad de sistematización, resumen o síntesis de las participaciones individuales constituye una competencia que deben lograr los estudiantes en su itinerario formativo.

Todas estas propuestas que menciona Perazzo, (2015), son muy importantes para llevarlas a la práctica en nuestro foro virtual y es por ello que incluimos el foro en la tabla, para poder llevar acabo las técnicas de Aprendizaje Basado en Problemas (ABP) y el método de caso, ya que es una herramienta que nos permitirá poder debatir sobre los problemas o casos que se presentarán en los foros.

Wiki

El wiki es una herramienta digital que fue creada por primera vez por Ward Cunnigham en el año de 1995 a partir de allí han tratado de desarrollar un concepto tal es el caso de Monsalud (2007) que señala que *"una wiki es aparentemente una página web más, la diferencia estriba en que permite a quienes la usan editar o alterar su contenido, añadir imágenes, vídeos o podcasts. No es nueva la posibilidad de editar una página web, lo que sí es diferente es que esta edición no esté hecha por especialistas en nuevas tecnologías. En una wiki se refleja una visión de la web que rompe las tradicionales barreras entre lectores y autores de recursos de internet"*, por otra parte, Hernandez (2017) define las siguientes características: *"Un wiki permite que se escriban artículos colectivamente (coautoría) por medio de un lenguaje de wikitexto editado mediante un navegador. Una página wiki singular es llamada "página wiki", mientras que el conjunto de páginas (normalmente interconectadas mediante hipervínculos) es "el wiki". Es mucho más sencillo y fácil de usar que una base de datos. Una característica que define la tecnología wiki es la facilidad con que las páginas pueden ser creadas y actualizadas. En general no hace falta revisión para que los cambios sean aceptados. La mayoría de wikis están abiertos al público sin la necesidad de registrar una cuenta de usuario. A veces se requiere hacer login para obtener una cookie de "wiki-firma", para autofirmar las ediciones propias. Otros wikis más privados requieren autenticación de usuario."* Con base en lo anterior podemos decir que una wiki es una herramientas tecnología que nos ayuda a crear un documento o página hipermedia, en la cual, las personas que tengan permiso de edición podrán modificar y colaborar en la construcción de un tema, proyecto o temática y que esta edición y colaboración pude ser anónima o no, de acuerdo a como se configure, es por ello que esta herramienta es parte de la tabla y la relacionamos con el trabajo cooperativo y además que con la tecnología wiki podemos aplicar esta técnica, la herramienta wiki, la podemos encontrar en la mayoría de las plataformas de aprendizaje como Moodle por mencionar una, también en sitios de internet que se especializan en la temática de creación de wikis como los siguientes:

1. http://www.wikispaces.com/
2. http://www.wikidot.com/

3. https://tiki.org/tiki-index.php
4. https://www.dokuwiki.org/dokuwiki
5. https://www.mediawiki.org/

Cloud Computing (Almacenamiento en la Nube) y Blog

El Cloud Computing según el IEEE Computer Society, es un paradigma en el que la información se almacena de manera permanente en servidores de Internet y se envía a cachés temporales de cliente, lo que incluye equipos de escritorio, centros de ocio, portátiles, etc. Es decir, la información se almacena de manera virtual en una computadora (servidor) en la que podemos tener acceso desde cualquier lugar en donde contemos con el acceso a internet, podríamos decir que es una especie de archivo, pero no solamente eso, sino que también se pueden utilizar programas informáticos sin la necesidad de estar instalados en nuestra computadora. Existen dos tipos de nubes las públicas y las privadas. Una nube pública vende los servicios de almacenamiento o de utilización de un producto informático y una nube privada es una red propia que ofrece los servicios a un número limitado de personas, como una empresa o institución educativa. Algunos ejemplos de estas herramientas son las siguientes:

1. https://www.dropbox.com/
2. https://onedrive.live.com/
3. https://gsuite.google.com
4. Office 365 en la nube

Con respecto al blog, la Real Academia Española (RAE) lo define como: sitio web que incluye, a modo de diario personal de su autor o autores, contenidos de su interés, actualizados con frecuencia y a menudo comentados por los lectores. El Ministerio de Educación, Cultura y Deporte de España señala las siguientes características del blog que han justificado su auge:

• Hipermedia. Los artículos pueden contener texto, enlaces, imágenes, audios, vídeos, animaciones flash, etc.

- Facilidad. El blog proporciona un interfaz para administrar sus contenidos, coordinar, borrar o reescribir los artículos, moderar los comentarios de los lectores, etc. de una forma casi tan sencilla como administrar el correo electrónico.
- Organización cronológica. Los artículos se ordenan de forma cronológica mostrando primero los artículos más recientes.
- Búsquedas. Los blogs proporcionan herramientas que facilitan la búsqueda de entradas a partir de un término, fecha, autor, etc.
- Metadatos. Las etiquetas o palabras clave asignadas a un artículo contribuyen a la organización temática de la información facilitando su posterior búsqueda.
- Comentarios. La posibilidad de que los lectores envíen sus comentarios permite establecer un interesante flujo de debate en torno a los artículos publicados.
- Suscripción. La suscripción RSS o Atom a los artículos y comentarios de un blog permiten disponer de las últimas novedades publicadas en el navegador web o lector de noticias sin necesidad de acceder directamente a ese sitio web.
- Enlaces inversos. También llamados trackbacks permiten conocer si alguien desde su blog ha enlazado a una entrada publicada en nuestro blog o viceversa. Si así se configura los trackback pueden aparecer junto a los comentarios de un artículo.
- Integración. Los blogs permiten mostrar incrustados en sus páginas recursos multimedia alojados en servicios web 2.0: imágenes, audios, vídeos, etc.

Es por todo ello que el blog, es una herramienta, que puede ayudar a realizar el portafolio de los estudiantes, ya que es una herramienta en la que el estudiante podría almacenar sus tareas y trabajos realizados durante todo el periodo de su clase, además de que estarían disponibles para poderlos revisar desde cualquier parte en la que se cuente con acceso a internet.

Tanto el almacenamiento en la nube como, el blog son herramientas digitales que ayudarán al profesor y al estudiante con la realización de su portafolio de aprendizaje, en ella podrán almacenar todas las tareas y actividades que se realizan durante la clase, además de poder compartirlo con el profesor o con sus compañeros y con ello estarían generando una evidencia de su actividad y generando un portafolio de aprendizaje de una manera virtual.

Herramientas de Diseño de Mapas Mentales y Conceptuales.

Para implementar esta técnica con las tecnologías hemos realizado una búsqueda de las herramientas más populares que se mencionan en internet, encontrando que hay una diversidad de programas informáticos para la generación de mapas mentales y conceptuales, estas herramientas pueden ser de software libre, gratuitas o de paga, también pueden tener las característica de que se pueden almacenar en la misma página en la que se crean, es decir se puede trabajar y desarrollar en línea, esta característica nos permite compartir el trabajo realizado a través de internet o general un recopilado de trabajos en la cuenta que se crea, algunas de las herramientas mas más sobresalientes en internet son los siguientes:

- Xmind
- SmartDraw
- Creately
- Inspiration
- CmapTools

Con estas herramientas digitales los estudiantes podrán realizar de una manera más rápida y creativa los mapas conceptuales y mentales, además de poder generar un historial de sus trabajos dependiendo de la herramienta que seleccionen o poder colocarla en un foro o en la nube.

Conclusiones

Es evidente que la manera de educar está cambiando y que el profesor se ve en la necesidad de adaptarse a estos cambios, en donde la tecnología educativa y los métodos de instrucción son esenciales para que el aprendizaje se centre en el alumno.

El aprendizaje se está apoyando cada vez más en el constructivismo sin embargo esto no necesariamente es eliminar todo el modelo tradicional si no tomar elementos que se puedan utilizar para desarrollar nuevas estrategias de aprendizaje.

El docente utilizando cualquiera de éstas técnicas aplicadas correctamente, se convierte en un orientador, facilitador del aprendizaje, un mediador entre el alumno y el aprendizaje; todo con la finalidad de que el alumno pase de ser un actor pasivo y solo receptor del conocimiento, a convertirse en un actor activo y constructor de su propio conocimiento.

La actualización sobre las tendencias tecnológicas que se pueden utilizar en la educación es un requerimiento del profesor de la actualidad, mismas que tienen como finalidad el desarrollo de actividades con el apoyo de las tecnologías para el aprendizaje y conocimiento (TAC), éstas le pueden ayudar a hacer más eficiente su trabajo y con ello poder sistematizar algunas actividades, al igual que ahorrar tiempo al momento de evaluar, además estas técnicas ayudan también al profesor a desarrollar las competencias digitales.

Las Herramientas Web 2.0 en la Enseñanza del Inglés

Elsa Guadalupe Pérez Amaro
Daniel Desiderio Borrego Gómez
Carmen Lilia de Alejandro García

Introducción

Las herramientas Web 2.0 derivan de las nuevas formas de literacidad en la enseñanza, específicamente como resultado del surgimiento del internet como una tecnología. Estas nuevas prácticas, han brindado importantes aportaciones tecnológicas como las wikis, los blogs, las redes sociales o los video juegos, además de los videos (Youtube, Bebo) y la música (Coiro, Knobel, Lankshear, and Leu, 2008).

El objetivo de este trabajo es el describir a través de un estudio de caso, las diferentes aportaciones de las herramientas Web 2.0 en un contexto universitario durante el proceso de escritura de segundas lenguas. En el estudio participaron 21 estudiantes de la carrera en Lingüística Aplicada con diferentes tareas de escritura. Los resultados demostraron la adopción positiva de estas herramientas en el contexto académico, los entornos virtuales que favorecen la colaboración y participación también fueron indicadores altos de eficiencia.

Aun cuando se puede decir que la literacidad digital es una extensión de las TIC, su concepto es mucho más amplio ya que obedece no solamente al uso de tecnología o a nuevos "espacios en la Internet" sino que la conceptualización de la literacidad digital comprende la habilidad de utilizar la tecnología digital, las herramientas de comunicación o las redes sociales para localizar, evaluar y crear información a partir del dominio de múltiples formatos en ambientes digitales (Gilster, 1997; Jones-Kavalier & Flannigan, 2006). Estas comunidades virtuales de aprendizaje generan nuevo conocimiento y comparten una cultura digital, es una construcción social de las tecnologías (Leander, 2014). Más allá de esta definición, existen habilidades que definen a quien es digitalmente competente, éstas tienen que ver con la construcción del conocimiento al recuperar información de la Web, crear y compartir contenido, jugar juegos digitalmente, buscar en bases de datos, chatear en grupos y comunicarse a través de las redes sociales (Hargittai, 2008; Jones-Kavalier & Flannigan, 2006).

La Web 2.0 en la educación

La integración de las herramientas Web 2.0 en las prácticas educativas que ayudan a los estudiantes a construir su propio ambiente de aprendizaje, ha utilizado nuevas tendencias basadas en modelos socio-constructivistas (Vygotsky, 1978), ya que uno de los distintivos dentro del aprendizaje en entornos virtuales es la colaboración (Eshet, 2012; Wollack & Koppenhaver, 2011; Perez, 2018). Esta actividad social es una forma de aprendizaje donde los participantes se unen a una comunidad de conocimiento. Dentro del aula, la construcción del conocimiento o el desarrollo de habilidades comienzan con el esfuerzo de todo el grupo, lo que permite a los alumnos aprender a partir de sus experiencias previas en situaciones reales relacionadas con el ambiente (Arnold, N., & Paulus, T. (2010). De esta manera, ellos son capaces de entender la tarea y tomar decisiones sobre cómo proceder, al mismo tiempo comparten la responsabilidad del producto. El aprendizaje tiene lugar cuando los participantes mejoran su conocimiento a través de la colaboración y el intercambio de información.

Tanto el lenguaje y la cultura juegan un papel fundamental en la colaboración y la comunicación, por lo tanto, podemos entonces decir que la teoría sociocognitiva es esencialmente una teoría de aprendizaje colaborativo. En el contexto educativo el aprendizaje es visto como un proceso de interacción donde los maestros sirven como mediadores (Brodahl, 2011).

En la enseñanza de segundas lenguas, los profesores deben considerar el uso de las tecnologías Web 2.0 para ser incorporadas en la instrucción cotidiana ya que estas herramientas son poderosas mediadoras entre los participantes y el entorno social que los rodea. Los educadores, por lo tanto, pueden motivar a los estudiantes a continuar aprendiendo fuera del aula. Los Estándares Nacionales de Tecnología Educativa para Estudiantes definen una gama de habilidades asociadas con las tecnologías digitales. A pesar de que tales estándares incluyen habilidades técnicas, también sugieren que la ciudadanía digital del estudiante debe ser fomentada por las experiencias relacionadas con la comunicación, la investigación y el pensamiento crítico (VSTE, 2011).

Debido a su bajo costo, accesibilidad y facilidad de uso, las herramientas web 2.0 se han convertido en la tecnología portátil más atractiva que el software tradicional en entornos de enseñanza y aprendizaje (Brodahl, 2011). Durante la última década, el uso de varias herramientas de escritura colaborativa, como wikis y blogs, se ha integrado en las prácticas docentes, creando así nuevas formas de alfabetización.

En México, se ha ido incursionando su práctica en contextos nacionales en nivel superior. Aun cuando esta inclusión en la universidad se ha dado de manera paulatina, la mayoría de las universidades públicas del país comparten objetivos comunes en sus perfiles de egresados, por ejemplo, la mayoría de las universidades han establecido como requisito de egreso el dominio del idioma inglés a un nivel B1 (Intermedio Alto) de acuerdo con el Marco Común Europeo de Referencia de Lenguas (2002), bajo los lineamientos del Plan Nacional de Desarrollo 2013-2018 donde se señala que: "La dinámica de avance tecnológico y la globalización demandan jóvenes capaces de innovar" y ser competentes a nivel mundial, esto requiere dos cosas: la tecnología y el inglés como parte de sus planes de estudio y han establecido Centros de Lenguas equipados con tecnología y acceso a internet para facilitarles a los estudiantes la adquisición del segundo idioma.

Algunas limitantes han sido la falta de equipo tecnológico en las instalaciones o la renuencia por parte del profesorado a adoptar nuevas prácticas de enseñanza con el uso de las redes sociales, esto debido a que no son usuarios regulares de estas herramientas o simplemente gustan del acceso a la tecnología (Santos, 2010). La opción del uso de herramientas Web facilita la accesibilidad y economiza el uso de nuevas formas de aprendizaje. De ahí su auge en la enseñanza.

Blogs, wikis y redes sociales

Los blogs son una forma de promover la autoexpresión, ya que los alumnos pueden crear su blog y personalizarlo, además son un excelente vínculo del lenguaje y la cultura del nuevo idioma (Murray, 2010). En estudios recientes sobre la enseñanza de idiomas se reveló que los blogs permiten a los estudiantes alcanzar una variedad de resultados de aprendizaje cognitivo y social, así como desarrollar estrategias de aprendizaje reflexivo (Birch y Volkov, 2007).

Otras herramientas como las redes sociales Facebook, Twitter, Instagram, se están comenzando a utilizar en el contexto educativo como una forma efectiva y rápida de facilitar la comunicación a pesar de algunos argumentos sobre si su aplicación es apropiada para la enseñanza formal de actividades de aprendizaje (Lohnes y Kinzer, 2007). Otro ejemplo es la videoconferencia (Skype) que ofrece a los estudiantes y educadores la oportunidad de interactuar con expertos (científicos, ingenieros, etc.) que pueden ayudar a establecer conexiones reales con el plan de estudios. Wang and Vazquez (2012) también informa que el aprendizaje basado en la web ha sido apoyado por teorías de aprendizaje que mejoran nuevos entornos donde los estudiantes pueden acceder y compartir conocimiento y recursos entre sí.

Las wikis ofrecen una oportunidad para promover la colaboración y el compromiso, la reflexión y la creación de contenido en conjunto, lleva más allá el aprendizaje del aula. Es una plataforma (repositorio) donde el maestro puede subir materiales, tener comunicación con sus alumnos y ellos mismos pueden interactuar para tareas en colaboración. Además, una de las ventajas que ofrecen es que puede registrar varias versiones del texto mientras éste se va editando de manera colaborativa, lo que permite ver los cambios y mejoras del texto y ayuda a la autoreflexión (Tucker, 2014).

Objetivo del estudio

El objetivo principal del estudio fue la de explorar las diferentes herramientas Web 2.0 y su aplicación en el contexto educativo, específicamente durante el proceso de escritura de segundas lenguas.

Metodología

El presente estudio comprendió varias etapas. La primera fue la aplicación de una encuesta en línea para saber sobre las percepciones de los estudiantes con respecto al uso de las herramientas Web en el contexto académico. Es una escala tipo Likert de cinco puntos con los siguientes rangos: Totalmente de acuerdo, de acuerdo, ni acuerdo ni desacuerdo, desacuerdo y totalmente desacuerdo, esta encuesta se dividió en tres secciones en donde se les preguntó acerca de su competencia digital en el uso de varias herramientas entre ellas Facebook, blogs y wikis su percepción en el uso de ellas, y su grado de habilidad y frecuencia de uso según su aplicación. Fue administrado usando Google Forms. Como se trataba de una encuesta en línea, se ha tenido en cuenta el problema del anonimato para indicar que las respuestas de los estudiantes se tratarían de forma confidencial. Esta encuesta sirvió como referencia para la futura planificación de la intervención. La encuesta estuvo abierta a respuestas durante 3 días. Usando el análisis de la plataforma, hubo un resumen general de las respuestas de cada elemento. Se documentó un total de 21 encuestados. Algunos beneficios declarados en otros estudios similares a este usando una encuesta basada en la web son:

1. Bajo costo en comparación con la impresión / copia en papel.
2. El error humano se reduce al ingresar o procesar datos.

3. Ahorro de tiempo, interfaz amigable para responder y enviar de inmediato.
4. Reducción del tiempo de análisis del investigador.
5. Mayores índices de respuesta.
6. Los encuestados pueden responder con el tiempo.

(Watt, 1997; Glover y Bush, 2005)

Los participantes en esta investigación fueron alumnos del tercer año de licenciatura en Lingüística Aplicada un total de 21 alumnos, (Hombres 5) (Mujeres 16) en edades de 17-22 años. El nivel de inglés de los participantes era del 80% en el nivel B2 de acuerdo con el Marco Común Europeo de Referencia de Lenguas. Las actividades de escritura comprendían el uso de las herramientas en cada una de sus etapas de manera.

Sus características es que no era un grupo homogéneo ya que había 3 estudiantes que nacidos en México pero que a corta edad emigraron a los Estados Unidos, así que tenían un nivel más elevado de inglés por la experiencia en ese país y con el dominio del lenguaje y la cultura. Sin embargo, estos alumnos aun cuando hablaban español sin problema, tenían dificultades para escribirlo. En cambio, los demás estudiantes del grupo (19) habían nacido en México y aprendieron el inglés de manera institucional por medio de cursos en centros de lenguas. Entonces éstos últimos, carecían de la experiencia cultural de vivir en un país de habla inglesa, por lo que se les dificultaba en términos morfológicos la expresión escrita de los textos. Con estas características, estos alumnos eran adecuados para el aprendizaje colaborativo ya que se podían utilizar estrategias de *scaffolding* donde el alumno con más dominio del idioma podría auxiliar al que tenía dificultades para expresarse.

A pesar de que en la encuesta inicial ellos demostraron tener familiaridad con las herramientas Web 2.0, no habían tenido una práctica de instrucción donde pudieran aplicarlas todas al mismo tiempo, tampoco habían utilizado los grupos de redes sociales para fines académicos. Esta experiencia resultó de mucho interés por parte de los participantes.

Descripción de la modalidad del curso

El curso se impartió en dos modalidades básicas: cara a cara y en línea. Las actividades sincrónicas se centraron en la planificación y revisión, y las actividades asincrónicas fueron para negociar, comunicar y fases de producción. Esta modalidad dual facilitó el monitoreo de las contribuciones de cada miembro del equipo, también me proporcionó una mayor comprensión del compromiso, la práctica y la generación de conocimiento mutuo a medida que los participantes realizaban sus tareas. Cada actividad de aprendizaje compartía una estructura similar, pero cada vez tenían que usar un medio diferente para entregar el producto de escritura. Después de que se aplicó la encuesta inicial, el maestro estructuró una pequeña capacitación sobre el uso de las herramientas de Web 2.0 que los participantes utilizarían para completar cada tarea. Antes de comenzar, el docente se aseguró de que los participantes estuvieran familiarizados con el uso de cada herramienta. Los estudiantes fueron instruidos sobre a) el uso y la aplicación de la herramienta, b) las expectativas de escritura, 3) el proceso de escritura combinado con las herramientas de la Web 2.0, 4) cómo proporcionar retroalimentación a los compañeros, 5) cómo usar el aprendizaje diario, y 6) estrategias de corrección.

La primera tarea consistió en crear una entrada de blog de 500 palabras a partir del concepto y los principios de la literacidad digital. Los estudiantes fueron presentados a WordPress y recibieron capacitación sobre la interfaz, las funciones y la integración de elementos visuales o multimedia en el blog. Una vez que se registraron, podían personalizar su blog. Eran libres de habilitar o no comentarios para cada publicación que publicaron. Al crear esto, les ayudó a mostrar algunos rasgos de su identidad y personalidad, fue una oportunidad para presentarse a la comunidad.

Este blog sirvió como un lugar para compartir experiencias, reflexionar y, hasta cierto punto, autorregular su aprendizaje en todas las actividades presentadas y reflexionar sobre su identidad ante la comunidad en línea. Cada blog estaba dividido en dos secciones, una era para las tareas de escritura y la otra para la relfexión. La intención de esta primera actividad de aprendizaje fue familiarizar a los estudiantes con el uso del blog, crear confianza y proporcionar un ambiente de aprendizaje donde obtuvieran libertad para expresar sus sentimientos y experiencias. Posteriormente a esta práctica, los participantes pudieron usar el blog de una manera más reflexiva; por lo tanto, se convirtió en el lugar para expresarse con respecto a las otras dos asignaciones proporcionadas. La experiencia general fue positiva, aunque a algunos estudiantes les resultó difícil usar el blog, y les tomó un tiempo acostumbrarse a la interface. También se observó que muy pocos estudiantes tenían dificultades para expresar sus sentimientos por miedo a estar expuestos, pero progresivamente a medida que continuaron usando el blog, este sentimiento se hizo menos obvio.

Se recolectó un total de 110 entradas como la fuente de datos del blog durante el semestre de 12 semanas. La primera entrada como se mencionó anteriormente, fue su primera tarea de escritura. Consistía en una publicación de blog de 500 palabras donde los participantes tenían que leer y crear una publicación con contenido original. El objetivo de esta primera tarea fue familiarizarse con el uso de blogs y crear entradas efectivas. La revisión de esto se hizo con una rúbrica institucional.

Con el fin de verificar la autenticidad, cada entrada de blog fue revisada por un compañero usando un corrector de plagio en línea para curar el contenido. La evaluación de la primera entrada del blog fue de naturaleza cuantitativa.

El resto de las entradas fueron más de escritura libre, consistieron en un reflejo de sus siguientes tareas. Para analizar esas entradas de una manera más holística, se utilizó una escala para codificar la reflexión tomando en cuenta las categorías de código que incluyen:

compromiso, identidad, comunidad y sentido de pertenencia. a los estudiantes se les enseñó anotar su percepción de inclinación, realización y reflexionar sobre las diferentes tareas de escritura usando las herramientas web.

Wikis

PBworks[1] es una aplicación basada en la web que se utilizó como plataforma; es compatible con la protección con contraseña para evitar intrusiones innecesarias. El uso de esta plataforma se ha utilizado en otros estudios en el contexto de aprendizaje semipresencial de cursos de inglés como segundo idioma (Mak y Coniam, 2008; Franco 2008), la wiki se utilizó para la edición y corrección por pares, subir los borradores y versiones finales de las diferentes tareas de escritura.

Facebook

Para la etapa de la planeación de la escritura, los alumnos se dividieron en varios equipos dependiendo de las tareas, para los grupos de Facebook se dividieron en cuatro grupos, con 3-4 integrantes. En el proceso de escritura, el grupo de Facebook tenía la intención de facilitar la etapa de planificación, sin embargo, se utilizó a lo largo de toda la intervención durante todas las etapas de las diferentes tareas. El investigador monitoreó las entradas para clasificarlas según el tipo de contribución.

El grupo de Facebook no era público, pero cada uno de ellos concedió acceso al investigador. Este tipo de escenario informal sirvió para el intercambio de información, publicar artículos para desarrollar sus tareas de escritura. Se observó una alta tasa de actividad de sus miembros. Estos cuatro grupos de Facebook que se rotaron en cada una de las tareas. El motivo fue fomentar la colaboración en una diversidad de estudiantes, a pesar de su afinidad por trabajar juntos. La rúbrica utilizada para evaluar la interacción de los estudiantes

---

[1]   http://writingtande16.pbworks.com es el nombre del sitio de la clase

dentro del grupo Facebook fue adaptada de la rúbrica de los estándares NCTE (Language Arts) para la alfabetización. La rúbrica contiene los siguientes criterios: la frecuencia de las publicaciones, la frecuencia y tipo de respuestas, contenido de los mensajes y el nivel de participación. Ver Tabla 1.

Tabla 1: Rúbrica para medir el nivel de compromiso por medio de la interacción (propia creación)

CATEGORY	5 Fully Engage	3 Somehow Engage	1 Little to no interest
Posting Frequency	Posts on wall five or more times on a weekly basis using the target language.	Posts on wall 3 times on a weekly basis using the target language.	Posts on wall 2 or less time on a weekly basis using the target language.
Response Frequency	Responds 5 or more times to 5 different classmates' posts, including but not limited to comments on your post in the target language.	Responds 3 times to other's posts	Responds 2 or less times to other's posts
Message Content	Posts are continually unique and relevant to the task. It posts media material, articles, videos, etc.	Posts are usually unique. Adequate level of detail and creativity. Generally informative	Response provides little to no information.
Participation As doing	There is a cognitive and socio-emotional participation, it shows interest in other people's contribution, negotiates, discuss content.	It posts "likes" as a sign of interest and appreciation but does not go beyond that.	Rarely post anything of his/her classmates work.

Las contribuciones de los participantes dentro de los grupos de Facebook se midieron a través del tipo de contribución, esto es, el uso de "me gusta", el realizar una publicación que fomentara la interacción y el número de respuestas. Dentro de los tipos de respuesta se consideraban las que eran comentarios generales de las publicaciones, si además de darle "me gusta" respondían o mejor aún subían algún tipo de material que les ayudara a la planificación de las tareas de escritura, y por último si realizaban preguntas como seguimiento a alguna publicación.

Se contabilizó el total de contribuciones de los cuatro grupos en general que fue de 437 formas de interacción de las cuales se clasificaron en Likes= 125, Posts (to inform) = 114 y Posts (to promote discussion) =36 las cuales tuvieron una respuesta de 162 contribuciones que se dividían en comentarios generales, material de apoyo y preguntas de seguimiento.

Cada vez que un miembro del equipo da un "like" o "me gusta" es porque de alguna manera señala interés por las contribuciones de los demás participantes, la interacción va más allá del sentido de apreciación de la tarea, es decir en las demás contribuciones se hace una clasificación entre los post donde se comparten los productos tales como entradas de blog, entregas parciales de tareas.

La percepción general de los estudiantes que usan esta herramienta web fue muy positiva. El desafío, sin embargo, fue la autenticidad. La revisión por pares consistió en verificar si el contenido era único y original. Escribir en línea requería que los estudiantes crearan textos de mayor calidad con contenido significativo de fuentes confiables. A nivel de colaboración, tuvieron que interactuar a través de los grupos wiki y Facebook para hacer que el texto sea más aceptable para el público objetivo.

Resultados preliminares

Este estudio en particular tiene varias formas de abordar los resultados de las diferentes herramientas, se va a tomar las respuestas de la encuesta inicial fueron las siguientes:

Gráfica 1. *El uso de tecnología en el aula*

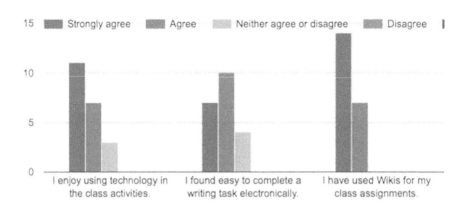

Disfrutaron del uso de tecnología, y habían utilizado las wikis para sus clases en asignaciones anteriores. Expresaron además sentirse cómodos al realizar las tareas de escritura de manera electrónica.

Gráfica 2. *Utilidad de las herramientas Web en el aula*

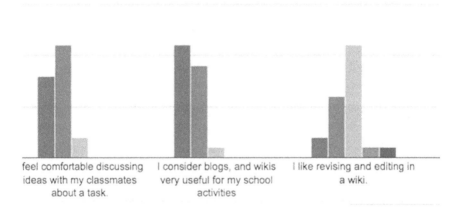

Por otra parte, el uso del aprendizaje colaborativo utilizando estas herramientas mostró que los alumnos se sintieron cómodos utilizándolas y que fueron de utilidad durante su aprendizaje. Los puntajes menos altos fueron al utilizar la wiki como herramienta de revisión. Dentro de la encuesta se evaluaron las percepciones en cuanto al dominio de las herramientas a continuación se muestran desde Muy capaz, hasta no muy capaz.

Gráfica 3. Percepciones de las habilidades del alumno con las herramientas

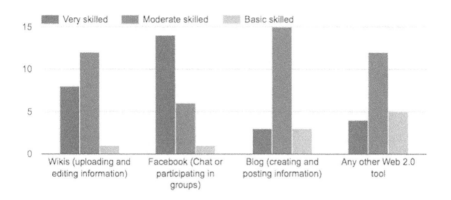

En la familiaridad con las herramientas previas al estudio el más alto fue el uso de Facebook y por eso se seleccionó esta herramienta para poder utilizarla en las interacciones de los grupos.

De los grupos de Facebook

Se contabilizó el total de contribuciones de los cuatro grupos en general que fue de 437 formas de interacción de las cuales se clasificaron en Likes= 125, Posts (informar) = 114 y Posts (promover la discusión) = 36 las cuales tuvieron una respuesta de 162 contribuciones que se dividían en comentarios generales, material de apoyo y preguntas de seguimiento.

Cada vez que un miembro del equipo da un "like" o "me gusta" es porque de alguna manera señala interés por las contribuciones de los demás participantes, la interacción va más allá del sentido de apreciación de la tarea, es decir en las demás contribuciones se hace una clasificación entre las publicaciones donde se comparten los productos tales como entradas de blog, entregas parciales de tareas. Esta tabla explica a detalle los niveles de interacción:

Tabla 2: Total de contribuciones por equipo:

Equipos	Núm. de "Likes"	Publicar para informar PI	Publicar para promover la discusión PPD	Tipo de contribución *del PPD
1	30 (42%)	32 (45%)	8 (8.7%)	1 *(Comentarios generales)* 10 *(material)* 1 *(preguntas)*
2	9 (33%)	13 (48%)	5 (18%)	7 *(Comentarios generales)* 2 *(material)* 1 *(preguntas)*
3	28 (43%)	27 (41%)	10 (15%)	29 *(Comentarios generales)* 5 *(Material)* 2 *(preguntas)*
4	66 (50%)	44 (33%)	20 (15%)	89 *(Comentarios generales)* 11 *(Material)* 4 *(preguntas)*

Los resultados mostraron que en la sección de "Likes" o "Me gusta" se recibieron un total de 133 aportaciones esto demuestra que el trabajo del otro no solamente quedó en "visto" sino que además tuvo una reacción positiva indicando la apreciación del otro. El porcentaje de Likes en los grupos de Facebook en relación con todas las aportaciones de interacción fue del 45% lo que demuestra que existe aprecio por las contribuciones de los participantes dentro del grupo.

En la siguiente categoría se midió específicamente las publicaciones que se realizaban para informar, es decir que contenían un link a sus blogs, publicaciones en otras plataformas o proveían de comentarios generales sobre las tareas de escritura, el total de estas publicaciones fue de 116 contribuciones que representaron el 39% del total. El otro tipo de publicación se relacionaba más con la idea de publicar para fomentar el diálogo y discusión de ideas dentro del grupo, en este había intercambio de opiniones, comentarios generales, subían material para sus tareas de escritura y/o realizaban preguntas. En esta categoría hubo un total de contribuciones de 43 aportaciones que recibieron un total de 162 respuestas clasificadas en la tabla 2.

Estas 43 aportaciones representaron solamente un 14.7% del total, sin embargo, éstas generaron más contribuciones que significativamente aumentaron el nivel de interacción. El total de interacciones de todas las categorías fue de 292 aportaciones.

De las entradas de blogs

En este resultado daremos lo más significativo de la experiencia de los alumnos que es la parte cualitativa. Tomando algunas reflexiones de esta experiencia los participantes expresaron:

> *"El trabajo colaborativo fue bueno; Pude comprender otros puntos de vista de mis compañeros de clase y pude complementar mis ideas, creo que eso podría ayudarme a mejorar mi escritura porque podía entender que no todas mis ideas eran correctas". C.B.*

> *"Creo que fue una buena idea trabajar con ambos espacios de trabajo y con la red social porque todo eso nos ayudó a desarrollar esta tarea. Tuve una muy buena experiencia trabajando por primera vez con el blog; Realmente disfruté mucho debido a las herramientas de edición, cómo se puede ver nuestra publicación en todo el mundo y las opciones para escribir". C.A.*

> *"Hemos trabajado con diferentes herramientas y honestamente, no tengo una preferencia, cada una tiene sus puntos buenos que ayudan a desarrollar habilidades en esta área. Hay algunas ventajas con el uso de la aplicación porque practico la escritura y analizo algunos puntos y consejos que me ayudan con mi debilidad en la escritura, lo que considero como una desventaja es que practicamos en un corto período de tiempo". I.S.*

En general, los participantes estuvieron satisfechos con el uso de las herramientas Web 2.0 durante sus asignaciones de escritura. Aprendieron nuevas formas de revisión y edición y como una herramienta útil en su desarrollo de la hablidad para escribir en segunda lengua.

Sin duda los estudios sobre las herramientas Web 2.0 dentro del contexto educativo son relativamente nuevos, sin embargo, podemos ver diferentes ejemplos de su inclusión y que en general representan una percepción positiva por parte de los alumnos. Podemos ver que a través de estos medios digitales se abren espacios de colaboración que fomentan el intercambio de ideas, el sentido de compromiso hacia las tareas se refuerza a través de la interacción y la muestra de interés de los grupos virtuales.

Este estudio ha promovido más discusión sobre el tema del uso de las redes sociales como un recurso de aprendizaje que en vez de castigarlo se utiliza para el beneficio del alumno en cuestiones de inclusión, compromiso y apreciación por parte de sus compañeros. Todavía queda camino que explorar, porque aun cuando los centros universitarios se encuentran equipados con la tecnología de punta y accesibilidad, todavía existen docentes que se resisten a la implementación de estas nuevas formas de enseñanza con estas generaciones cada vez más digitales.

Nuestro reto como docentes es el de acercarnos al uso de estas herramientas y no tener miedo de innovar. Nuestros alumnos ya vienen "equipados" para la interactividad en línea, este progreso no lo debemos detener sino aprovechar para el aprendizaje eficaz. Quizás tengamos que aprender más del tema, de las herramientas que son cambiantes y cada vez con más características de accesibilidad y conectividad. Debemos diseñar mejores retos que los obliguen a desarrollar nuevas habilidades que les servirán en su vida personal y profesional.

Acerca de los Autores

Abigail Hernández Rodríguez

Es maestra en Educación Superior y licenciada en Ciencias de la Educación. Realizó estudios de Doctorado en Educación Internacional en la Universidad Autónoma de Tamaulipas. Su experiencia profesional se desarrolló en el campo de la educación, donde ha laborado como profesora de educación básica y de educación superior. Está adscrita a la Facultad de Comercio y Administración Victoria. Correo electrónico: ahernandezr@docentes.uat.edu.mx

Alejandra Alicia Cepeda Hernández

Es egresada de la licenciatura en Ciencias de la Educación con opción en Administración y Planeación Educativa por la Universidad Autónoma de Tamaulipas. Actualmente cursa la Maestría en Gestión e Intervención Educativa, inscrita en el padrón de posgrados de calidad CONACyT.

Es colaboradora en la elaboración de proyectos de impacto estatal en la Secretaría de Educación del Estado de Tamaulipas. Realiza investigación sobre gestión del conocimiento en instituciones de educación superior. ale-cepeda@hotmail.com

Anabell Echavarría Sánchez

Doctora en Educación Internacional por la Universidad Autónoma de Tamaulipas (UAT). Economista de profesión, con Maestría en Economía, ha trabajado como asesor a nivel nacional e internacional, ha desempeñado diversos cargos

dentro de la administración pública mexicana. Actualmente labora como profesor e investigador en la (UAT). Está adscrita a la Facultad de Comercio y Administración Victoria (FCAV). Correo electrónico: aechavarria@docentes.uat.edu.mx

Alfredo Mariano Francisco

Egresado de la Carrera de Licenciado en Ciencias de la Educación con opción en Administración y Planeación Educativa por la Universidad Autónoma de Tamaulipas (UAT), Maestría en Docencia por la Universidad Autónoma de Tamaulipas (UAT) Docente, Enseñanza de las Ciencias e Investigador, de la Unidad Académica de Ciencias la Educación de la Universidad Autónoma de Tamaulipas campus Ciudad Victoria Tamaulipas. Doctorado en proceso, Colaborador en Secretaria Académica de UAMCEH, UAT, ponente en congresos de Educación Superior Nacionales e Internacionales, miembro activo de redDOLAC Red de Docentes de América y del Caribe, participaciones como instructor de FESE(Fundación Educación Superior-Empresa A.C, fungido como instructor de CRETAM (Centro Regional de Formación Docente e Investigación Educativa), Instructor en Universidad La Salle Cd Victoria, Trabajos de Investigación y proyectos de innovación tecnológica, Correo electrónico: amfrancisco@docentes.uat.edu.mx, guzerat60@hotmail.com

Apolinar Mariano Francisco

Ingeniero en Tecnologías Computacionales por la Universidad Veracruzana (UV). Formador de jóvenes emprendedores, ha trabajado en proyectos de innovación y emprendimiento en la zona norte de Veracruz, Asesor en temas de tecnología y emprendimiento con jóvenes universitarios. Actualmente labora como Analista de TI incursionando proyectos y aspectos técnicos/operativos dentro de un outsourcing en Poza Rica de Hidalgo, Veracruz México. Correo electrónico: mfranciscoapolinar@gmail.com

Claudia Rita Estrada Esquivel

Es Licenciada en Ciencias de la Educación con Especialidad en Ciencias Sociales, con Maestría en Comunicación Académica en la Universidad Autónoma de Tamaulipas, certificada en competencias docentes. Instructora del Diplomado de Formación Docente del Nivel Medio Superior y evaluadora externa de la Asociación Nacional de Universidades e Instituciones Públicas de Nivel Superior del programa de Certificación en Competencias Docentes del nivel medio superior. Actualmente es docente de Unidad Académica Multidisciplinaria "Valle Hermoso" de la Universidad Autónoma de Tamaulipas, donde ha participado en el Comité de diseño y desarrollo de planes y programas de estudios, imparte clases en el nivel bachillerato y en la Licenciatura en Tecnologías para la Generación del Conocimiento (e-learning). Coordinadora de Carrera de la Licenciatura en Tecnología Educativa. Su correo electrónico es crestrada@docentes.uat.edu.mx

Carmen Lilia de Alejandro García

Licenciada en Psicología, con Maestría en Comunicación Académica por la Universidad Autónoma de Tamaulipas, ha fungido como Psicólogo Clínico en el Centro de Desarrollo Integral de la Familia en el municipio de Nuevo Morelos en Tamaulipas, ha participado como evaluador del desempeño docente en el Instituto Nacional para la Evaluación de la Educación, colabora con CENEVAL en la elaboración de reactivos, terapeuta individual y escolar; desarrolla talleres enfocados a la mejora del bienestar comunitario, diplomados enfocados a la actualización profesional, ha asesorado proyectos de investigación para la titulación; catedrática de la UAT en la Unidad Académica de Trabajo Social y Ciencias para el Desarrollo Humano en Tamaulipas México y coautora del libro "Comprensión lectora educación y lenguaje" publicado en el 2017 y ha publicado diferentes artículos enfocados a compartir experiencias docentes, es miembro del Grupo de Tecnologías de la Información y la Comunicación, Innovación Educativa y Psicopedagogía. (TICIEP) en México. Sus correos electrónicos son: lydalejandro@gmail.com, clgarcia@docentes.uat. edu.mx

Daniel Cantú Cervantes

Doctor en Educación Ph. D "Cum Laude", por la Universidad de Baja California. Maestro en Comunicación Académica por el Centro de Excelencia de la Universidad Autónoma de Tamaulipas y Licenciado en Ciencias de la Educación en Tecnología Educativa egresado de la Unidad Académica Multidisciplinaria de Ciencias, Educación y Humanidades de la Universidad Autónoma de Tamaulipas. Profesor investigador de tiempo completo en la Unidad Académica Multidisciplinaria de Ciencias, Educación y Humanidades perteneciente a la Universidad Autónoma de Tamaulipas. Miembro de la Red Iberoamericana de Docentes. Certificado por ELT Teach ETS Cengage Learning in English For Teaching Course and Assessment In *The Teach Professional Development Program*. Ha realizado estudios de investigación sobre evaluación de las TIC, dispositivos móviles en la educación, estrategias cognitivas lectoras, neurociencia en el contexto educativo, estudios sociológicos y de gobernabilidad. Sus líneas de investigación recientes son: *neurociencia para el aprendizaje, estrategias cognitivas lectoras y TIC*. En 2017 publicó los libros: *Comprensión lectora: Educación y Lenguaje; Aprendizaje Móvil: El futuro de la educación*, y participó en la coordinación del libro *Educación a Distancia y TIC*. Correo electrónico: dcantu@docentes. uat.edu.mx

Daniel Alberto Banda Cruz

Es Maestro en Docencia, Maestro en Criminología y Ciencias Forenses, así como Licenciado en Criminología por la Universidad Autónoma de Tamaulipas. Su experiencia profesional se desarrolló en el campo de la educación, donde ha laborado como profesor de educación superior. Está adscrito a la Unidad Académica Multidisciplinaria Valle Hermoso. Correo electrónico: dabanda@docentes.uat.edu.mx

Diana Laura Martínez Fernández

Es ingeniera en Tecnologías Computacionales. Egresada de la Universidad Veracruzana. Ha participado en la organización de cursos y talleres en el área de emprendimiento e innovación para jóvenes universitarios. Correo electrónico: dfernandezmartinez0@gmail.com

Daniel Desiderio Borrego Gómez

Ingeniero en Telemática, cuenta con una Maestría en Comunicación Académica, ha trabajado en diferentes empresas en áreas de Informática y Telecomunicaciones, ha impartido diplomados como: Diseño de Páginas Web, Software de Aplicación Organizacional, Competencias y Habilidades Digitales para el Docente entre otros, se ha desempeñado como Administrado de la plataforma de aprendizaje Moodle además como Desarrollador Multimedia y Administrador de páginas Web, colaboró en la Dirección de Educación a Distancia de la UAT en la Coordinación de Evaluación y Supervisión de Tutores en Línea, es profesor investigador de esa misma casa de estudios, forma parte de la Academia de Tecnología Educativa de la UAMCEH en la UAT, miembro de la Red de Docentes de América y del Caribe (RedDOLAC) y miembro del Grupo de Tecnologías de la Información y la Comunicación, Innovación Educativa y Psicopedagogía. (TICIEP) en México, cuenta con la especialidad de evaluador internacional por la Red Internacional de Evaluadores (RIEV) ha finalizado sus estudios de Doctorado en Educación Internacional con la Especialidad en Tecnología Educativa, su líneas de investigación es la Educación a Distancia, las TIC y TAC, ha participado como autor y coautor de diversos artículos, es coautor y coordinador del libro TIC y HERRAMIENTAS DIGITALES: Una revisión para el apoyo de la práctica docente, publicado en el 2016 y coordinó en 2017 el libro Educación a Distancia y TIC, actualmente es Coordinador de la Lic. de Ciencias de la Educación con Acentuación en Tecnología Educativa en la UAMCEH. Correo electrónico: linuxppp@hotmail.com, ddborrego@docentes.uat.edu.mx.

Epifanio Erik Molina Velázquez

Egresado de la Licenciatura en Ciencias Sociales con Opción a Administración y Planeación Educativa de la unidad Académica multidisciplinaria de Ciencias, Educación y Humanidades de la Universidad Autónoma de Tamaulipas. Maestría en Intervención y Gestión Educativa por la Universidad Autónoma. Actualmente labora como Maestro del Telebachillerato Comunitario 021, ubicado en Ampliación Río Bravo, Tamaulipas.

Eleuterio Zúñiga Reyes

Licenciado en Administración y Planificación Educativa por la UAT y Maestro en Educación con Especialidad en Administración Educativa por la Escuela de Postgrado de la Normal Superior de Tamaulipas. Profesor investigador de tiempo completo de la Unidad Académica Multidisciplinaria de Ciencias, Educación y Humanidades. Líder del Cuerpo Académico "Gestión Curricular y

Pedagogía". Sus líneas de investigación son: Curriculum, pedagogía e interculturalidad. Correo electrónico: ezuniga@docentes.uat.edu.mx

Elsa Guadalupe Pérez Amaro

Es candidato a doctor en Lingüística Aplicada por la Universidad de Southampton, Reino Unido, maestra en Educación Superior por la Universidad Panamericana y licenciada Traducción por la Universidad Brigham Young, EEUU. Sus líneas de investigación incluyen la literacidad digital, herramientas Web 2.0 para la enseñanza del inglés, el sentido de compromiso y pertenencia en comunidades virtuales de aprendizaje. Está adscrita a la Unidad Académica de Ciencias, Educación y Humanidades. Correo electrónico: egperez@docentes.uat.edu.mx

Emilio Zúñiga Mireles

Es Maestro con maestría en Tecnología Educativa, por la Universidad DAVINCI, a su vez licenciado en Ciencias de la Educación con especialidad en Tecnología educativa por la UAMCEH-UAT. Hasta el momento Empleado de la Universidad Autónoma de Tamaulipas desde el año de 1987. Participación y Ponente en congresos Nacionales e Internacionales, Presenciales y en Línea. Publicación de artículos en la revista EDUWEB de Venezuela, en México en el libro TIC y Herramientas Digitales y en la UDG en la revista Apertura UDG Virtual. Actualmente labora como profesor Investigador en la Dirección de Educación a Distancia de la Universidad Autónoma de Tamaulipas.

Francisco Alonso Esquivel

Doctor en Educación por la UAMCEH UAT, Doctor en Metodología de la Enseñanza por el IMEP. Actualmente Profesor de Tiempo Completo en la Unidad Académica Multidisciplinaria Valle Hermoso de la Universidad Autónoma de Tamaulipas, con participación en el programa de Apoyos a Nuevos Profesores de Tiempo Completo del programa PRODEP. Líder del Cuerpo Académico "Desarrollo de Talento Humano". Cursa el Posdoctorado en Metodología de la Enseñanza en el IMEP. Autor de libro: Certificación y acreditación del conocimiento: Los retos de las IES en la cátedra universitaria y oferta educativa. Líneas de investigación: * Universidad – Empresa, Educación y Empleo desde el 2006. * Desarrollo de Talento Humano desde el 2016. * Emprendedurísmo y Liderazgo Laboral desde el 2018. La aplicación del conocimiento en los procesos productivos y administrativos, así como el desarrollo del personal, el emprendimiento e innovación. Perfil PRODEP desde el 2018. Correo electrónico aesquivel@docentes.uat.edu.mx

Guadalupe Agustín González García

Doctor en Economía y Ciencias Sociales por la Universidad Autónoma de Tamaulipas. Ocupó el cargo de Jefe de la División de Posgrado en la Facultad de Comercio y Administración Victoria (FCAV). Sus líneas de investigación y especialización son: emprendimiento, análisis financiero, planes de negocio y proyectos. Ha desempeñado diversos cargos en la administración pública del Gobierno del Estado de Tamaulipas, así como también ha laborado para el sector privado. Correo electrónico: ggonzález@uat.edu.mx

Guadalupe Castillo Camacho

Maestra en Docencia por la Universidad Autónoma de Tamaulipas, Licenciada en Ciencias de la Educación, con Especialidad en Químico Biológicas. Posee la Especialidad en Entornos Virtuales de Aprendizaje por la OEI España y Virtual Educa Argentina. Finalizó sus estudios del Doctorado en Educación por la Universidad Autónoma de Tamaulipas. Fungió como gestora de vinculación de la Unidad Académica Multidisciplinaria de Ciencias, Educación y Humanidades. Profesora de Secundaria en el área de Ciencias Naturales en el Colegio Antonio Repiso en Cd. Victoria, Tamaulipas, y docente frente a grupo en las licenciaturas en Educación Secundaria de la Escuela Normal Superior de Tamaulipas. Maestra en la Unidad Académica Multidisciplinaria de Ciencias, Educación y Humanidades. Actualmente se desempeña como Secretaria Administrativa de la misma facultad en la Universidad Autónoma de Tamaulipas. Correo electrónico: gcastill@docentes.uat.edu.mx

Hugo Isaías Molina Montalvo

Es egresado de la licenciatura en Ciencias de la Educación por parte de Universidad Autónoma de Tamaulipas, tiene una Maestría en Docencia y estudios doctorales de Educación Internacional en la misma institución. Es Doctor en Ciencias de la Educación por parte del Centro Internacional de Educación Avanzada. Ha impartido cátedra en diversas instituciones del estado de Tamaulipas, ha formado parte de los programas de educación media superior del gobierno federal en la modalidad a distancia. Actualmente, es líder del cuerpo académico de Evaluación Educativa, cuenta con la distinción de la Secretaría de Educación Pública de Perfil Deseable para profesores de carrera. Ha publicado artículos en revistas arbitradas, realiza investigación sobre evaluación institucional y evaluación de procesos desde el enfoque de la socioformación. Ha presentado los resultados de sus investigaciones en diferentes congresos nacionales e internacionales. himolina@docentes.uat.edu.mx

Humberto Rodríguez Hernández

Realizó sus estudios universitarios en la Facultad de Ciencias de la Educación de la Universidad Autónoma de Tamaulipas, con maestría en Educación Superior y candidato a Doctor en Educación. Profesor de tiempo completo desde 1986 en la Unidad Académica Multidisciplinaria de Ciencias, Educación y Humanidades (UAMCEH) de la UAT, ha impartido diversas asignaturas en el campo de la educación relacionadas con la evaluación educativa e investigación. Se ha desempeñado como jefe de la División de Estudios de Posgrado y Secretario Académico de la UAMCEH y Profesor con Perfil PROMEP desde 2000 a la fecha. Integrante del Cuerpo Académico Evaluación Educativa. Miembro fundador de la Asociación Nacional de Escuelas y Facultades de Educación y Pedagogía (ANEFEP) y del Comité para la Evaluación de Programa Pedagogía y Educación (CEPPE). Ha participado congresos nacionales e internacionales y cuenta con diversas publicaciones, siendo el campo de la evaluación y enseñanza de las ciencias los temas más importantes. hrodrigu@docentes.uat.edu.mx

Jesús Roberto García Sandoval

Es Doctor en Aprendizaje y Cognición por la Universidad de Sevilla España, tiene una Maestría en Docencia por la Universidad Autónoma de Tamaulipas-UAT- y de profesión Licenciado en Ciencias de la Educación. Se desempeña en este momento como Secretario Académico de la Unidad

Académica Multidisciplinaria Valle Hermoso y es Docente en la UAT en programas educativos presenciales y a Distancia de Nivel Medio Superior y Superior. Forma parte del Cuerpo Académico de Desarrollo de Talento Humano y cuenta con la certificación de PRODEP. Es autor del libro Comprensión Lectora Educación y Lenguaje en el 2017. Su Correo electrónico es jrgarcia@docentes.uat.edu.mx

Jorge Luis Nieto Claudio

 Es Licenciado en Ciencias de la Educación con Opción en Administración y Planeación Educativa, ha trabajo en diferentes en áreas educativas del nivel medio superior, ha cursado diplomados como: Taller de introducción e implementación de la norma ISO 9001:2008, Taller de entrenamiento de herramientas de liderazgo y Coaching para la docencia, Diplomado en Programa de formación docente de educación media superior (PROFORDEMS), Proceso de Certificación de Competencias Docentes para la Educación Media Superior (CERTIDEMS), Diplomado en Tutorías y Orientación Educativa y Vocacional (UAT), Expositor en conferencias motivacionales en distintos centros educativos de diferentes niveles a más de 1500 estudiantes en la Cd. De Valle Hermoso, y fuera de la misma actualmente labora en la Coordinación de Orientación y Tutorías de la Unidad Académica Multidisciplinaria Valle Hermoso perteneciente a la Universidad Autónoma de Tamaulipas, además desempeña funciones docentes dentro de la misma institución, tutor en línea de la Licenciatura en Tecnologías para la Generación del conocimiento como una de las funciones de la dirección de Educación a Distancia, sus correos electrónico son nieto.claudio.jorge@hotmail.com; jlnieto@docentes.uat.edu.mx

José Rafael Baca Pumarejo

Doctor en Educación Internacional por la Universidad Autónoma de Tamaulipas (UAT). Es profesor e investigador adscrito a la Facultad de Comercio y Administración Victoria (FCAV). Sus proyectos e investigaciones se han orientado al estudio de las tecnologías de la información y las comunicaciones, específicamente al de las brechas digitales en el ámbito educativo. Correo electrónico: rbaca@docentes.uat.edu.mx

José Guadalupe de la Cruz Borrego

Estudiante del Doctorado en Gestión y Transferencia del Conocimiento en la Universidad Autónoma de Tamaulipas (UAT). Es Maestro en Sistemas de Información y Licenciado en Computación Administrativa por la UAT. Se desempeña como auxiliar administrativo del área de posgrado en la Facultad de Comercio y Administración Victoria (FCAV). Ha sido invitado a participar en cursos a nivel internacional por la Organización para la Cooperación y el Desarrollo Económicos (OCDE) en Trento, Italia en el año de 2014 y en Medellín, Colombia en el año de 2015. Correo electrónico: jborrego@docentes.uat.edu.mx

José Guillermo Marreros Vázquez

Estudiante del Doctorado en Desarrollo de Competencias Educativas, cuenta con una Maestría en Comunicación Académica y la Licenciatura en Ciencias de la Educación con opción en Tecnología Educativa por la Universidad Autónoma de Tamaulipas, ha impartido asignaturas de: Planeación de los Procesos de Enseñanza y Aprendizaje, TIC en la Educación, Multimedia, Internet y Animación en 2D y 3D. Cuenta con un Diplomado en

Saberes Digitales para Profesores de Educación Superior (SINED), Diplomado en Estrategias de Enseñanza y Aprendizaje en la Modalidad a Distancia (UNAM), Diplomado Internacional sobre Evaluación de la Calidad de los Programas de Educación Superior a Distancia (CREAD), Diplomado por medios virtuales sobre Diseño de Contenidos por Competencias para Ambientes B-Learning (CIMTED) y Certificado en ICDL, Testing Program, Microsoft Office Specialist, IC3 y Adobe Associate Educator. Actualmente se desempeña como Profesor Investigador y Diseñador Instruccional en Ambientes Virtuales de Aprendizaje en la Dirección de Educación a Distancia de la UAT. Sus correos electrónicos son: jgmarreros@docentes.uat.edu.mx y jose.marreros@set.edu.mx

Luis Alberto Portales Zúñiga

Maestro en Docencia por la Universidad Autónoma de Tamaulipas, Licenciado en Ciencias de la Educación con Especialidad en Químico- Biológicas, se ha desempeñado como instructor y facilitador en cursos en línea en las plataforma s: Blackboard y Moodle; Cursos-talleres "Huella Hídrica" y "Cultura del agua" para la Comisión Estatal del Agua de Tamaulipas (CEAT), Integrante de la Comisión de Evaluación de Proyectos (COTACYT), Ponente en el 3° y 4° Congreso Internacional en el Centro Regional De Formación Docente e Investigación Educativa. Actualmente es Coordinador de Servicios Escolares de la Unidad Académica Multidisciplinaria de Ciencias, Educación y Humanidades, Consejero Representante de la Carrera de LCEQB ante Consejo Técnico, miembro activo de la Academia de Químico-Biológicas e integrante del cuerpo académico de la Licenciatura en Ciencias de la Educación. Ha participado en el desarrollo e impartición del Diplomado en Competencias y Habilidades Digitales para el Docente, Se ha desempeñado como Coordinador del Sistema de Gestión de Calidad, Coordinador de Servicio Social, Responsable del Módulo de Prácticas Preprofesionales y de los Laboratorios Experimentales de Química y Biología en la misma institución. Correo: lportales@docentes.uat.edu.mx

Ma. del Rosario Contreras Villarreal

Egresada de la Licenciatura en Ciencias de la Educación con especialidad en Ciencias Sociales por la UAT, Maestría en Investigación Educativa por la UAT, Doctorado en Aprendizaje y Cognición por la Universidad de Sevilla. Docente de Investigación Educativa en la Unidad Académica Multidisciplinaria de Ciencias, Educación Y Humanidades de la Universidad Autónoma de Tamaulipas. Intereses de estudio y/o investigación: Investigación educativa y estudios de frontera. Líder del Cuerpo Académico Procesos Socio Culturales y Metodológicos. Experiencia en Investigación: Estructura cognoscitiva de los estudiantes en secundarias generales, Estudio sobre prácticas culturas y cognición, La influencia de variables culturales en el concepto de "frontera". Correo electrónico mcontrer@docentes.uat. edu.mx

Marcia Leticia Ruiz Cansino

Egresada de la Licenciatura en Psicología por la Universidad de Valle de Bravo, Doctorado en Aprendizaje y Cognición por la Universidad de Sevilla. Docente de Psicología del Aprendizaje y Psicología Evolutiva en la Unidad Académica Multidisciplinaria de Ciencias, Educación Y Humanidades de la Universidad Autónoma de Tamaulipas. Intereses de estudio y/o investigación Procesos cognitivos en línea narrativa y estudios de Frontera. Integrante de Cuerpo Académico Procesos Socio Culturales y Metodológicos, Experiencia en Investigación: Perfil de ingreso y factores de riesgo y protección de estudiantes de una dependencia de educación superior, Género y nivel educativo en las narrativas autobiográficas de la infancia. Correo electrónico mruizc@docentes.uat.edu.mx

Ma. de Jesús Hernández Rangel

 Doctora en Comunicación Académica, Coordinadora General de Convenios y Relaciones Internacionales en la Dirección de Internacionalización de la Universidad Autónoma de Tamaulipas, es profesor investigador y se ha desempeñado como docente de las asignaturas en Técnicas de Expresión y en Taller de Lectura y Redacción, ha participado como coautor en diversos artículos y entre sus publicaciones se cuenta la autoría del libro Programación y Géneros en la Radio, editado en Maracaibo, República Bolivariana de Venezuela, y colaborador en el libro Contribuciones Universitarias Investigaciones en Ciencias Sociales y Administrativas, de la editorial académica española, y colaborador en el libro Emprendimiento e Innovación Transformar desde las instituciones de educación superior, forma parte del Grupo de Investigación Gestión y Desarrollo de las Organizaciones y Emprendimiento e Innovación con la Universidad del Zulia, en Venezuela, y del Grupo de Investigación sobre Cooperación Académica Internacional entre las Universidades de Burgos, España, OUI-COLAM y UNIPAMPA Brasil, es acreditador Internacional por la Red Internacional de Evaluadores (RIEV) y fue colaborador del documento institucional Misiones, Visiones y Retos 2016, de la UAT. Su correo es: mhernanr@docentes.uat.edu.mx

Martha Reyna Martínez

 Egresada de la Licenciatura en Educación Media especializada en Matemáticas por la Escuela Normal Superior de Tamaulipas, Ingeniería en Telemática por la Universidad Autónoma de Tamaulipas, Maestría en Educación Media Superior por la Universidad Pedagógica Nacional. Docente de la Academia de Matemáticas y Subdirectora Académica en el Centro de Estudios Tecnológicos Industrial y de Servicios No. 71 dependiente de la Unidad de Educación Media Superior Tecnológica, Industrial y de

Servicios. Líder en Academia de Matemáticas y Evaluadora del Desempeño Docente por el Instituto Nacional para la Evaluación de la Educación. Intereses de estudio y/o investigación: Innovación Educativa y Matemáticas. Correo electrónico: marthareynamartinez@hotmail.com

Melissa Lizbeth Martínez Hernández

Es Maestra en Derecho con Énfasis en Derecho Constitucional por la Universidad Autónoma de Tamaulipas y Maestra en Derecho con Orientación en Derecho Corporativo por la Universidad Autónoma de Nuevo León; Coordinadora de Convenios Institucionales en el Área Jurídica de la Universidad Autónoma de Tamaulipas; se desempeña como docente en las asignaturas de Inglés y Derecho en la Universidad Autónoma de Tamaulipas; ha participado en diversos Conversatorios a nivel internacional y ha colaborado como coautora en diversos artículos, entre sus publicaciones se encuentra el libro *Emprendimiento e Innovación: Transformar desde las instituciones de educación superior* editado en Maracaibo, República Bolivariana de Venezuela. Forma parte del Grupo de Investigación Gestión y Desarrollo de las Organizaciones y Emprendimiento e Innovación con la Universidad del Zulia, en Venezuela. Su correo es: melissa.martinez@uat.edu.mx

Nali Borrego Ramírez

Egresada de la Licenciatura en Ciencias de la Educación con especialidad en Ciencias Sociales, Maestría en Tecnología Educativa por la Universidad Autónoma de Tamaulipas, Doctorado por la Universidad de Málaga. Docente en Tecnología Educativa en la Unidad Académica Multidisciplinaria de Ciencias, Educación Y Humanidades de la Universidad Autónoma de Tamaulipas. Intereses de estudio y/o investigación Innovación metodológica. Línea de investigación Innovación Metodológica en la Educación Superior, Integrante de Cuerpo Académico Procesos Socio Culturales y metodológico, Experiencia en Investigación: Innovación en Técnicas de Freinet, Educación Superior Virtual en América Latina y el Caribe, Proyecto Interuniversitario sobre Ética Profesional, Axiología de la Evaluación Institucional, Avances Metodológicos en la Evaluación de la Autoevaluación. Correo electrónico: nborrego@docentes.uat.edu.mx

Nallely Contreras Limón

Es Licenciada en Informática, cuenta con una Maestría en Comunicación Académica por la Universidad Autónoma de Tamaulipas, ha impartido asignaturas de: Administración de la Función Informática, Tecnologías Emergentes y Herramientas Computacionales. Formo parte del programa Cisco Networking Academy concluyendo satisfactoriamente todos los módulos. Certificada en Microsoft Technology Associate: Networking Fundamentals y Microsoft Office Specialist. Actualmente se desempeña en el Hospital Regional de Alta Especialidad "Bicentenario 2010" de Cd. Victoria Tamaulipas México, en la Jefatura de División de Procesos Informáticos y Comunicaciones.7

Noel Ruiz Olivares

Es Licenciado en Ciencias de la Educación con Opción en Tecnología Educativa y Maestro en Tecnología Educativa por la Universidad Autónoma de Tamaulipas; Especialista en Entornos Virtuales de Aprendizaje por Virtual Educa y la OEI. Es candidato a Doctor en Educación Internacional en la línea de investigación de Tecnología Educativa. Profesor investigador de la Universidad Autónoma de Tamaulipas, Coordinador de Programas Educativos en la Dirección de Desarrollo Curricular de la Secretaría Académica de la UAT. Fue coordinador de la Licenciatura en Ciencias de la Educación con Opción en Tecnología Educativa, forma parte de la Academia de Tecnología Educativa de la UAMCEH UAT, se ha desempeñado también como docente en línea de la Universidad Abierta y a Distancia de México, su correo electrónico es nolivares@docentes.uat.edu.mx

Rogelio Castillo Walle

Doctor en Educación por la Universidad Autónoma de Tamaulipas. Maestro en Docencia en Educación Superior y Licenciado en Ciencias de la Educación con Especialidad en Ciencias Sociales por la misma casa de estudios. Profesor de tiempo completo de la UAMCEH, donde además fungió como Coordinador de la Licenciatura en Ciencias de la Educación con Opción en Ciencias Sociales, Licenciatura en Sociología y como Secretario Técnico de la Facultad. Se desempeñó como Director de Educación Media Superior de la Universidad Autónoma de Tamaulipas. Recibió en 2016 el reconocimiento al Mérito Universitario. Ha realizado estudios sobre sociología, prácticas educativas con TIC, valores e inclusión en la educación, brechas digitales, violencia escolar y educación especial y multidisciplinaria. Sus líneas de investigación son: *práctica docente, evaluación institucional y de la enseñanza de las ciencias.* Actualmente es director de la Facultad de Ciencias, Educación y Humanidades de la misma universidad. Correo: rocastill@docentes.uat.edu.mx

Rocío Tatiana Sierra Castro

Estudiante de Licenciatura en Informática y Tecnología de la Universidad Pedagógica y Tecnológica de Colombia, actualmente vinculada al grupo de investigación Ambientes Virtuales de Aprendizaje de la misma universidad. Correo: rocio.sierra@uptc edu.co, tati26.sierra@gmail.com

Rosmira Yasmin Martínez Parra

Estudiante de décimo semestre de Licenciatura en Informática y Tecnología en la Universidad Pedagógica y Tecnológica de Colombia UPTC, semillero de investigación del grupo Ambientes Virtuales Educativos AVE de la misma universidad, donde participa del proyecto de investigación "Derechos humanos y TIC: herramientas para la construcción de aprendizajes de paz" en la Licenciatura en Informática, participo en intercambio académico en la Universidad Autónoma de Tamaulipas UAT en primer semestre de 2018. Correos electrónicos: yasmin14mp@gmail.com; rosmira.martinez@uptc.edu.co

Sandra Milena Yagama Espitia

Es estudiante de la Licenciatura en Informática y Tecnología de la Universidad Pedagógica y Tecnológica de Colombia (UPTC). Pertenece al grupo de investigación Ambientes Virtuales Educativos (AVE). Participó como ponente en el XIII Congreso de Informática y Tecnología Versión Internacional "La educación es un camino hacia la paz", organizado por la Universidad de Córdoba y la Red Iberoamericana de Informática Educativa, con las ponencias: DESARROLLO DE SOFTWARE EDUCATIVO PARA EL FORTALECIMIENTO DE COMPETENCIAS PSICOMOTORAS

Y COGNITIVAS EN PRIMERA INFANCIA y ponencia CONSEJOS ESTUDIANTILES MEDIADORES EN LA CÁTEDRA DE LA PAZ, DESDE LAS TIC con el reconocimiento de mejor ponencia en la categoría de Experiencias en Educación con TIC por estudiantes de pregrado realizado en Córdoba, Montería, Colombia.

Participó como organizadora y asistente de los eventos XII Congreso de Informática Educativa Versión Internacional; y del IV Congreso Internacional y XII Nacional de Educación en Tecnología e Informática, "Experiencias en la práctica pedagógica "realizados en Tunja, Boyacá, Colombia. Participó como asistente en el X Encuentro Nacional de Educación en Tecnología e Informática y III Congreso Internacional de Educación en Tecnología e Informática realizado en Buga, Valle del Cauca, Colombia. Sus correos electrónicos son samimilespitia18@hotmail.es;samiyagama1994@gmail.com; sandra.yagama@uptc.edu.co

Víctor Manuel Ramírez Hernández

Es licenciado en Ciencias Físico Matemáticas con especialidad en Docencia Superior, cuenta con una Maestría en Docencia por la Universidad Autónoma de Tamaulipas, y cursó el programa Doctoral de Cognición y Aprendizaje con la Universidad de Sevilla España, así como sus estudios Doctorales en Educación, en la Universidad Autónoma de Tamaulipas. Fue presidente de la Academia de Tecnología y Matemáticas en la Facultad de Ingeniería y Ciencias. Es Miembro fundador de la Academia de Matemáticas de la Universidad Autónoma de Tamaulipas, presidió la Academia de Matemáticas de la Unidad Académica Multidisciplinaria de Ciencias, Educación y Humanidades. Es el actual presidente de la Academia de Matemáticas de la Universidad Autónoma de Tamaulipas. Ha impartido cátedra a profesores de diversas instituciones de educación media superior y superior del estado de Tamaulipas, cuenta con perfil deseable desde 2006, y forma parte del cuerpo académico de Evaluación Educativa. Correo Electrónico: vramirez@docentes.uat.edu.mx

Comité Científico Dictaminador y Evaluador del Libro

Dr. Arturo Dimas de los Reyes, adscrito a la Facultad de Derecho y Ciencias Sociales, de la Universidad Autónoma de Tamaulipas. Docente-investigador. Doctorado en Derecho, Maestría en Derecho Fiscal y Licenciatura en Derecho por la misma Universidad. Miembro del cuerpo académico en formación "Régimen Jurídico y Políticas Públicas Regionales", de la Universidad Autónoma de Tamaulipas. Con perfil PRODEP, dictaminador de artículos, libros y capítulos de libros; de igual forma autor de libros, capítulos de libros y artículos en materia fiscal, así como en el sistema anticorrupción, miembro del Sistema Nacional de Investigadores, (SNI-1), miembro del Colegio Nacional de Doctores en Derecho, y miembro fundador de la comunidad de investigadores del programa nacional de investigación en rendición de cuentas y combate a la corrupción. (CIDE, México); docente en posgrado en al Centro Regional de Formación Docente e Investigación Educativa, (CRETAM), así como en el Centro de Investigaciones y Estudios Avanzados de Veracruz. (CINVESAV) y de la Universidad LA SALLE Victoria. Correo Electrónico: adimasr@docentes.uat.edu.mx

Mtra. Beatris Báez Hernández. Adscrita a la Unidad Académica Multidisciplinaria de Ciencias, Educación y Humanidades de la Universidad Autónoma de Tamaulipas. Maestra en Docencia por la Universidad Autónoma de Tamaulipas. Coordinadora de la Licenciatura en Ciencias de la Educación con opción en Ciencias Sociales Y Acentuación en Enseñanza de las Ciencias Histórico Sociales. Correo Electrónico: bbaezh@docentes.uat.edu.mx

Dr. Enoc Alejandro García Rivera: Doctorado en Derecho Privado y Diploma de Estudios Avanzados en Derecho Financiero por la Universidad de Burgos, España. Doctorado en Derecho y Maestría en Derecho Fiscal por la Universidad Autónoma de Tamaulipas,

México. Fue Coordinador de Investigación de la Unidad Académica de Derecho y Ciencias Sociales de la Universidad Autónoma de Tamaulipas. Autor de diversas publicaciones en materia fiscal y financiera. Profesor de diversas materias en licenciatura y posgrado. Actualmente se desempeña como Investigador de Cátedras CONACYT y miembro del Sistema Nacional de Investigadores. Correo Electrónico: eagarcia@uat.edu.mx

Mtro. Enrique Cruz Ibarra. Adscrito a la Unidad Académica Multidisciplinaria de Ciencias, Educación y Humanidades de la Universidad Autónoma de Tamaulipas. Maestro en Docencia por la Universidad Autónoma de Tamaulipas. Coordinador del Sistema Institucional de Gestión de la Calidad de la UAMCEH y profesor investigador de la UAT. Correo Electrónico: encruz@docentes.uat.edu.mx

Mtro. Erik Márquez de León, Profesor de Tiempo Completo con perfil PRODEP adscrito a la Unidad Académica Multidisciplinaria de Ciencias, Educación y Humanidades de la Universidad Autónoma de Tamaulipas (UAT). Estudiante del Doctorado en Educación por la Universidad de Guadalajara (UdeG), programa adscrito al Padrón Nacional de Posgrados de Calidad del Consejo Nacional de Ciencia y Tecnología (PNPC-CONACyT). Maestro en Gestión y Políticas de la Educación Superior por la UdeG, programa adscrito al PNPC-CONACyT. Especialista en Planeación y Evaluación Universitaria por el Instituto para la Medición, Mejoramiento y Aseguramiento de la Calidad de la Educación (IMMACE). Licenciado en Ciencias de la Educación con opción en Ciencias Sociales por la UAT. Email: ermarquez@docentes.uat.edu.mx

Mtro. Jesús Ponce García. Profesor de Tiempo Completo en la Unidad Académica Multidisciplinaria de Ciencias, Educación y Humanidades, de la Universidad Autónoma de Tamaulipas. Estudios de Licenciatura en Administración y Planeación Educativa y Maestría en Docencia por la misma Universidad. Coordinador de las licenciaturas en Ciencias de la Educación con opción en Administración y Planeación Educativa, así como de la licenciatura en Ciencias de la Educación con acentuación en Planeación, Gestión y Evaluación Educativa de la UAT-UAMCEH. Correo Electrónico: jeponce@docentes.uat.edu.mx

Dr. José Alberto Bazaldúa Zamarripa. Adscrito al Instituto de Estudios Superiores de Tamaulipas - Red de Universidades Anáhuac. Licenciado en Psicología, por la Universidad del Noreste, Maestro en Desarrollo Organizacional por la Universidad de Monterrey, Doctor en Educación Internacional por la Universidad Autónoma de Tamaulipas. Coordinador de Investigación y maestro a nivel licenciatura, Maestría y Doctorado. Investigador en las líneas de investigación "Proceso Enseñanza - Aprendizaje" y "Capital Humano". Correo Electrónico: alberto.bazaldua@iest.edu.mx

Mtro. Juan Oswaldo Martínez Sulvarán Adscrito a la Unidad Académica de Trabajo Social y Ciencias para el Desarrollo Humano de la Universidad Autónoma de Tamaulipas. Profesor de tiempo completo con perfil Prodep en Docencia por la Universidad Autónoma de Tamaulipas. Evaluador del CA-CNEIP. Correo Electrónico: jmartinezs@docentes.uat.edu.mx

Mtro. Leonardo Alejandro Peñuela Velásquez. Docente e investigador. Responsable del área de Diseño Curricular, Facultad de Medicina de Tampico "Dr. Alberto Romo Caballero. Candidato a doctor en Socioformación CIFE. Maestría un Diseño Digital Universidad Autónoma de Tamaulipas. Licenciado en Psicología, Universidad de Antioquia (UdeA), Colombia. Coordinador de Línea de Investigación Nuevos Paradigmas, Grupo Bioantropología, adscrito a Reproducción-BIOGÉNESIS (Grupo Escalafonado de Colciencias-Categoría A: Excelencia Académica), Facultad de medicina, Universidad de Antioquia. Investigador de los grupos: Como Hacemos lo que Hacemos en Educación Superior- CHHES de la Facultad de Medicina y Cultura, Política y Desarrollo Social del Centro de Investigaciones Sociales y Humanas-CISH, Facultad de Ciencias Sociales y Humanas, Universidad de Antioquia. Miembro del Grupo de Pensamiento Complejo. Universidad Pontificia Bolivariana (U.P.B.), Colombia. Ha Sido coordinador de

los programas ONDAS-Antioquía de COLCIENCIAS y de la Red
Colombiana de Semilleros de Investigación, REDCOLSI, Colombia.
Dictaminador y evaluador de diversas revistas indexadas, así como
diversos sistemas de acreditación y evaluación institucional a nivel
Latinoamérica. lpenuela@uat.edu.mx y alejandropenuel@gmail.com

Dr. Luis Antonio Yong Varela. Doctor Ingeniero en Sistemas de
Información en la Empresa por la Universidad Politécnica de Madrid,
Maestría en Dirección de Proyectos e-learning por la Universidad
Politécnica de Madrid. Grupo de Ingeniería en Organización.
Director Académico en la Universidad Tecnológica del Mar de
Tamaulipas Correo Electrónico: tamaulipas.elearning@gmail.com,
lyong@utmart.edu.mx

Dr. Luis Humberto Garza Vázquez. Adscrito a la Unidad Académica
Multidisciplinaria de Ciencias, Educación y Humanidades, de
la Universidad Autónoma de Tamaulipas. Docente-investigador.
Doctorado en Educación y Maestría en Tanatología, por la
Universidad Autónoma de Tamaulipas. Licenciatura en Sociología,
por la Universidad Nacional Autónoma de México. Miembro
del Cuerpo Académico Consolidado "Procesos socioculturales y
metodológicos", de la Universidad Autónoma de Tamaulipas. Líneas
de investigación: Resiliencia en la Educación Media Superior y
Superior, Perfil de Ingreso y factores de riesgo y protección. Con
Perfil PROMEP. Dictaminador en el Programa de Coinversión
Social (PCS), del Instituto Nacional de Desarrollo Social (INDESOL).
Colaborador en el Centro Regional de Formación Docente e
Investigación Educativa (CRETAM). Miembro de la Comunidad
Latinoamericana en Resiliencia. Correo Electrónico: lugarza@
docentes.uat.edu.mx

Mtra. Ma. Concepción Niño Garcia. Es Ingeniero Agroindustrial.
Cursó la maestría en Comunicación Académica, estudio el
Doctorado en Educación Internacional. Ha participado en los
procesos de evaluación de programas educativos por más de 15 años
en la Universidad Autónoma de Tamaulipas, México, participando
como coordinadora y asesora del proceso de evaluación nacional

e internacional. Es autora y coautora de diversos artículos de evaluación de la educación superior, así como de artículos de internacionalización y acreditación de programas de educación superior. Tiene participación como auditor interno dentro del proceso de gestión de calidad en la UAT. Ha participado como dictaminadora en la evaluación de diversos proyectos sociales. Correo Electrónico: mcnino@docentes.uat.edu.mx

Dr. Omar Álvarez Cárdenas. Es Ingeniero en Comunicaciones y Electrónica por la Facultad de Ingeniería Mecánica y Eléctrica en la Universidad de Colima. Maestro en Ciencias área Telemática por la Facultad de Telemática, Universidad de Colima. Doctor en Educación, Ph. D. por la Universidad de Baja California. Actualmente es Profesor-Investigador de Tiempo Completo en la Facultad de Telemática, Universidad de Colima (2009-). Coordinador Académico del programa de Ingeniería en Telemática (2000-2002). Miembro del Cuerpo Académico UCOL-CA65 con línea de generación y aplicación del conocimiento: Aplicaciones en Cómputo Móvil. Áreas de interés: Cómputo Móvil, Redes Inalámbricas de Área Local, Redes de Sensores, Calidad de Servicio (QoS), Laboratorios Remotos, Metodologías de Enseñanza/Aprendizaje Inductivo, Tecnología Educativa y Aprendizaje Invertido (Flipped Learning). Correos electrónicos: omarac@gmail.com, xe1aom@ucol.mx

Dr. Pedro García Alcaraz. Doctorado en educación, Ph. D. por la Universidad de Baja California, Campus Colima, Maestría en Computación "Área Redes y Conectividad" por la Universidad de Colima e Ingeniería en sistemas computacionales por el Instituto Tecnológico de Colima México, miembro de la Sociedad Mexicana de Educación Comparada es autor y coautor diversos artículos y capítulos de libro, cuenta con un Diplomado en Competencias Docentes en el Nivel Medio Superior. SEMS-ANUIES-Universidad de Colima y un Diplomado en Formación de docentes en Educación Media Superior: Ciencia, Tecnología, Sociedad y Valores (Enfoque CTS en la Educación). La Organización de Estados Iberoamericanos para la Educación la Ciencia y la Cultura (OEI) y la Secretaría de Educación Pública de México con la coordinación académica de la

Universidad de Oviedo. Correo Electrónico: alcarazgarciapedro@ yahoo.com.mx

Dr. Román Alberto Zamarripa Franco. Adscrito a la Universidad IEST Anáhuac Tampico. Coordinador del Departamento de Tecnologías para la Educación. Doctor en Educación por la Universidad Autónoma de Tamaulipas. Maestros en Educación y Maestro en Calidad por la Universidad IEST Anáhuac Tampico. Especialista en Ambientes Virtuales de Aprendizaje por Virtual Educa Argentina. Miembro de las siguientes redes y asociaciones de investigación, Association for Computing Machinery (ACM), Red Interamericana de Educación Docente, Comunidad de testeo de plataformas de cursos en línea del grupo EDUCARE México, Sociedad Mexicana de Educación Comparada (SOMEC) y del Comité de arbitraje internacional de la revista electrónica Educare, Universidad Nacional Costa Rica, Costa Rica. Correo Electrónico: roman.zamarripa@iest.edu.mx

Mtra. Zulma Raquel Zeballos Pinto, Facilitadora en la Universidad Da Vinci. Estudiante del Doctorado en Educación por la Universidad de Guadalajara (UdeG), programa adscrito al Padrón Nacional de Posgrados de Calidad del Consejo Nacional de Ciencia y Tecnología (PNPC-CONACyT). Maestra en Gestión y Políticas de la Educación Superior por la UdeG, programa adscrito al PNPC-CONACyT. Especialista en Planeación y Evaluación Universitaria por el Instituto para la Medición, Mejoramiento y Aseguramiento de la Calidad de la Educación (IMMACE). Licenciada en Ciencias de la Educación con opción en Administración y Planeación Educativa por la por la Universidad Autónoma de Tamaulipas. Correo Electrónico: azul_ zeballos@hotmail.com

Referencias

LA MODALIDAD VIRTUAL EN LA EDUCACIÓN SUPERIOR DE MÉXICO

Abarashi, M. (2011). *Improving education through distance education and online learning. Nature and Science,* 2011; 9 (8): 55-58. Disponible en: http://www.sciencepub.net/nature.

ANUIES-SINED (2015). *Diagnóstico de la Educación a Distancia. Asociación Nacional de Universidades e Instituciones de Educación Superior (ANUIES) y Sistema Nacional de Educación a Distancia (SINED),* México.

Asociación de Internet. MX (2018). *Adquiere este nombre el 1° de diciembre de 2016, antes era la Asociación Mexicana de la Industria Publicitaria y Comercial en Internet, A.C.* Consultada en Internet el 20 de agosto de 2018 en: https://www.asociaciondeinternet.mx/es/que-es

Concord Consortium. (2002). The Concord Consortium e-Learning Model for Online Courses. Consultado en http://concord.org/sites/default/files/pdf/e-learning-model.pdf

Kaveie, Z. (2011). *Application of ITC in distance education. Nature and Science,* 2011; 9 (8): 50-54. Disponible en: http://www.sciencepub.net/nature.

Keegan, D. J. (1980). *On defining distance education. Distance Education 1* (1): 13–36.

– – –. 1986. *Foundations of Distance Education.* London. Croom Helm.

– – –. 1996. *Foundations of Distance Education.* New York, NY: Routledge.

– – –. 2002. *Definition of distance education. In Distance Education: Teaching and Learning in Higher Education,* edited by L. Foster, B. Bower, and L. Watson. Boston, MA: Pearson Custom Publishing.

Kember, D. (1995). *Open Learning Courses for adults: A model of student progress.* Englewood Cliffs, NJ: Educational Technology Publications.

Knowles, M. (1984). *Andragogy in action.* San Francisco: Jossey-Bass.

Micheli, J. y Garrido, C. (2010). *"La educación virtual en México: universidades y aprendizaje tecnológico".* Consultado en Internet en: http://e-spacio.uned.es/fez/eserv.php?pid=bibliuned:19377&dsID=n03garrido05.pdf, México.

Moreno C., M. (2005). *A history of distance education in Mexico. The Quarterly Review of Distance Education,* Volume 6(3), 2005, pp. 227–232.

Quéau, P. (1993). *Le virtuel. Editions Champ Vallon et INA,* Paris.

SEP (2018). *Secretaría de Educación Pública de México.* SEN, Estadística Histórica Nacional.

Smith, L. M. (2006). *Best practices in distance education. Distance Learning,* 3(3), 59-66.

Unigarro, M. (2004). *Educación Virtual.* "2da. Ed., Colombia: UNAB.

Universia.net (2018). *Sitio de la red universitaria de referencia para Iberoamérica.* Consultado en Internet el 5 de agosto de 2018, en: http://www. universia.edu.pe/

LA COLUMNA VERTEBRAL DE LA CALIDAD EDUCATIVA: EL TRABAJO COLEGIADO

Czarny, G. (2003). *Las escuelas normales frente al cambio: Un estudio de seguimiento a la aplicación del Plan de Estudio 1997,* cuadernos de discusión 16. México: SEP.

Flecha, R., & Puigvert, L. (2002). *Las comunidades de aprendizaje: una apuesta por la igualdad educativa.* Revista de estudios y experiencias en educación, 1(1), 11-20.

Gómez, A., Mello, R., Santa Cruz, I., & Sordé, T. (2010). *De las experiencias de comunidades de aprendizaje a las políticas basadas en sus éxitos.* Revista Interuniveritaria de fomración del profesorado, 24(1), 113-126.

Kayeie, Z. (2011). *Application of TIC in distance education Nature and Science.* 8, 50-54. Recuperado el 10 de junio de 2018, de http://www. sciencepub.net/nature

Luz, M., & Flores, O. (2016). *Comunidades de Aprendizaje: Una perspectiva de la educación inclusiva.* Revista el Caribe, 38-45. Recuperado el 14 de junio de 2018, de https://www.researchgate.net/ publication/313287269_Comunidades_de_Aprendizaje_una_ perspectiva_de_la_educacion_inclusiva

Puigvert, L., & Santa cruz, I. (2006). *La transformación de centros educativos en comunidades de aprendizaje.* Calidad para todoas y todos. Revista de educación, 339, 169-176.

Rodríguez de Guzmán, J. (2012). *Comunidades de aprendizaje y fomración del profesorado.* (U. A. Eduacación, Ed.) Tendencias pedagógicas (19). Obtenido de https://repositorio.uam.es/handle/10486/9287

Secretaria de Educación Pública. (2017). *Modelo Educativo para la Educación Obligatoria.* México: SEP. Recuperado el 23 de junio de 2018, de

https://www.gob.mx/cms/uploads/attachment/file/198738/
Modelo_Educativo_para_la_Educacio_n_Obligatoria.pdf

Subsecretaría de Educación Media Superior. (2015). *Elementos básicos para el trabajo colegiado*. México: Secretaría de Educación Pública. Recuperado el 20 de junio de 2018, de http://www.sems.gob.mx/work/models/sems/Resource/12183/1/images/elementos_basicos_tc.pdf

Torres, R. (2004). *Repensando lo educativo desde el desarrollo local y desde el aprendizaje*. Simposio internacional sobre comunicación de aprendizaje. Barcelona. Recuperado el 15 de mayo de 2018, de http://www.estudiosindigenas.cl/educacion/aprendizaje_vida_comunidad_aprendizaje_esp.pdf

Valls, R. (2000). *Comunidades de aprendizaje. Una práctica educativa de aprendizaje dialogo para la sociedad de la información*. Barcelona: Universidad de Barcelona.

EL SABER SER: UN FACTOR IMPORTANTE DENTRO DEL NIVEL MEDIO SUPERIOR

Bohoslavsky, R. (1986). *Psicopatología del vínculo profesor-alumno: el profesor como agente socializante*, en Glazman, R.: *Antología*. México, D.F. Ed. El Caballito.

Freire, P. (1976). *La educación como práctica de la libertad (17ª ed.)*. México: Siglo XXI Editores

Morin, E. (2005). *Repensar la reforma, reformar el pensamiento (entrevista)*. *Cuadernos de Pedagogía, 342*, 42-46.

LA MOTIVACIÓN DEL ESTUDIANTE COMO FACTOR DETERMINANTE PARA EL APRENDIZAJE SIGNIFICATIVO EN EL NIVEL MEDIO SUPERIOR: UNA REFLEXIÓN DOCENTE

Anaya, A., & Anaya, C. (2010). *¿Motivar para aprobar o para aprender? Estrategias de motivación del aprendizaje para los estudiantes*. Recuperado el 22 de septiembre de 2014, de Tecnología, Ciencia, Educación, Vol. 25, núm. 1: http://www.redalyc.org/articulo.oa?id=48215094002

Banda, M. (enero de 2008). *Reflexionar sobre la práctica docente. Boletín electrónico Innovación, 2(10)*, 2. Recuperado el 20 de enero de 2017,

de Reflexionar sobre la práctica docente: http://www.uaa.mx/
direcciones/dgdp/defaa/descargas/boletin_ene_08.pdf

Caracuel, J. (2004). *Psicología del deporte y el ejercicio físico. Tamaulipas:* Curso impartido en la Universidad Autónoma de Tamaulipas.

De la Torre, C., & Godoy, A. (2002). *Influencia de las atribuciones causales del profesor sobre el rendimiento de los alumnos.* Psicothema, 14(2), 444-449. Recuperado el 5 de enero de 2016, de http://www.biblioteca. uma.es/bbldoc/tesisuma/16639534.pdf

Dosil, J., & Caracuel, J. (2008). *Psicología de la actividad física y el deporte.* Madrid: MCGrAW-HILL.

El Universal. (71 de 04 de 2017). *Tiene México rezago de 30 años en educación, alertan expertos.* El Universal. Recuperado el 15 de 05 de 2017, de http:// www.eluniversal.com.mx/articulo/nacion/sociedad/2017/04/27/ tiene-mexico-rezago-de-30-anos-en-educacion-alertan-expertos

ENADEMS. (septiembre de 2012). *Reporte de la Encuesta Nacional de Deserción en la Educación Media Superior.* Recuperado el 26 de Agosto de 2014, de Subsecretaría de Educación Media Superior-SEMS: http:// www.sems.gob.mx/work/models/sems/Resource/10787/1/ images/Anexo_6Reporte_de_la_ENDEMS.pdf

Freire, P. (2006). *Pedagogía de la autonomía.* México: Siglo XXI.

García, A., & Tejedor, F. (2007). *Causas del bajo rendimiento del estudiante universitario (en opinión de los profesores y alumnos).* Recuperado el 23 de Agosto de 2014, de Revista de educación ISSN 0034-8082, N° 342, 2007: http://www.revistaeducacion.educacion.es/re342/ re342_21.pdf

Instituto Nacional para la Evaluación de la Educación. (2017). *La educación Obligatoria en México informe 2017.* México: INEE. Recuperado el 23 de marzo de 2018, de http://publicaciones.inee.edu.mx/ buscadorPub/P1/I/242/P1I242.pdf

Jurado, J. L. (3 de septiembre de 2012). *Newsweek.* Recuperado el 15 de Agosto de 2014, de Pobre México, tan lejos de la educación y tan cerca del tercer mundo: http://www.newsweek.mx/index.php/ articulo/528#.U-6oJ_l5NJJ

Landeros, F. (noviembre-diciembre de 2010). *Los "ninis y la educación media superior.* Bien común (191-192), 36-27. Recuperado el 02 de Julio de 2017, de https://issuu.com/frph/docs/bien_comun191-192

Macias, V. (17 de octubre de 2011). *El economista*. Recuperado el 15 de Agosto de 2014, de México, atrasado 50 años en educación: http://eleconomista.com.mx/sociedad/2011/10/17/mexico-atrasado-50-anos-educacion

Mantecón, L., García, V., Gutierrez, M., & Navarro, M. (noviembre de 2004). *Fracaso escolar: el alummno en la tierra y el profesor en la luna*. IV Jornadas Nacionales de Investigación, 25-26.

Martínez, N. (23 de diciembre de 2013). *El Universal*. Recuperado el 16 de agosto de 2014, de Red política nación: http://www.redpolitica.mx/nacion/mala-infraestructura-afecta-aprendizaje-de-alumnos-sep

Miranda, R., & Bara, M. (2002). *Motivação no Esporte*. Scape.

Núñez, J. (2009). *Motivación, aprendizaje y rendimiento académico. Congreso Internacional Galego, Protugues de Psicopedagogia Braga: Universidad de Minho*, X. Recuperado el 23 de noviembre de 2017, de http://www.educacion.udc.es/grupos/gipdae/documentos/congreso/xcongreso/pdfs/cc/cc3.pdf

Peredo, B., & Velasco, J. (2010). *¿Por qué la apatía para aprender y enseñar en el espacio y tiempo escolar?* Horizontes Educacionales, 15(2), 69-81.

Pérez, E., & Caracuel, J. (1997). *Psicología de la motivación y la emoción*. Sevilla: Cronos.

Riera, J. (1995). *Estrategia, táctica y técnica deportivas. apuntes educación física y deportes*, 45-56. Recuperado el 23 de Noviembre de 2017, de file:///C:/Users/Usuario/Downloads/039_045-056_es.pdf

Ruiz de Miguel, C. (2001). *Factores familiares vinculados al bajo rendimiento*. Revista Complutense de educación, 12, 84,86.

S.E.P. (agosto de 2013). *Yo no abandono. Manual para prevenir los riesgos del abandono escolar*. Recuperado el 20 de Agosto de 2014, de http://www.conalep.edu.mx/doscentespropuesta/Programa_SEMS-COSDAC/Abandono_Escolar/Documents/PREVENIRRIESGOS.pdf

Sánchez, F. (2007). *Apatía en el estudiante en tareas de investigación*. Recuperado el 22 de agosto de 2014, de Revista Iberoamericana para la Investigación y el Desarrollo Educativo: http://ride.org.mx/version9-10-11-12/index.php/RIDE/article/viewFile/133/130

Secretaria de Educación Pública. (2017). *Programa Construye T*. Obtenido de https://www.gob.mx/sep/acciones-y-programas/programa-construye-t-4598

Weinstein, J. (15 de septiembre de 2001). *Joven y alumno. Desafíos de la enseñanza media.* Recuperado el 20 de agosto de 2014, de SciELO: http://www.scielo.cl/scielo.php?pid=S0718-22362001000200005&script=sci_arttext

DESARROLLO DE ESTRATEGIAS Y ENSEÑANZA LECTORA CON APOYO DE LAS TIC MÓVILES EN FUTUROS DOCENTES

Abadzi, H. (2011). *Reading fluency measurements in EFA FTI partner countries: outcomes and improvement prospects.* Washington: World Bank.

Achaerandio, L. (2009). *Lectura comprensiva.* Guatemala: Universidad Rafael Landivar.

Almeida, G. (2011). *El constructivismo como modelo pedagógico.* Quito: Fundación Educativa Ibarra.

Al-Momani, A., Hussin, S., y Hamat, A. (2015). An investigation of smartphone reading strategies behaviours from the views of jordanian students. *Arab World English Journal, 6*(1), 359-365.

Anohan, E., y Suhonen, J. (2015). Modelización de la política de aprendizaje móvil en la educación para los países en desarrollo de África computación: un enfoque de diseño retrospectivo. *International Journal of Mobile Learning y Organization, 9*(3), 201-217.

Arbeláez, M. (2012). *Las concepciones de los docentes sobre competencias en la lectura y escritura en la formación de los estudiantes en áreas diferentes a la lengua castellana.* Pereira: Universidad Tecnológica de Pereira.

Bandura, A. (1993). Perceived self-efficacy in cognitive development and functioning. *Educational Psychologist, 28*(2), 117-148.

Barboza, L., y Sanz, C. (2000). *Estrategias de lectura.* México: Instituto Politécnico Nacional.

Battro, A., Fischer, K., y Léna, P. (2016). *Cerebro educado. Ensayos sobre la neuroeducación.* Barcelona: Gedisa.

Bermúdez, E., y Hernández, M. (2011). El papel de la memoria en el proceso lector. *Umbral Científico,* (19), 24-31.

Betancourt, M. (2007). *Proyecto "Estrategias didácticas para mejorar la comprensión lectora", en la Escuela Rosalina Pescio Vargas Comuna Peñaflor.* Santiago: Academia.

Blanco, M. (2016). *Aplicación móvil para el aprendizaje de las habilidades lingüísticas del idioma Purépecha.* México: Consejo Nacional de Ciencia y Tecnología.

Boesch, C. (1993). *Tools, language and cognition in human evolution.* Cambridge: University Press.

Bruning, R., Schraw, G., y Ronning, R. (2002). *Psicología cognitiva e instrucción.* Madrid: Alianza.

Caballero, E. (2008). *Comprensión lectora de los textos argumentativos en los niños de poblaciones vulnerables escolarizados en quinto grado de primaria de Educación Básica.* Medellín: Universidad de Antioquia.

Cáceres, A., Donoso, P., y Guzmán., J. (2012). *Comprensión lectora.* Santiago: Universidad de Chile.

Camacho, R. (2007). *Manos arriba: El proceso de enseñanza aprendizaje.* México: ST.

Camps, A., y Castelló, M. (1996). *Las estrategias de enseñanza-aprendizaje en la escritura.* Madrid: Alianza.

Cantú, D. (2016). Uso de dispositivos móviles: estrategia metodológica que favorece la comprensión lectora en alumnos de quinto grado de educación básica. *Educere, Revista Venezolana de Educación, 20*(67), 539-552.

Cantú, D., Lera, J., y Lara, J. (2017). Uso de dispositivos móviles para favorecer la motivación durante la lectura en educación primaria. *Revista Internacional de Ciencias, Sociales y Humanidades, 27*(1), 46-69.

Cantú, D., De Alejandro, C., García, J., y Leal, R. (2017). *Comprensión lectora: educación y lenguaje.* Bloomington: Palibrio.

Cárdenas, C., Del Risco, R., Díaz, M., Acosta, I., Davis, D., Arrocha, O., Gómez, K., Pozo, E., y Morales, E. (2009). Las estrategias de aprendizaje y el desarrollo de la habilidad de escritura durante el proceso de enseñanza aprendizaje del idioma español como segunda lengua. *Revista Iberoamericana de Educación, 48*(3), 1-9.

Caruso, M., y Fairstein, G. (1997). *Piaget en la Argentina. Un estudio de caso sobre su recepción en el campo pedagógico en los años de hierro.* San Pablo: Cortez.

Cassany, D., Luna, M. y Sanz, G. (2001). *Enseñanza de la lengua.* Barcelona: Ediciones Grao.

Chuang, T., y Su, S. (2012). El uso de la consola de juegos móviles para las inteligencias múltiples y la educación. *International Journal of Mobile Learning y Organization, 6*(3), 204-217.

Clavijo, J., Maldonado, A., y Sanjuanelo, M. (2011). Potenciar la comprensión lectora desde la tecnología de la información. *Escenarios, 9*(2), 26-36.

Collins, A., Brown, J., y Larkin, K. (1980). *Inference in text undestanding.* Hillsdale: Erlbaum.

Condemarín, M. (1987). *El programa de lectura silenciosa sostenida.* Santiago: Pontificia Universidad Católica de Chile.

Cooper, J. (1990). *Cómo mejorar la comprensión lectora.* Madrid: Visor.

Corbin, J., & Strauss, A. (2007). *Basics of qualitative research: Techniques and procedures for developing grounded theory.* Thousand Oaks: Sage. En Hernández Sampieri, R., Fernández Collado, C. y Baptista Lucio, P. (2014). *Metodología de la investigación.* México: Mc Graw Hill.

Cuetos, F. (2011). *Neurociencia del lenguaje.* Madrid: Panamericana.

Dávalos, T. (2016). *Aplicación móvil para mejorar las habilidades de lectoescritura.* México: Consejo Nacional de Ciencia y Tecnología.

Dávalos, T. (2016a). *Aplicación móvil para la mejora de las habilidades lingüísticas del idioma inglés en preescolar.* México: Consejo Nacional de Ciencia y Tecnología.

Devis, A., Gómez, A., y Sanjosé, V. (2012). Control de la comprensión micro y macroestructural durante la lectura de textos científicos en lengua extranjera: ¿Algo más que dominio del idioma? *Signos, 46*(81), 56-81.

Díaz Barriga, F., y Hernández, G. (2003). *Docente del Siglo XXI. Estrategias docentes para un aprendizaje significativo.* Bogotá: MacGraw-Hill.

Díaz, N., Martínez, E., y Rodríguez, D. (2011). El andamiaje asistido en procesos de comprensión lectora en universitarios. *Revista Educación y Educadores, 14*(3), 531-556.

Duarte, R. (2012). *La enseñanza de la lectura y su repercusión en el desarrollo del comportamiento lector.* Alcalá: Universidad de Alcalá.

Eldredge, J., Quinn, B., y Butterfield, D. (1990). Causal relationships between phonics, reading comprehension, and vocabulary achievement in the second grade. *Journal of Educational Research,* (83), 201-214.

Etchepareborda, L. (2005). Memoria de trabajo en los procesos básicos del aprendizaje. *Neurología, 40*(1), 79-90.

Faizal, S., y Shahrin, S. (2015). Dimensión de modelo de seguridad móvil: amenazas a la seguridad del usuario móvil y la conciencia. *International Journal of Mobile Learning y Organization, 9*(1), 66-85.

Feinstein, S. (2016). *Secretos del cerebro adolescente. Estrategias basadas en investigación para entablar contacto y facilitar la enseñanza de los adolescentes de hoy.* México: Patria.

Franco, M. (2009). Factores de la metodología de enseñanza que inciden en el proceso de desarrollo de la comprensión lectora en niños. *Zona Próxima,* (11), 134-14.

Fuster, J. (2014). *Neurociencia. Los cimientos cerebrales de nuestra libertad.* México: Paidós.

Gerónimo, G., y Sturm, C. (2006). *Edumóvil: el futuro de la Educación Primaria en México.* Huajuapan de León: Universidad Tecnológica de la Mixteca.

Gheytasi, M., Asizifar, A., y Gowhary, H. (2015). *The effect of smartphone on the reading comprehension proficiency of Iranian EFL learners.* Antalya: Science Direct.

Gómez, A. (2011). Impulsa proyecto Harppi-Tec del Tecnológico de Monterrey, aprendizaje móvil en niños de Primaria. *Talento Tec,* 5(155), 8-9.

Guevara, G., Bilbao, B., Cárdenas, C., y Delgado, M. (2011). *Hacia una lectura superior: la habilidad de la leer.* Málaga: Universidad de Málaga.

Gutiérrez, C., y Salmerón, H. (2012). Estrategias de comprensión lectora: enseñanza y evaluación en educación primaria. *Profesorado, 16*(1), 184-202.

Hathout, B., Ghoniemy, S., e Ibrahim, O. (2017). Un agente de cifrado basado en la nube de modificación de la nube de integridad de datos. *International Journal of Interactive Mobile Technologies, 11*(2), 6-23.

Hea-Su, K. (2014). *Effects of using mobile devices in blended learninf for english reading comprehension. Multimedia-Assited Language Learning.* Seúl: Universidad de Mujeres de Seúl.

Huarca, L., Alminagorta, D., Díaz, M., y Real, T. (2007). *Estrategias pedagógicas en educación primaria.* Lurigancho: Universidad Nacional de Educación Enrique Guzmán y Valle.

Hwang, G., y Wu, P. (2014). Aplicaciones, impactos y tendencias de móviles de aprendizaje potenciado por la tecnología: una revisión de 2008-2012 publicaciones en revistas SSCI seleccionado. *International Journal of Mobile Learning y Organization, 8*(2), 83-95.

Irrazabal, N., Gastón, S., Burin, D., y León, J. (2006). Evaluación de la comprensión lectora. *Anuario de Investigaciones,*

(13). Recuperado de: http://www.scielo.org.ar/scielo. php?pid=S1851-1686200600100035&script=sci_arttext.

Kieras, D. (1985). *Thematic processes in the comprehension of technical prose.* Hillsdale: LEA.

Kim, A., Vaughn, S., Wanzek, J., y Wei, S. (2004). Graphic organizers and their effects on the Reading comprehension of students with LD. *Journal of Learning Disabilities, 37*(2), 105-118.

Kolers, P. A. (1966). Reading and talking bilingually. *American Journal of Psychology,* (79), 357-376.

Latorre, J., y Montañés, J. (1992). *Modelos teóricos sobre la comprensión lectora: algunas implicaciones en el proceso de aprendizaje.* Ciudad Real: Universidad de Castilla La Mancha.

Lerner, I. (2001). *El placer de leer.* Barcelona: Universidad de Barcelona.

Limón, M., y Carretero, M. (1995). Aspectos evolutivos y cognitivos. *Cuadernos de Pedagogía,* (238), 1-5.

Lipina, S. (2016). *Pobre cerebro. Los efectos de la pobreza sobre el desarrollo cognitivo y emocional, y lo que la neurociencia puede hacer para prevenirlos.* Buenos Aires: Siglo Veintiuno.

Liu, G., Liu, T., Lin, Ch., Kuo, Y., y Hwang, G. (2016). Identificación de funciones de aprendizaje y modelos de aprendizaje ubicuo. *International Journal of Mobile Learning y Organization, 10*(4), 238-259.

Logatt, C., y Castro, M. (2011). *Primer libro de neurosicoeducación.* Buenos Aires: Asociación Educar.

Manes, F., y Niro, M. (2014). *Usar el cerebro.* Buenos Aires: Planeta.

Markman, A. (1997). Constraints on analogical inferences. *Cognitive Science, 21*(4), 373-418.

Martínez, F. (2010). *Neurociencias y educación.* México: Trillas.

Matute, E. (2012). *Tendencias actuales de las neurociencias cognitivas.* México. Manual Moderno.

Meléndez, LL., Flores, M., Castañeda, A., y García, M. (2013). *La Importancia de la Aplicación de las Estrategias para mejorar la Comprensión Lectora en alumnos de Secundaria.* Monterrey: Instituto Tecnológico de Estudios Superiores de Monterrey.

Méndez, J., y Delabra, M. (2007). *Fomento y desarrollo de la comprensión lectora a través de Ambientes de Aprendizaje Virtual.* Monterrey: Escuela de Ciencias de la Educación.

Monroy, J., y Gómez, B. (2009). Comprensión lectora. *Revista Mexicana de Orientación Educativa, 6*(16), 37-42.

Morles, A. (1999). El proceso de la comprensión en lectura. *Revista Latina de Pensamiento y Lenguaje, 4*(2), 279-293.

Murray, S., Graesser, A., & Trabasso, T. (1994). Minimal or global inference during reading. *Journal of Memory and Language,* (33), 421-441.

Navarro, J., y Mora, J. (2009). *Metaconocimientos y comprensión de textos.* Sevilla: Universidad de Sevilla.

Neira, M. (2005). *La comprensión de los textos expositivos: influencia de su estructura, del desarrollo cognitivo y de la instrucción.* Coruña: Universidad de la Coruña.

Niemeyer, B. (2006). El aprendizaje situado: una oportunidad para escapar del enfoque del déficit. *Revista Iberoamericana de Educación,* (341), 99-121.

Núñez, M., y Santamaría, M. (2014). *Prerrequisitos para el proceso de aprendizaje de la lectura y la escritura: conciencia fonológica y destrezas orales de la lengua.* Granada: Universidad de Granada.

Olmos, R., León, J., Jorge-Botana, G., y Escudero, I. (2012). Using latent semantic analysis to grade brief summaries: a study exploring texts at different academic levels. *Literary & Linguistic Computing, 28*(3), 388-403.

Oñate, E. (2013). *Comprensión lectora: marco teórico y propuesta de intervención didáctica.* Valladolid: Universidad de Valladolid.

Ospina, M. (2001). *Macroestructura y mapa conceptual: estrategias de revisión en la comprensión lectora.* Chía: Universidad de la Sabana.

Palincsar, A. y Brown, A. (1984). *Reciprocal teaching of comprehension-fostering and comprehension monitoring activities. Cognition and Instruction.* Lexington: M.A. Books.

Pascual, G. y Goikoetxea, E. (2005). *Prueba de comprensión lectora e intervención para primaria.* Deusto: Universidad de Deusto.

Pearson, P., y Fielding, L. (1991). *Comprehension instruction.* New York: Longman.

Qian, D., y Schedl, M. (2004). Evaluation of an in-depth vocabulary knowledge measure for assessing reading performance. *Language Test, 21*(1), 28-52.

Ramírez, J., Vargas, M., López, M., García, M., Flores, N., y López, N. (2004). *Siete estrategias para trabajar con el resumen en la escuela primaria.* México: Secretaria de Educación Pública.

Ribes-Iñesta, E. (2007). Lenguaje, aprendizaje y conocimiento. *Revista Mexicana de Psicología, 24*(1), 7-14.

Rodríguez, W. (2007). El constructivismo: una invitación al análisis de sus antecedentes, vertientes y críticas. *Pedagogía, 39*(1), 5-30.

Ruiz, A. (2007). *Estrategias de comprensión lectora: actividades y métodos.* Andalucía: Redes.

Sapargaliyev, D. (2013). ¿Cómo las tecnologías móviles influir en el estado psico-emocional de los estudiantes? *International Journal of Mobile Learning and Organization, 7*(3), 224-238.

Schmitt, M., y Baumann, J. (1990). Metacomprehension during basal reading instruction: Do teachers promote it? *Reading Research and Instruction, 29*(3), 1-13.

Schunk, D. (1997). *Aprendizaje y procesos cognitivos complejos.* México: Pearson.

Sigman, M. (2015). *La vida secreta de la mente. Nuestro cerebro cuando decidimos, sentimos y pensamos.* México: Debate.

Silva, M., Strasser, K., y Caín, K. (2014). *Early narrative skills in Chilean preschool. Questions scaffold the production of coherent narratives.* Michigan: Reports & Papers.

Smith, F. (1975). *Comprehension and reading.* Nueva York: Holt, Rinehart & Winston.

Smith, F. (1989). *Comprensión de la lectura: análisis psicolingüístico de la lectura y su aprendizaje.* México: Trillas.

Soberanes, L. (2013). *Lenguaje, lengua y habla.* Hidalgo: Universidad Autónoma del Estado de Hidalgo.

Socas, M. (2000). Jean Piaget y su influencia en la educación. *Revista de Didáctica de las Matemáticas,* (43), 369-372.

Solé, I. (1987). *L'ensenyament de la comprensió lectora.* Barcelona: CEAC.

Solé, I. (1993). Estrategias de lectura y aprendizaje. *Cuadernos de Pedagogía,* (216), 25-27.

Solé, I. (1996). *Aprendre i ensenyar a l'Educació Infantil.* Barcelona: Graó.

Solé, I. (2006). *Estrategias de lectura.* Barcelona: Grao.

Tapia, J. A. (1988). *Leer comprender y pensar.* Madrid: Ministerio de Educación Y Ciencia.

Taylor, E., y Connor., U. (1982). Silent versus oral reading: The rational instructional use of both processes. *The Reading Teacher, 35*(4), 440-443.

Taylor, M. (2014). Aprendizaje basado en web para el aprendizaje eText: la enseñanza de sánscrito con un libro de texto electrónico. *International Journal of Mobile Learning y Organization, 8*(1), 16-27.

Trevor, C. (1992). *Enseñanza de la comprensión lectora.* Madrid: Morata.

UNESCO. (2012). *Aprendizaje móvil para docentes en América Latina. Análisis del potencial de las tecnologías móviles para apoyar a los docentes y mejorar sus prácticas.* París: Publicaciones UNESCO.

Valis, D. (2016). *Aplicaciones móviles para el aprendizaje de Zapoteco.* México: Consejo Nacional de Ciencia y Tecnología.

Van Dijk, T., y Kintish, W. (1983). *Strategies of discourse comprehension.* New York: Academia Press.

Vásquez, B. (2013). *Comprensión lectora, según género, en alumnos del sexto grado de una institución educativa del distrito del callao.* Lima: Universidad San Ignacio de Loyola.

Velásquez, M. (2010). *Las inferencias en la comprensión lectora.* Valparaíso: Pontificia Universidad Católica de Valparaíso.

Viveros, J. (2010). La analogía como estrategia cognitiva que favorece la comprensión lectora en textos. *Educare, 14*(2), 91-112.

Wongwatkit, Ch., Panjaburee, P., y Srisawasdi, N. (2017). Una propuesta para desarrollar un aprendizaje móvil en la investigación guiada con un mecanismo de aprendizaje para el dominio para mejorar la capacidad de aprendizaje de los estudiantes y las actitudes de Física. *International Journal of Mobile Learning y Organization, 11*(1), 63-86.

Yang, J., y Hung, Ch. (2012). Un entorno de aprendizaje móvil para apoyar las actividades experimentales basadas en la investigación en la escuela primaria. *International Journal of Mobile Learning y Organization, 6*(1), 8-24.

Yankovic, B. (2011). *La memoria. Procesamiento de información y estilos cognitivos.* Talca: Universidad de Talca.

Yin, K., y Fitzgerald, R. (2015). El aprendizaje de bolsillo: un nuevo enfoque de aprendizaje móvil para los estudiantes a distancia. *International Journal of Mobile Learning y Organization, 9*(3), 271-283.

Zanotto, M. (2007). *Estrategias de lectura en lectores experto para la producción de textos académicos.* Barcelona: Universidad Autónoma de Barcelona.

Zimmerman, S., y Hutchins. C. (2003). *Seven keys to comprehension. How to help your kids read it and get it.* New York: Three Rivers Press.

LOS DISPOSITIVOS MÓVILES COMO HERRAMIENTA DIDÁCTICA EN LA ASIGNATURA DE ÁLGEBRA DE EDUCACIÓN MEDIA SUPERIOR

Alcalá, M. (2002). *La construcción del lenguaje matemático*. Barcelona, España: GRAÓ.

Aravena, M. C. (2008). Modelos matemáticos a través de proyectos. *Revista Latinoamericana de Investigación en Matemática Educativa*, 49-92.

Ausubel, N. H. (1983). *Psicología Educativa: Un punto de vista cognoscitivo* (2da. ed.). México: Trillas.

Bello, D. J. (2013). *CORE*. Recuperado el 01 de 11 de 2017, de https://core.ac.uk/download/pdf/54206777.pdf

Cantillo, V. C. (junio de 2012). *Tendencias actuales en el uso de dispositivos móviles en educación*. Recuperado el 15 de 12 de 2017, de LA EDUCACIÓN: http://www.educoas.org/portal/la_educacion_digital/147/pdf/ART_UNNED_EN. pdf

CASTRO, ELIZABETH; PELEY, ROSARIO; MORILLO, ROSELIA. (2006). *La práctica pedagógica y el desarrollo de estrategias instruccionales desde el enfoque constructivista. Revista de Ciencias Sociales (Ve)*, 581-587.

Córdoba, G. F. (11 de 11 de 2014). *RESEARCHGATE*. Recuperado el 01 de 12 de 2017, de https://www.researchgate.net/publication/282014466_LAS_TIC_EN_EL_APRE NDIZAJE_DE_LAS_MATEMATICAS_QUE_CREEN_LOS_ESTUDIANTES

Cruz, V. J. (01 de 03 de 2010). *Repositorio Institucional del Tecnológico de Monterrey*. Recuperado el 31 de 10 de 2017, de https://repositorio.itesm.mx/ortec/handle/11285/578257

DE CONCEPTOS.COM. (s.f.). *DE CONCEPTOS.COM*. Recuperado el 18 de 01 de 2018, de DE CONCEPTOS.COM: https://deconceptos.com/tecnologia/herramienta

Díaz, B. A. (2002). *Estrategias Docentes para un Aprendizaje Significativo, una interpretación constructivista*. México, D.F.: Mc Graw Hill.

Ferreriro, R. F. (2006). El reto de la educación del siglo XXI: la generación N. *Apertura*, 72-85.

Gandolfi, A. M. (2017). Recurso para la Enseñanza y Aprednizaje de las Matmáticas. En

F. E. Matemáticas, *Libro de Resumenes del VIII Congreso Iberoamericano de Educación Matemática* (pág. 390). Madrid, España: Federación Española de Sociedades de Profesores de Matemáticas.

García, B. F. (1997). Motivación, Aprendizaje y rendimiento escolar. *Revista Electrónica de Motivación y Emoción (R.E.M. E)*.

GEOGEBRA. (12 de 11 de 2017). *Claculadora Gráfica Geogebra*. Obtenido de https://www.geogebra.org/b/E9zTysGc#material/bPqltQge

González, C. (2017). El Método Aprendizaje basado en Problemas como estrategia diactica en etica en educacion media superior. *REDALYC*, 50.

Hernández, R. F. (2006). *Metodología de la Investigación*. Distrito Federal, México: Mc Graw Hill.

Islas Carmona, J. O. (2008). *El prosumidor. El actor comunicativo de la sociedad de la ubicuidad. Redalyc. Org*, 29-39.

Ivic, I. (1994). LEV SEMIONOVICH VIGOSTKY (1896-1934). *Perspectivas: revista trimestral de educación, XXIV*(3-4), 773-779.

Lozano, D. C. (01 de 10 de 2012). *Repositorio Institucional del Tecnológico de Monterrey*. Recuperado el 31 de 10 de 2017, de https://repositorio.itesm.mx/ortec/handle/11285/571613

McClelland, D. C. (1989). *Estudio de la Motivación Humana*. Madrid, España: NARCEA, S.A. EDICIONES.

Mochón, S. (2000). *Modelos Matemáticos para todos los niveles*. Distrito Federal, México: Iberoamerica.

Monroy Moyano, C. A. (2016). ¿Cómo influye el uso del software en la enseñanza y aprendizaje de matemáticas en los estudiantes de primer semestre de ingeniería electromecánica de la Universidad Antonio Nariño sede Villavicencio? *Tesis de Maestría*. Villavicencio, Meta, Colombia: Tecnológico de Monterrey.

Monroy, M. C. (01 de 03 de 2016). *Repositorio Institucional del Tecnológico de Monterrey*. Recuperado el 04 de 10 de 2017, de https://repositorio.itesm.mx/ortec/handle/11285/626467

Montes, E. J. (01 de 12 de 2010). *Repositorio Institucional del Tecnológico de Monterrery*. Recuperado el 31 de 10 de 2017, de https://repositorio.itesm.mx/ortec/handle/11285/570206

Moreira, M. A. (1997). *Aprendizaje Significativo, un concepto subyacente*. Obtenido de http://www.if.ufrgs.br/~moreira/apsigsubesp.pdf

Murillo, T. F. (s.f.). *Investigación Acción*. Recuperado el 17 de 01 de 2018, de Investigación Acción: https://www.uam.es/personal_pdi/stmaria/jmurillo/InvestigacionEE/Presentacion es/Curso_10/Inv_accion_trabajo.pdf

Quecedo, R. C. (2002). Introducción a la metodología de investigación cualitativa. *Revista de Psicodidáctica*, http://www.redalyc.org/articulo.oa?id=17501402.

Ramírez, M. M. (2008). Dispositivos de mobile learning para ambientes virtuales: implicaciones en el diseño y la enseñanza. *Apertura, 8 (9)*, 82-96.

Santiago, A. R. (2017). *Un Curso Híbrido de Ecuaciones Diferenciales*. En F. E. Matemáticas, *Libro de Resúmenes del VIII Congreso Iberoamericano de Educación Matemática* (pág. 297). Madrid, España: Federación Española de Sociedades de Profesores de Matemáticas.

SECRETARÍA DE EDUCACIÓN PÚBLICA. (26 de septiembre de 2008). *DIARIO OFICIAL DE LA FEDERACIÓN*. Recuperado el 21 de enero de 2018, de http://dof.gob.mx/nota_detalle.php?codigo=5061936&fecha=26/09/2008

SECRETARÍA DE EDUCACIÓN PÚBLICA. (21 de octubre de 2008). *DIARIO OFICIAL DE LA FEDERACIÓN*. Recuperado el 21 de enero de 2018, de http://dof.gob.mx/nota_detalle.php?codigo=5064951&fecha=21/10/2008

SECRETARÍA DE EDUCACIÓN PÚBLICA. (29 de octubre de 2008). *DIARIO OFICIAL DE LA FEDERACIÓN*. Recuperado el 21 de enero de 2018, de http://dof.gob.mx/nota_detalle.php?codigo=5066425&fecha=29/10/2008

SECRETARÍA DE EDUCACIÓN PÚBLICA. (diciembre de 2013). *SECRETARÍA DE EDUCACIÓN PÚBLICA*. Recuperado el 21 de Enero de 2018, de http://www.sep.gob.mx/work/models/sep1/Resource/4479/4/images/PROGRAM A_SECTORIAL_DE_EDUCACION_2013_2018_WEB.pdf

SECRETARÍA DE GOBERNACIÓN. (octubre de 2017). *Diario Oficial de la Federación*. Recuperado el 05 de 01 de 2018, de http://dof.gob.mx/constitucion/CPEUM_Octubre2017.pdf

SECRETARÍA DE GOBERNACIÓN. (22 de Marzo de 2017). *SECRETARÍA DE EDUCACIÓN PÚBLICA*. Recuperado el 21 de Enero de 2018, de http://www.sep.gob.mx/work/models/sep1/

Resource/558c2c24-0b12-4676-ad90- 8ab78086b184/ley_general_educacion.pdf

SECRETARÍA DE HACIENDA Y CRÉDITO PÚBLICO. (20 de Mayo de 2013). *DIARIO OFICIAL DE LA FEDERACIÓN*. Recuperado el 21 de Enero de 2018, de http://dof.gob.mx/nota_detalle. php?codigo=5299464&fecha=20/05/2013

UNESCO. (2013). El futuro del aprendizaje móvil, implicaciones para la planificación y la formulación de políticas. París, Francia.

Vidal Ledo, M. J. (2015). *Aprendizaje móvil*. Recuperado el 10 de 01 de 2018, de SCIELO: http://scielo.sld.cu/scielo. php?script=sci_arttext&pid=S0864- 21412015000300024

West, M. (2012). *Aprendizaje Móvil para Docentes. Temas Globales.* Obtenido de UNESCO: http://unesdoc.unesco.org/ images/0021/002164/216452s.pdf

TEXTO LIBRE DE FREINET EN ACTIVIDAD LECTORA DE ALUMNOS DE TELEBACHILLERATO

Fons, M. (2006) La complexitat de l'ensenyament inicial de l'escriptura, *Articles de Didàctica de la Llengua i la Literatura*, 40, 11-19. Barcelona. Graó.

Forrin, N. y MacLeod, C. (2017). Esta vez es personal: el beneficio de la memoria de escucharse a uno mismo. *Memoria*, 26 (4) 574-579

Legrand, L. (1999) CÉLESTIN FREINET, París, *UNESCO: Oficina Internacional de Educación*, 23, p.3.

Perera, O. A. y Perera, O. M., (2013). Desarrollo didáctico de la escritura. *Revista de Filología y su didáctica*, 36, 240-241

Secretaria de Educación Pública (2014). *Estándares Nacionales de Habilidad Lectora. Estándares de lectura.* Recuperado de https://www.gob.mx/sep/acciones-y-programas/ estandares-nacionales-de-habilidad-lectora-estandares-de-lectura

Vaughan, V. (09 de enero 2008). Si quieres, puedes. Los consejos de Richard Vaughan para aprender inglés. *El mundo.es*, p. 163-167.

Vigo, A. (2007). Sentido y significado actual del texto libre: bases para un debate. *Anuario de Pedagogía,* 9, pp. 379-418

Villalba, C. y Casado, J. (2012) *La práctica de pedagogía Freinet ayer y hoy. De la imprenta a la Web 2.0.*Material empleado en la Escuela de Verano del Colectivo de Renovación Pedagógica de Getafe (Madrid).

Villalba, F. y Hernández, M.T. (2000) ¿Se puede aprender una lengua sin saber leer? Alfabetización y aprendizaje de una L2, en *Carabela 48, La comprensión lectora en el aula de E/LE*. Madrid: Sgel.

LA IMPORTANCIA DE LAS NEUROCIENCIAS EN LA EDUCACIÓN

Anderson, P. (2002). Assessment and development of executive function during childhood. *Child Neuropsychology, 8*(1): 71-82.

Brown, S., Martínez, J., and Parsons, L. (2006). The neural basis of human dance. *Cerebral Cortex, 16*(8): 1157-1167.

Bruer, J. (2000). *El mito de los tres primeros años: una nueva visión del desarrollo inicial del cerebro y del aprendizaje a lo largo de la vida*. Barcelona: Paidós Ibérica.

Campos, A. (2010). Neuroeducación: uniendo las neurociencias y la educación en la búsqueda del desarrollo humano. *La Educ@ción, 143*(1): 2-15.

Cantú, D., Lera, J., y Baca, J. (2017). Especialización hemisférica y estudios sobre lateralidad. *Revista de Psicología y Ciencias del Comportamiento, 8*(2): 6-50.

Calik, B., and Birgill, B. (2013). Multiple intelligence theory for gifted education: criticisms and implications. *Journal for the Education of the Young Scientist and Giftedness, 1*(2): 1-12.

Cuetos, F. (2012). *Neurociencia del lenguaje*. México: Médica Panamericana.

Crossman, A., y Neary, D. (2007). *Neuroanatomía*. Barcelona: Elsevier Masson.

Dekker, S., Lee, N., Howard-Jones, P., and Jolles, J. (2012). Neuromyths in education: Prevalence and predictors of misconceptions among teachers. *Frontiers in Psychology, 3*(1): 2-9.

Dillihunt, M., and Tyler, K. (2006). Examining the effects of multiple intelligence instruction on math performance. *Journal of Urban Learning, Teaching and Research, 2*(1): 131-150.

Fuster, J. (2015). *Neurociencia. Los cimientos cerebrales de nuestra libertad*. México: Paidós.

Gallego, J. (2015). *Trastornos del lenguaje en el niño*. Bogotá: Ediciones de la U.

Garrido, M. (2014). *Neurociencias y educación. Guía para padres y docentes*. Santiago: Mago Editores.

Gaser, C., and Schlaug, G. (2001). Brain Structures Differ between Musicians and Non-Musicians. *Journal of Neuroscience, 23*(27): 9240-9245.

Haines, D. (2013). *Principios de neurociencia. Aplicaciones básicas y clínicas.* Barcelona: Elsevier.

Herrmann, S. (1996). *The whole brain business.* New York: McGraw. En Velásquez, B., De Cleves, N., y Calle, M. (2007). *Determinación del perfil de dominancia cerebral o formas de pensamiento de los estudiantes.* Bogotá: Universidad Colegio Mayor de Cundinamarca.

Howard, G. (1983). *Frames of mind: the theory of multiple intelligences.* New York: Basic Books.

Howard-Jones, P. (2010). *Investigación neuroeducativa. Neurociencia, educación y cerebro: de los contextos a la práctica.* Madrid: La Muralla, S. A.

Howard-Jones, P. (2014). Neuroscience and education: myths and messages. *Neuroscience, 15*(1): 817–824.

Klein, P. (1997). Multiplying the problems of intelligence by eight: A critique of Gardner's theory. *Canadian Journal of Education, 22*(4): 377-394.

Manes, F., y Niro, M. (2014). *Usar el cerebro.* Buenos Aires: Paidós.

Marina, J. (2012). Neurociencia y educación. *Revista del Consejo Escolar de Estado, 1*(1): 2-13.

Martínez, F. (2010). *Neurociencias y educación inicial.* México: Trillas.

Masson, S., and Blanchette, J. (2015). *Neuromyths in education.* Quebec: Education Canada.

Matute, E. (2010). *Tendencias actuales de las neurociencias cognitivas.* México: Manual Moderno.

Lipina, S. (2016). *Pobre cerebro. Los efectos de la pobreza sobre el desarrollo cognitivo y emocional y lo que la neurociencia puede hacer para prevenirlos.* México: Siglo Veintiuno.

Lipina, S., y Sigman, M. (2011). *La pizarra de Babel: puentes entre neurociencia, psicología y educación.* Buenos Aires: Libros del Zorzal.

Papadatou-Pastou, M., Haliou, E., and Vlachos, F. (2017). Brain knowledge and the prevalence of neuromyths among prospective teachers in Greece. *Frontiers in Psychology, 8*(1). Doi: 10.3389/fpsyg.2017.00804

Peariso, J. (2008). *Multiple intelligence or multiply misleading.* Lynchburg: Liberty University.

Pizarro, B. (2003). *Neurociencia y educación.* Madrid: La Muralla, S. A.

Rato, J., Abreu, A., and Castro, A. (2013). Neuromyths in education: What is fact and what is fiction for Portuguese teachers? *Educational Research, 55(4):* 441–453.

Sousa, J. (2014). *Neurociencia educativa. Mente, cerebro y educación.* Madrid: Narcea, S. A Ediciones.

Sperry, R. (1973). *Lateral specialization of cerebral function in the surgically separated hemispheres.* New York: Academic Press. En Velásquez, B., De Cleves, N., y Calle, M. (2007). *Determinación del perfil de dominancia cerebral o formas de pensamiento de los estudiantes.* Bogotá: Universidad Colegio Mayor de Cundinamarca.

Tardif, E., Doudin, P., and Meylan, N. (2015). Neuromyths Among Teachers and Student Teachers. *Mind, Brain and Education, 9*(1): 50-59.

Waxman, S. (2011). *Neuroanatomía clínica.* México: McGraw-Hill Educación.

EVALUACIÓN DEL RAL, DESDE LA PERSPECTIVA DE LOS ESTUDIANTES: "CASO ÚNICO EN LA UNIVERSIDAD AUTÓNOMA DE TAMAULIPAS"

Bautista Sánchez, M., Martínez Moreno, A., Hiracheta. R. (2014). *El uso de material didáctico y las tecnologías de la información y la comunicación (TIC's) para mejorar el alcance académico. En ciencia y tecnología,* 14, págs. 183-194. Recuperado de: http://www.palermo.edu/ingenieria/pdf2014/14/CyT_14_11.pdf

Casas, J.; Repullo, J., y Donado, J. (2003). *La encuesta como técnica de investigación. Elaboración de cuestionarios y tratamiento estadístico de los datos. En Atención primaria,* Vol. Issue 8. Págs, 527-538. Recuperado de: https://doi.org/10.1016/S0212-6567(03)70728-8

Choynowski, M. (1988). Estrategias de Investigación. Universidad Pedagógica Nacional. SEP:México.

Díaz, M.; Escalona, M.; Castro Ricalde, D.; León, A.; Ramírez Apáez. M. (2015). Metodología de la Investigación. Trillas: México.

Facultad de Ciencias de la Educación (1989). Reglamento interno de RAL.

Galeano, M. (2004). Diseño de proyectos en la investigación cualitativa. Fondo Editorial Universidad EAFIT: Colombia.

Hernández, R., Fernández, C. y Baptista, P. (2014). Metodología de la Investigación. 6ta. Edición. McGraw Hill:México.

Huh, J., Delorme, D. E., & Reid, L. N. (2006). *Perceived third-person effects and consumer attitudes on preventing and banning DTC advertising. Journal of Consumer Affairs*, vol. 40, No. 1, pp. 90.

Marcelo, C. y Lavie, J. (2000). *Formación y nuevas tecnologías. Posibilidades y condiciones de la teleformación como espacio de aprendizaje. Bordón*, 52 (2), 533-558. Recuperado de: https://www.researchgate.net/publication/228417091_Formacion_y_Nuevas_Tecnologias_Posibilidades_y_condiciones_de_la_Teleformacion_como_espacio_de_aprendizaje

Ortega, J. A. (2003). *Construyendo la Ciberescuela: guía práctica. Revista Escuela Española*, Temático 8, 20-22. Recuperado de: http://www.profesaulosuna.com/data/files/EDUCACION/TEORIA%20Y%20DISE%D1O%20CURRICULAR/INTERACCION%20DIDACTICA/Jose%2520Antonio%2520Ortega%2520Carrillo%2520-%2520Construyendo%2520la%252.pdf

Ramírez Vélez, R., Agredo, R. (2012). *Fiabilidad y validez del instrumento "Fantástico" para medir el estilo de vida en adultos colombianos. Revista salud pública*. 14 (2). Págs. 226-237. Recuperado de: http://www.scielosp.org/pdf/rsap/v14n2/v14n2a04.pdf

Ramos, F.; Flores, E. L.; Diniz, S.; Gonçalves, R. A.; Batista, L. F. & de Sousa, R. (2014). *Computational organization of didactic contents for personalized virtual learning environments. Computers & Education*, 79, 126.137. Recuperado de: DOI:10.1016/j.compedu.2014.07.012

UAMCEH (2006). Reglamento interno del RAL.

ACREDITACIÓN DE PROGRAMAS EDUCATIVOS DE LICENCIATURA EN MÉXICO: EL CASO DE LA UNIVERSIDAD AUTÓNOMA DE TAMAULIPAS

ANPADEH (2017). *Acreditadora Nacional de Programas de Arquitectura y Disciplinas del Espacio Habitable, A.C.*Recuperadoel 10 de Noviembre del 2017 de: http://anpadeh.org.mx/interiores/queesanpadeh.php

ANPROMAR (2017). *Asociación Nacional de Profesionales del Mar, A.C.*Recuperadoel 10 de Noviembre del 2017 de: http://www.anpromar.org/

ACCECISO (2017). *Asociación para la Acreditación y Certificación de Ciencias Sociales, A. C.*Recuperado el 10 de Noviembre del 2017 de: http://www.acceciso.org.mx/esp/index.php

COMEAA (2017). *Comité Mexicano de Acreditación de la Educación Agronómica, A. C.*Recuperado el 10 de Noviembre del 2017 de: http://www.comeaa.org/

CACEB (2017). *Comité para la Acreditación de la Licenciatura en Biología, A. C.*Recuperado el 10 de Noviembre del 2017 de: http://www.caceb.org/

CEPPE (2017). *Comité para la Evaluación de Programas de Pedagogía y Educación, A.C.*Recuperado el 10 de Noviembre del 2017 de: http://www.ceppe.org.mx/

CACEI (2017). *Consejo de Acreditación de la Enseñanza de la Ingeniería, A.C.*Recuperado el 10 de Noviembre del 2017 de: http://www.cacei.org/

CACECA (2017). *Consejo de Acreditación de la Enseñanza en la Contaduría y Administración, A.C.*Recuperado el 10 de Noviembre del 2017 de: http://www.caceca.org.mx/web20/

COMACE (2017). *Consejo Mexicano de Acreditación y Certificación de la Enfermería, A. C.*Recuperado el 10 de Noviembre del 2017 de: http://www.comace.com.mx/antecedentes.html

COMAEF (2017). *Consejo Mexicano para la Acreditación de la Educación Farmacéutica, A. C.*Recuperado el 10 de Noviembre del 2017 de: http://www.comaefac.org.mx/

COMAEM (2017). *Consejo Mexicano para la Acreditación de la Educación Médica, A.C.*Recuperado el 10 de Noviembre del 2017 de: http://www.comaem.org.mx/

COMACAF (2017). *Consejo Mexicano para la Acreditación de la Enseñanza de la Cultura de la Actividad Física, A. C.* Recuperado el 10 de Noviembre del 2017 de: http://www.comacaf.org/

COMAPROD (2017). *Consejo Mexicano para la Acreditación de Programas de Diseño A.C.*Recuperado el 10 de Noviembre del 2017 de: http://www.comaprod.org.mx/

COMACEO (2017). *Consejo Mexicano para la Acreditación en Optometría, A. C.* Recuperado el 10 de Noviembre del 2017 de: http://www.visiondat.com/index.php?mod=noticias&noti=101

CONEVET (2017). *Consejo Nacional de Educación de la Medicina Veterinaria y Zootecnia, A.C.*Recuperado el 10 de Noviembre del 2017 de: http://www.amteo.com/manualcertificacion.pdf

CONAEDO (2017). *Consejo Nacional de Educación Odontológica, A.C.* Recuperado el 10 de Noviembre del 2017 de: http://ses2.sep.gob.mx/dirs/f5a3.htm

CONAIC (2017).*Consejo Nacional de la Acreditación en Informática y Computación, A.C.* Recuperado el 10 de Noviembre del 2017 de: http://www.conaic.net/

CONAECQ (2017). *Consejo Nacional de la Enseñanza y del Ejercicio Profesional de las Ciencias Químicas A.C.*Recuperado el 10 de Noviembre del 2017 de: http://www.conaecq.org/

CONACE (2017). *Consejo Nacional para la Acreditación de la Ciencia Económica, A. C.*Recuperado el 10 de Noviembre del 2017 de: http://www.conace-sae.org/

COPAES (2017). *Consejo Nacional para la Acreditación de la Educación Superior A. C.* Recuperado el 10 de Noviembre del 2017 de: http://www.copaes.org.mx/FINAL/inicio.php

CONFEDE (2017). *Consejo Nacional para la Acreditación de la Educación Superior en Derecho, A. C.*Recuperado el 10 de Noviembre del 2017 de: http://www.confede.org.mx/

CONAET (2017). *Consejo Nacional para la calidad de la Educación Turística A. C.*Recuperado el 10 de Noviembre del 2017 de: http://www.conaet.net/

CONCAPREN (2017). *Consejo Nacional para la Calidad de los Programas Educativos en Nutriología, A. C.* Recuperado el 10 de Noviembre del 2017 de: http://www.concapren.com/contenido.php?id=7

CNEIP (2017). *Consejo Nacional para la Enseñanza e Investigación en Psicología, A.C.*Recuperado el 10 de Noviembre del 2017 de: http://www.cneip.org/

CONAC (2017). *Consejo para la Acreditación de la Comunicación, A. C.*Recuperado el 10 de Noviembre del 2017 de: http://conac-ac.mx/

CAESA (2017). *Consejo para la Acreditación de la Educación Superior de las Artes, A.C.*Recuperado el 10 de Noviembre del 2017 de: http://www.caesa-artes.org/

CONAED (2017). *Consejo para la Acreditación de la Enseñanza del Derecho A.C.* Recuperado el 10 de Noviembre del 2017 de: http://www.cetys.mx/?page=400

COAPEHUM (2017). *Consejo para la Acreditación de Programas Educativos en Humanidades, A.C.* Recuperado el 10 de Noviembre del 2017 de: http://coapehum.org/principios.html

Dirección de Educación a Distancia, UAT (2017). *Oferta Educativa en línea: Licenciatura en Tecnologías para la Generación del Conocimiento.* Recuperado el 11 de octubre del 2017 de: http://2014.uat.edu.mx/SACD/EAD/Paginas/oferta%20educativa/licenciatura-en-tecnologias-para-la-generacion-del-conocimiento.aspx

Espinoza, O. (2010). *Los sistemas de aseguramiento de la calidad en la Educación Superior en América Latina.* Recuperado el 11 de octubre del 2017 http://www.revistaaakademeia.cl/wp/wp-content/uploads/2010/08/Los-sistemas-de-aseguramiento-de-la-calidad-en-la-educacion-superior-en-America-Latina.pdf

González González, J., Gold Morgan, M., Santamaría Ambriz, R., Yáñez Ordóñez, O. y Masjuán del Pino, M. (2010). *El Modelo "V" de evaluación - planeación. Análisis Estructural Integrativo de Organizaciones Universitarias. Instrumento para el mejoramiento de la calidad educativa.* UDUAL, UNAM, RIEV. Versión electrónica.

González, L.E. & Espinoza, O. (2008). *"Calidad de la Educación Superior: Concepto y Modelos".* En Revista Calidad en la Educación N° 28 (Julio), pp.247-276. Santiago: Consejo Superior de Educación.

Glazman Nowalski, R. (2001). *Evaluación y exclusión en la enseñanza universitaria.* México: Paidós

Luis Bretel (2002). *Consideraciones y propuestas para el diseño de un sistema de evaluación del desempeño docente en el marco de una redefinición de la carrera magisterial.* Recuperado el 11 de Octubre del 2017 de http://www.geocities.ws/cne_magisterio/3/1.1.e_LuisBretel.htm

SES (2017). Subsecretaría de Educación Superior de la Secretaría de Educación Pública Recuperado el 10 de noviembre del 2017 de: http://www.ses.sep.gob.mx/wb/ses/evaluacion_y_calidad

UAT (2017) *Informe rectoral 2017.* Universidad Autónoma de Tamaulipas.

Video Rama C., (2015). *Marco regulatorio de la Educación Superior a Distancia en América Latina y el Caribe.*

HERRAMIENTAS DIGITALES, INSTRUMENTOS INNOVADORES Y FACILITADORES EN EL PROCESO DE ENSEÑANZA DE CÁTEDRA DE PAZ

Boss, S. y Krauss, J. (2010). *Aprendizaje Esencial con Herramientas Digitales, Internet y Web 2.0*, recuperado de:http://eduteka.icesi.edu.co/ articulos/AprendizajeHerramientasDigitales

Carrión, E. (2014) *"Los medios audiovisuales y las TIC como herramientas para la docencia en Educación Secundaria. Análisis aplicado de una práctica docente"*, en ENSAYOS, *Revista de la Facultad de Educación de Albacete, Nº 29-2, 2014.* (Enlace web: http://www.revista.uclm.es/ index.php/).Tototzin, I. (SF). Tecnologías aplicadas en la educación. Escuela Normal de Ixtapan de la Sal (México).

05 de julio1*Colombia redujo su brecha digital en educación en 83%*www. computadoresparaeducar.com 28 de junio1*Computadores para Educar capacitará a docentes de territorios de reconciliación en el uso de las TIC. Obtenido de* www.computadoresparaeducar.com.

Portal Organismo Internacional (2017). *El sector de Educación en la UNESCO.* Recuperado de: http://www.unesco.org/new/es/unesco/themes/ icts/m4ed/Portal Organismo Internacional (06 dejunio2017).

DerechosHumanosyCulturadePaz.Recuperadode:webarchive.unesco.org/ new/es/quito/education/human-rights-and-culture-of-peace/

Vazquez, A. (2015). *Las herramientas digitales en la educación.* Recuperado de: https://issuu.com/andreapaolavazquez/docs/tics

Villada, M. (2008). Metodología de la investigación. Recuperado de: https:// metinvestigacion.wordpress.com/

¿CÓMO SE PUEDE APORTAR DESDE LOS DERECHOS HUMANOS Y LAS TIC A LA CONSTRUCCIÓN DE APRENDIZAJES DE PAZ?

Acevedo, M (2004). «*Las TIC en las políticas de cooperación al desarrollo: hacia una nueva cooperación en la sociedad en red*». En cuadernos internacionales de tecnología para el desarrollo humano, 2. En línea. Ingeniería sin fronteras.

Alonso, J., Gutierrez, D., Lopez, V., & Torrecilla, J. (07 de agosto de 1998). UNIVERSIDAD DE CASTILLA LA MANCHA. Obtenido de

Escuela Universitaria de Magisterio de Toledo (España): https://
previa.uclm.es/profesorado/ricardo/WEBNNTT/Bloque%202/
EAO.htm

Báez, M. A. (06 de agosto de 2018). SCRIBD. Obtenido de Material Educativo
Computarizado (MEC): https://es.scribd.com/doc/27272570/
Material-Educativo-Computarizado-Mec-Se-Refiere-A#

Burgos, g. (2012). *La OMC y los derechos humanos: ¿alguna relación?* Colombia
internacional, (76), 327-359.

Castellanos; B. M. L. H. M. (2016). *Desarrollo y paz territorial.* Bogotá:
Redprodepaz. Retrieved from http://biblioteca.clacso.edu.ar/
Colombia/cinep/20161102012014/20160707_Contruccion.pdf

Duarte, E. S. (2008). *Las Tecnologías de la Información y la Comunicación (TIC)
desde una perspectiva social.* Revista Electrónica Educare. vol XII,
155 -162.

Garcia, F. G. (2006). *Contenidos educativos digitales: Construyendo la Sociedad
del Conocimiento.* Revista de Tecnologias de la Información y la
Comunicación Educativas, 29.

Gros, B. (2000). *Del software educativo a educar con software. Obtenido de El
concepto de software educativo:* http://www.quadernsdigitals.net/
datos_web/hemeroteca/r_1/nr_17/a_228/228.htm

Ibañez, J. S. (2008*). Innovación Educativa y uso de las TIC. En J. C. Almenara,
Innovación en la Formación y desarrollo profesional docente* (pág. 149).
Sevilla: Universidad Internacional de Andalucia.

Leguizamon, M. (2006). *Diseño y desarrollo de materiales educativos
computarizados (MEC): una posibilidad para integrar la informática con
las demás áreas del currículo. VIII Congreso de Informática Educativa*
(pág. 12). Cali - Colombia: Fundación universitaria Católica del
Norte.

Lucrecia Rovaletti, m. (2010). *Derechos humanos, sociedad de la información y
sociedad de riesgo.* Acta Bioética, 16(2), 174-179.

OSILAC. (06 de agosto de 2004). *El estado de las estadísticas sobre la sociedad
de la Información en los Institutos Nacionales de Estadistica de
America Latina y el Caribe.* Obtenido de Union Internacional de
elecomunicaciones: https://www.itu.int/net/wsis/stocktaking/
docs/activities/1102712635/statistics-es.pdf

Sandoval-Estupiñán, l. Y., Camargo-Abello, m., Vergara, m., Quiroga,
c., Pedraza, a., & Halima, f. C. (2008). *Necesidades de formación de*

directivos docentes: un estudio en instituciones educativas colombianas. (Spanish). Educación y educadores, 11(2), 11-48.

Sotelo, m. R. (2009). *Globalización de la educación comunidades virtuales de aprendizaje y su participación en las instituciones educativas.* (Spanish). Hospitalidad Esdai, (16), 37-60.

Dfrom http://biblioteca.clacso.edu.ar/Colombia/cinep/20161102012014/20160707_Contruccion.pdf

Del Río Sánchez, O. (2009). *TIC, derechos humanos y desarrollo: nuevos escenarios de la comunicación social.* Analisis, 38(Comunicación social), 55-69. Retrieved from https://www.academia.edu/2441848/TIC_derechos_humanos_y_desarrollo_nuevos_escenarios_de_la_comunicacion_social_ICT_Human_Rights_and_Development_New_Subjects_of_Social_Communication

JAVERIANA, P. U. (2016). *Guía Para La Implementación De La Catedra De La Paz. Cartilla Para La Implementación De Catedra De La Paz.* Bogotá: Santillana. Retrieved from http://santillanaplus.com.co/pdf/cartilla-catedra-de-paz.pdf

Juárez, B. (2012). *TIC y derechos humanos: la fuerza de las razones. Revista de Derechos Humanos- Dfensor,* 8, 68. Retrieved from http://cdhdf.org.mx/wp-content/uploads/2014/05/dfensor_08_2012.pdf

ONU. (2012). *El Futuro que Queremos para Todos. El Futuro Que Queremos Para Todos,* 70. Retrieved from http://www.un.org/en/development/desa/policy/untaskteam_undf/unttreport_sp.pdf%5Cnhttp://www.undp.org/content/undp/es/home/librarypage/poverty-reduction/realizing-the-future-we-want/

SOFTWARE "CUBO" COMO HERRAMIENTA DE APOYO DIDÁCTICO A LOS PROCESOS DE ENSEÑANZA Y APRENDIZAJE

Cabero J. (2017) (Coord.). *Nuevas Tecnologías Aplicadas a la Educación.* Editorial McGraw Hill.

Cisco Systems (1999) *Cisco Systems Reusable Information Object Strategy.* Definition, Creation Overview, and Guidelines, Versión 3.0 junio 25

Diario Oficial de la Federación (2017) *ACUERDO número 07/06/17 por el que se establece el Plan y los Programas de Estudio para la Educación Básica: Aprendizajes clave para la educación integral.* Publicado el 29/06/2017

Gobierno de Tamaulipas (2010) *Periódico Oficial. Poder Ejecutivo. Secretaría General*. Manual de Organización de la Secretaría de Educación Pública expedido el 14 de octubre de 2010.

Modelo Educativo Capítulo Tamaulipas 2016 - 2022 (2017). *Secretaría Educación de Tamaulipas*. Ciudad Victoria, Tamaulipas, México.

Plan Nacional de Desarrollo 2013-2018 (2013). Gobierno de la Republica. Obtenido el 1 de agosto de 2018 desde: http://pnd.gob.mx/

Programa Sectorial de Educación 2013-2018. *Secretaria de Educación Pública*. México D.F

Plan Estatal de Desarrollo 2016-2022. (2017). *Gobierno del Estado de Tamaulipas, Cd. Victoria, Tamaulipas*, México.

SEP (2018) *Fundamentos de los fines de la educación*. Recuperado el 1 de agosto de 2018: https://www.aprendizajesclave.sep.gob.mx/index-xxi-fines-fundamentos.html

SEP (2017) *Aprendizajes Claves para la Educación Integral. Plan y programas de estudio, orientaciones didácticas y sugerencias de evaluación* pp. 13. Obtenido el 30 de Julio de 2018 desde: https://www.aprendizajesclave.sep.gob.mx/descargables/biblioteca/preescolar/1LpM-Preescolar-DIGITAL.pdf

SEP (2016) *Programa @prende 2.0. Coordinación General @prende.mx*. Recuperado el 15 de junio de 2018: https://www.gob.mx/cms/uploads/attachment/file/162354/NUEVO_PROGRAMA__PRENDE_2.0.pdf

Santos A. (2001). *Oportunidades educativas en Telesecundaria y factores que las condicionan*. Revista Revista Latinoamericana de Estudios Educativos, vol. XXXI, núm. 3, pp. 11-52 Obtenido el 27 de Julio de 2018 desde: http://www.redalyc.org/html/270/27031302/

DISEÑO, DESARROLLO E IMPLEMENTACIÓN DE RECORRIDO VIRTUAL EN 3D COMO FORTALECIMIENTO ACADÉMICO Y TECNOLÓGICO EN CAMPUS UNIVERSITARIO

Universidad Veracruzana. (2016). *Examen de Ingreso Licenciatura y TSU 2016*. Universidad Veracruzana. Veracruz, México.

FiiDEM, A. (2014) *Estudio de la Demanda de las Carreras de Ingeniería y de las Mejores Prácticas Internacionales sobre Vinculación para la Formación*. Alianza Fiidem AC innovación en infraestructura. México.

Fernández, E. (2014). *Retos de la educación superior en México: la visión de la ANUIES.* México social, 1.

Donzé de Academia Play. 2016. *A que generación perteneces. Academia Play.* 23 junio 2016.

Universia.net. 2000. *Red Universitaria de Referencias para Iberoamérica.* [En línea]. Disponible: http://noticias.universia.es/practicas-empleo/noticia/2017/03/03/1150134/nuevas-tecnologias-realidad-virtual-cambiaran-metodos-atraccion-retencion-fidelizacion-talento.html. [Último acceso: 1 mayo 2017].

PuroMarketing. 2016. *Redacción en Tecnología de PuroMarketing. Puro Marketing.* 07 de mayo 2017. [En línea]. Disponible: http://www.puromarketing.com/12/25942/consumidores-mas-jovenes-estan-emocionados-depara-realidad-virtual.html. [Último acceso: 07 mayo 2017].

LOS MOOC COMO ALTERNATIVA DE FORMACIÓN DOCENTE EN LAS INSTITUCIONES DE EDUCACIÓN SUPERIOR

BECERRA, O. (2013). *The One Laptop Per Child Correlation With Massive Open Online Courses.* https://edutechdebate.org/massive-open-online-courses/the-one-laptop-per-child-corollation-with-massive-open-online- courses/ Consultado en línea el 15/06/2018.

Expansión.com, (2013). *El fenómeno 'Mooc' pone patas arriba la universidad.* http://www.expansion.com/2013/02/12/entorno/aula_abierta/1360657944.html# Consultado en línea 18/06/2018.

GARCÍA ARETIO, L. (2012). *¿Son los MOOC - CAMEL educación a distancia (EaD)?* http://aretio.hypotheses.org/210 Consultado el 25/03/2013. Consultado en linea 25/ 06/2018.

HOWARD, J. (2012). *Publishers See Online Mega-Courses as Opportunity to Sell Textbooks.* http://chronicle.com/article/Can-MOOCs-Help-Sell/134446/ consultado en línea 30/06/2018.

LUGTON, M. (2012). *What is a MOOC? What are the different types of MOOC? xMOOCs and cMOOCs.* http://reflectionsandcontemplations.wordpress.com/2012/08/23/what-is-a- mooc-what-are-the-different-types- of-mooc-xmoocs-and-cmoocs/ consultado en línea 08/07/2018.

LOZANO, R. (2011) *"Las 'TIC/TAC': de las tecnologías de la información y comunicación a las tecnologías del aprendizaje y del conocimiento"*. En http://www.thinkepi.net/las-tic-tac-de-las-tecnologias- de-la-informacion-y-comunicacion-a-las-tecnologias-del-aprendizaje-y-del-conocimiento consultado el 09/07/2018.

MARAURI, P. (2013). *Funciones de un facilitador en un Curso Online Masivo y Abierto (MOOC)*. Ponencia para el Seminario eMadrid "MOOC: primeros resultados"del 17 de Mayo de 2018. Presentación disponible en http://es.slideshare.net/slideshow/embed_code/21509660# Consultado en línea 10/07/ 2014.

MARTÍ, J. (2012). *Tipos de MOOCs*. En línea en http://www.xarxatic.com/ tipos-de-moocs/ Consultado en línea el 21/07/2018.

MARTÍN HERNÁNDEZ, S. (2013). *Desenmarañando el mundo MOOC*. Revista CYL Digital 1°cuatrimestre de 2013. http://www.orsi.jcyl.es/web/ jcyl/ORSI/es/Plantilla100Detalle/1262861006964/_/1284271819535/ Consultado en línea el 12/07/ 2018.

SCOPEO (2013). ─SCOPEO INFORME N°2: MOOC: Estado de la situación actual, posibilidades, retos y futuro‖. Junio 2013. Scopeo Informe No. 2 http://scopeo.usal.es/wp-content/uploads/2013/06/ scopeoi002.pdf Consultado 21/07/2018.

VARDI, M. Y. (2012). *Will MOOCs destroy academia? Communications of the ACM.* http://cacm.acm.org/magazines/2012/11/156587-will-moocs-destroyacademia/fulltext Consultado Julio 2018.

MIRÍADA X https://www.miriadax.net/web/general-navigation/ soporte?faqid=8635212 consultado junio-Julio 2018.

COURSERA https://www.coursera.org/ consultado Julio 2018.

UNED http://portal.uned.es/portal/page?_pageid=93,1&_dad=portal&_ schema=PORTAL consultado junio-Julio 2018.

APRENDIZAJE CENTRADO EN EL ESTUDIANTE Y LAS TECNOLOGÍAS DEL APRENDIZAJE Y EL CONOCIMIENTO

Alejandro Mendoza Núñez (2003); *El Estudio de Casos: Un enfoque cognitivo* Editorial Trillas, México, D.F.

Ayape, Sola C. (2005) Aprendizaje Basado en problemas de la teoría a la práctica, editorial Trillas, México, D.F.

Buzan, T. (1996). *El libro de los Mapas Mentales*. Editorial Urano. Barcelona, España.

Cervantes, V. L. (1999). *El ABC de los mapas mentales: una guía sencilla y completa para ti que deseas aprender más rápido, optimizar la memoria e incrementar tu creatividad*. Asociación de Educadores Iberoamericanos.

Cervantes, V. L. (1999). *El ABC de los Mapas Mentales* (3ª Edición ed.). México: A. d. Iberoamericanos.

Collis, B. & Moonen, J. (2006). *Tecnología de la información en la educación superior: paradigmas emergentes*. Revista de Universidad y Sociedad del Conocimiento. Vol. No. 2 Recuperado el 19 de Marzo de 2010 de http://www.uoc.edu/rusc/2/2/dt/esp/collis.pdf

Charlotte D. & Leslye A. (2002) *Una introducción al uso de portafolios en el Aula*. Association for Supervision an Curriculum Development

Donovan, M.S. & Bransford, J.D & Pellegrino J.W. (Eds.). (2000). *How people learn: brain, mind, experience, and school. Expanded ed*. Committee on Developments in the Science of Learning and Committee on Learning Research and Educational Practice, Commission on Behavioral and Social Sciences and Education, National Research Council. Recuperado el 31 de agosto de 2018 de: http://www.redalyc.org/articulo.oa?id=78020104

Escamilla, J. (1998). *Selección y uso de la tecnología educativa*. Editorial Trillas, México D.F.

Ferreiro G.R & Calderón E. M. (2000), *El ABC del aprendizaje cooperativo: Trabajo en equipo para enseñar y aprender*. Editorial Trillas, México D.F.

Hernández, A. (2015). *WIKI como herramienta WEB de aprendizaje y desarrollo colaborativo*. http://servicio. bc. uc. edu. ve/educacion/eduweb/vol2n1/art3. pdf. Revista de Tecnología de Información y Comunicación en Educación, 49-68.

Lozano, R. (2011). *Las 'TIC/TAC': de las tecnologías de la información y comunicación a las tecnologías del aprendizaje y del conocimiento*. Anuario ThinkEPI, 5.

Monsalud del M. V. (2007) Una *herramienta emergente de la Web 2.0: la wiki*. Reflexión sobre sus usos educativos.

Ministerio de Educación, Cultura y Deporte de Espñol. *Características de los Blog*. Instituto Nacional de Tecnologías Educativas y de Formación del Profesorado. España. consultado en 4 de agosto del 2018 en http://www.ite.educacion.es/formacion/materiales/155/cd/ modulo_1_Iniciacionblog/caractersticas_de_los_blogs.html

Novak, J. D., Gowin, D. B., & Otero, J. (1988). *Aprendiendo a aprender* Barcelona: Martínez Roca.

Perazzo, M. (2015). *La importancia de los foros virtuales en los procesos educativos.* CAMPUS VIRTUAL UNLa

Sánchez, J. A., & Rodríguez, M. S. (2009). *Investigar con mapas conceptuales: procesos metodológicos* (Vol. 24). Narcea Ediciones.

Weimer, M. (2002). *Learner-centered teaching: Five key changes to practice.* John Wiley & Sons.

LAS HERRAMIENTAS WEB 2.0 EN LA ENSEÑANZA DEL INGLÉS

Arnold, N., & Paulus, T. (2010). *Using a social networking site for experiential learning: appropriating, lurking, modeling and community building.* Internet and Higher Education, 13,188–196.

Birch, D., & Volkov, M. (2007). *Assessment of online reflections: Engaging English second language (ESL) students (Doctoral dissertation,* Australasian Society for Computers in Learning in Tertiary Education (ASCILITE).

Brodahl, C., Hadjerrouit, S., & Hansen, N. K. (2011). *Collaborative writing with Web 2.0 technologies:* education students' perceptions.

Coiro, J., Knobel, M., Lankshear, C., & Leu, D. J. (Eds.). (2014). *Handbook of research on new literacies.* Routledge.

Eshet, Y. (2012). *Thinking in the digital era: A revised model for digital literacy.* Issues in Informing Science and Information Technology, 9(2), 267-276.

Federal, P. E. (2013). *Plan nacional de desarrollo 2013-2018.* Ciudad de México, México.

Gilster, P., & Glister, P. (1997). *Digital literacy.* New York: Wiley Computer Pub.

Glover, D., & Bush, T. (2005). *The online or e-survey: a research approach for the ICT age.* International Journal of Research & Method in Education, 28(2), 135-146.

Hargittai, E. (2008). *Survey measures of web-oriented digital literacy.* Social Science Computer Review, 23, 371-379.

Jones, B., & Flannigan, S. L. (2006). *Connecting the digital dots: Literacy of the 21st century*. Educause Quarterly, 29(2), 8-10.

Leander, K. M. (2014). *Toward a Connective Ethnography of Online/Offline Literacy Networks*. In Handbook of research on new literacies (pp. 51-84). Routledge.

Lohnes, S., & Kinzer, C. (2007). *Questioning assumptions about students' expectations for technology in college classrooms*. Innovate: Journal of Online Education, 3(5).

MCERL. (2002). *Marco común europeo de referencia para las lenguas: aprendizaje, enseñanza, evaluación*. La Gota que Camina.

Murray, B. (2010). *Students' language learning strategy use and achievement in the Korean as a foreign language classroom*. Foreign Language Annals, 43(4), 624-634.

Perez, E. (2018) *Perceptions of the Use of Web 2.0 Tools in Second Language Collaborative Writing*. SOCIOTAM Vol. XVIII (1), 12 (in press).

Santos, B. (2010). *La universidad del siglo XXI*. Para una reforma democrática y emancipatoria de la universidad. Ediciones Trilce.

Tucker, S. Y. (2014). *Transforming pedagogies: Integrating 21st century skills and Web 2.0 technology*. Turkish Online Journal of Distance Education, 15(1).

VSTE, 2011 *Conference talks*. Virginia Society for Technology Education http://www.vsteconference.org/2011/index.html

Vygotsky, L. (1978). *Interaction between learning and development. Readings on the development of children*, 23(3), 34-41.

Wang, S., & Vásquez, C. (2012). *Web 2.0 and Second Language Learning: What Does the Research Tell Us?* CALICO Journal, 29(3), 412-430. Retrieved from http://www.jstor.org/stable/calicojournal.29.3.412

Watt, M. G. (1997). *National Curriculum Collaboration:* The State of Reform in the States and Territories.

Wollak, B. A., & Koppenhaver, D. A. (2011). *Developing Technology-Supported, Evidence-Based Writing Instruction for Adolescents with Significant Writing Disabilities*. Assistive Technology Outcomes and Benefits, 7(1), 1-23.